ADOLESCENTE
NÃO PRECISA DE
SERMÃO

FERNANDA LEE

@FILOSOFIAPOSITIVAOFICIAL
MESTRE EM EDUCAÇÃO E
LEAD TRAINER EM DISCIPLINA POSITIVA

ADOLESCENTE
NÃO PRECISA DE SERMÃO

12 estratégias práticas para educar com confiança (sem arrancar os cabelos)

Prefácio de **Jane Nelsen**

Copyright © 2025 Editora Manole Ltda. Todos os direitos reservados.

Produção editorial: Retroflexo Serviços Editoriais
Revisão: Fabiana Neves
Projeto gráfico: Depto. editorial da Editora Manole
Diagramação: Elisabeth Miyuki Fucuda
Ilustrações de abertura de capítulos: Isabella Yafuso Loeffelholz
Ilustrações (ao longo dos capítulos): freepix e istock
Ilustrações das páginas vi e vii: Luargraf Serviços Gráficos
Capa: Ricardo Yoshiaki Nitta Rodrigues

CIP-BRASIL. CATALOGAÇÃO NA PUBLICAÇÃO
SINDICATO NACIONAL DOS EDITORES DE LIVROS, RJ

L517a

Lee, Fernanda
  Adolescente não precisa de sermão : 12 estratégias práticas para educar com confiança (sem arrancar os cabelos) / Fernanda Lee. - 1. ed. - Barueri [SP] : Manole, 2025.

  ISBN 9788520456743

  1. Parentalidade. 2. Crianças - Formação. 3. Pais e filhos. 4. Pais e adolescentes. I. Título.

24-92806 CDD: 649.1
          CDU: 649.1

Gabriela Faray Ferreira Lopes - Bibliotecária - CRB-7/6643

Todos os direitos reservados.
Nenhuma parte desta obra poderá ser reproduzida, por qualquer processo, sem a permissão expressa dos editores.
É proibida a reprodução por fotocópia.

A Editora Manole é filiada à ABDR – Associação Brasileira de Direitos Reprográficos.

Edição – 2025
1ª reimpressão – 2025

Editora Manole Ltda.
Alameda Rio Negro, 967 – CJ 717
Tamboré – Barueri – SP – Brasil
CEP: 06454-000
Fone: (11) 4196-6000
www.manole.com.br | https://atendimento.manole.com.br/

Impresso no Brasil
Printed in Brazil

Para os meus adolescentes, Kristian e Katerina
(que disseram que serão os primeiros a ler esta obra ♥).

Nessa jornada da evolução humana, cada geração tem seus desafios e oportunidades...

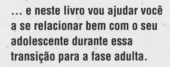

... e neste livro vou ajudar você a se relacionar bem com o seu adolescente durante essa transição para a fase adulta.

Missão: educar jovens independentes, felizes e que contribuam para a nossa sociedade

Espaçonave: modelo da Disciplina Positiva

Tripulação: você, seu adolescente e todos que se relacionam com ele

Duração: até ele sair de casa (ou por toda vida)

Distância: até onde for necessário ir para guiá-los enquanto curtimos sua companhia

Não importa o planeta e onde seu adolescente vive,

...ou a idade que ele tem,

...você se pergunta se é tarde demais, mas...

AINDA DÁ TEMPO

Você só precisa de treinamento e das ferramentas certas para cumprir a missão de educar com confiança!

Sumário

Apresentação xi
Prefácio xiii
Agradecimentos xv
Boas-vindas e ideias de como usar este livro xix

Estratégia 1 De piloto para copiloto 1
Estratégia 2 Seja uma árvore 27
Estratégia 3 Liquidificador ligado e destampado 65
Estratégia 4 Solte a corda 97
Estratégia 5 Animador ou marionete? 124
Estratégia 6 Problemas em três tamanhos 146
Estratégia 7 Quebrar a casca do ovo de dentro
 para fora 176
Estratégia 8 O pote da responsabilidade 193
Estratégia 9 Um passeio de limusine 213
Estratégia 10 O dominó da confiança 229
Estratégia 11 Coragem para voar do ninho 264
Estratégia 12 A mochila do adolescente 292

Referências bibliográficas 307

Durante o processo de edição desta obra, foram tomados todos os cuidados para assegurar a publicação de informações técnicas, precisas e atualizadas conforme lei, normas e regras de órgãos de classe aplicáveis à matéria, incluindo códigos de ética, bem como sobre práticas geralmente aceitas pela comunidade acadêmica e/ou técnica, segundo a experiência do autor da obra, pesquisa científica e dados existentes até a data da publicação. As linhas de pesquisa ou de argumentação do autor, assim como suas opiniões, não são necessariamente as da Editora, de modo que esta não pode ser responsabilizada por quaisquer erros ou omissões desta obra que sirvam de apoio à prática profissional do leitor.

Do mesmo modo, foram empregados todos os esforços para garantir a proteção dos direitos de autor envolvidos na obra, inclusive quanto às obras de terceiros e imagens e ilustrações aqui reproduzidas. Caso algum autor se sinta prejudicado, favor entrar em contato com a Editora.

Finalmente, cabe orientar o leitor que a citação de passagens da obra com o objetivo de debate ou exemplificação ou ainda a reprodução de pequenos trechos da obra para uso privado, sem intuito comercial e desde que não prejudique a normal exploração da obra, são, por um lado, permitidas pela Lei de Direitos Autorais, art. 46, incisos II e III. Por outro, a mesma Lei de Direitos Autorais, no art. 29, incisos I, VI e VII, proíbe a reprodução parcial ou integral desta obra, sem prévia autorização, para uso coletivo, bem como o compartilhamento indiscriminado de cópias não autorizadas, inclusive em grupos de grande audiência em redes sociais e aplicativos de mensagens instantâneas. Essa prática prejudica a normal exploração da obra pelo seu autor, ameaçando a edição técnica e universitária de livros científicos e didáticos e a produção de novas obras de qualquer autor.

Apresentação

Numa tarde de terça-feira, fui buscar meus dois filhos no berçário, mas para a minha surpresa eles começaram a brigar entre si assim que me viram. As mães têm esse poder mágico de fazer o pior acontecer quando tem plateia.

Tentei apartar a briga, mas não deu certo. Todos saíram chorando, inclusive eu (de vergonha!). No dia seguinte, a diretora do berçário me entrega um livro e diz: "Aqui você vai encontrar uma outra maneira de educar que não se parece como uma receita de bolo". O nome do livro era *Disciplina Positiva*, baseado na Psicologia Adleriana. Devorei o livro e me perguntei por que não aprendemos sobre educação com respeito como matéria obrigatória na escola. Então, fiz disso a minha missão de vida.

Alguns anos depois, fui morar nos Estados Unidos, tornei-me certificada como educadora em Disciplina Positiva e comecei a ensinar outros pais. O trabalho só aumentou, e fui convidada pela associação global a me tornar *trainer* e posteriormente *lead trainer* pelo trabalho pioneiro que estava fazendo em língua portuguesa no Brasil e em Portugal.

Como orientadora educacional em escolas e mestre em educação, trabalho com os pais para buscar soluções quando eles chegam ao ponto de dizer: "Não sei mais o que fazer", "Não reconheço mais o meu filho".

Hoje eu produzo conteúdos de educação nas redes sociais @FilosofiaPositivaOficial e ministro cinco certificações em Disciplina Positiva: parental, escolar, primeira infância, relacionamentos amorosos e ambiente de trabalho.

Agora que meus filhos pilotam a própria vida (um jovem adulto de 19 anos na faculdade e uma adolescente-atleta de 16 anos), eu vejo quão importante é educar quem educa, ou seja, educar os adultos. Um pouco de informação que os pais têm reflete numa melhora significativa no relacionamento com os filhos.

Meus filhos estão crescendo e eu também. Nesta obra, eu compartilho histórias pessoais e de alguns pais que graciosamente cederam seu depoimento para você aprender e chegar à conclusão de que, apesar de não existirem pais perfeitos, existe um caminho que traz mais segurança e confiança para quem educa.

Sou grata pelos ensinamentos e pela amizade de longa data da Dra. Jane Nelsen, que me ensina a cada semana quando a encontro para um café ou para uma mentoria.

Também sou grata aos meus professores universitários que me ensinaram sobre Alfred Adler (1870-1937), um dos gigantes da Psicologia. Eles ensinaram a me conectar com meus filhos antes de corrigi-los. Também aprendi a focar a solução em vez da culpa, e compreendi que os adolescentes, por mais desafiadores que possam ser, não serão assim para sempre. Realmente eles mudam, e para melhor!

Acredite no processo. Ainda dá tempo.

Este livro é um convite para curtir seus adolescentes (e aproveitar para crescer junto com eles)! Um forte abraço!

Fernanda Lee, M.A.Ed.

Prefácio

A Fernanda é mestre em educação e também aprendiz da vida. Quando aprende algo que melhora a sua vida, ela encontra maneiras criativas e divertidas de ensinar isso a outras pessoas. Ela atrai um número grande e leal de seguidores ao ensinar habilidades aos pais e professores de maneira inteligente, significativa, envolvente e didática.

Agora, com toda a sua experiência, Fernanda escreveu um livro que irá inspirar os pais que estão buscando ajuda na "fascinante" jornada de educar os adolescentes.

Ela pratica o que prega. Ela tem experiência em reconectar relacionamentos enfraquecidos e criar um espaço seguro para adolescentes e adultos vivenciarem um forte senso de aceitação e importância. Ela é a pessoa que muitos procuram quando se sentem confusos e sem esperança. Quem a acompanha nas redes sociais (@FilosofiaPositivaOficial) já percebeu o quanto pode se divertir ao mesmo tempo que aprende maneiras eficazes e encorajadoras de entender a adolescência (ela fica ótima de moletom quando se faz passar por um adolescente) e o que é realmente eficaz para mergulhar no mundo deles. Ela inclui abordagens práticas, diálogos eficazes e habilidades específicas para ensinar lições dos bons e, principalmente, dos piores momentos.

Eu tive o privilégio de observar em primeira mão, sendo hóspede na casa da Fernanda, e acompanhar seus adolescentes crescerem da fase de "tipicamente desafiadores" para jovens adultos genuinamente graciosos, atenciosos e resilientes. (Eu adoraria ter os filhos dela como parte da minha família – tenho vários netos adoráveis). Para entender o que é "tipicamente desafiador", você precisa assistir a Fernanda interpretando um adolescente em suas postagens nas redes sociais. O fato de seus filhos adolescentes terem se juntado a ela em muitas dessas dramatizações é um grande reconhecimento pelo relacionamento forte que eles construíram.

A Fernanda foi atraída pela filosofia Adleriana (baseada nas necessidades humanas de aceitação, importância e segurança) e tem investido tempo e energia estudando essa teoria em profundidade. Vale ressaltar que existe uma base filosófica sólida para todas as ferramentas ensinadas neste livro.

Como a Fernanda tem apreciado o quanto a Disciplina Positiva a encoraja como mãe, ela tem trabalhado com a Editora Manole para traduzir e publicar vários livros e baralhos em português e obteve os direitos para traduzir e publicar os manuais das certificações em Disciplina Positiva. Milhares de brasileiros por todo o mundo participam de suas aulas e seus cursos.

Ler este livro é como ser convidado a entrar em sua casa para vivenciar como a vida realmente é: com altos e baixos, e compreender que educar é tarefa de longo prazo. Vá em frente, bata na porta e prepare-se para ser muito bem recebido!

Jane Nelsen, Ed.D.
Autora *best-seller* mundial da série Disciplina Positiva

Agradecimentos

Aos meus filhos, Kristian e Katerina, meus maiores professores, que me proporcionaram tantas oportunidades para ser uma pessoa melhor. Por causa de vocês eu renovo a vontade de continuar aprendendo mais a cada dia. Vocês me fazem dar as risadas mais altas e divertidas, mesmo quando estão *zoando* comigo. É um prazer ser a mãe de vocês. O apoio de vocês é constante, e ouvir que serão os primeiros leitores deste livro só valida a ideia de que estamos construindo um relacionamento forte e de respeito. Obrigada por autorizarem incluir algumas das nossas interações em casa. Isso vai ajudar os leitores a focarem a melhora e não a perfeição.

Ao meu marido, Kevin, companheiro desde 1999 (tudo por causa daquela batata!). Obrigada pela revisão criteriosa. A sua resistência em aplicar alguns dos conceitos me fez procurar maneiras mais didáticas de ensinar, até que você pudesse aceitar e tentar de um jeito diferente. Isso vai ajudar os leitores mais céticos.

À querida mestre e amiga Jane Nelsen, que me acolheu de braços abertos desde que iniciei na jornada transformadora da Disciplina Positiva. Por mim, você deveria receber o Prêmio Nobel da Paz. Você é tão encorajadora nos livros quanto em pessoa. A lembrança das nossas viagens juntas para o Havaí, o Brasil e os

Estados Unidos me traz um sorriso no rosto. Você é um ser de luz que tenho a honra de conhecer e beber da fonte.

À ilustradora Isabella Loeffelholz, pelas ideias divertidas e inovadoras, enquanto ela vive a própria adolescência. Seu talento vai te levar longe, e fico feliz por fazer parte da sua trajetória em ascensão.

À revisora Fabiana Neves, que caminha comigo na disseminação da Disciplina Positiva e do Programa de Encorajamento desde o Rio de Janeiro, viajando para Fortaleza, Belo Horizonte, São Paulo e Lima, no Peru. Além de ser a voz dos vídeos dublados quando viajo com as autoras norte-americanas pelo Brasil para gravar as certificações, você também usa a sua voz para ajudar a disseminar essa filosofia de vida. Sua lealdade, senso de humor e competência me inspiram.

Aos familiares, amigos e profissionais que participam gravando ou ouvindo o meu *podcast Adolescente não precisa de sermão* – as suas mensagens carinhosas chegam até mim como um abraço grato e que deixa meu coração quentinho. Não importa onde estiverem, alguém sempre me procura para tomar um café ou ligar "rapidinho" para saber como estou. Sinto o seu amor.

À minha equipe de profissionais do *marketing*, atendimento e financeiro Gisela Santana, Josiane de Oliveira (também conhecida como "Sofia", que recebe todas as mensagens do WhatsApp com o maior carinho), Giovanni Caputo, Everton Sordi, Matheus Chess e Maria Aparecida Losano, que me acompanham e torcem por mim como *cheerleaders* desde o zero, literalmente. Quando comecei no Instagram, tinha zero seguidor, então eles começaram comigo desde o começo mesmo. Foram tantas mudanças, altos e baixos, mas a missão continua a mesma: ajudar as pessoas de forma genuína e respeitando cada educador onde ele se encontra.

Agradecimentos

À equipe da Editora Manole, Amarylis Manole e Cláudia Lahr Tetzlaff, que abriram as portas desde o primeiro livro *best-seller* da Disciplina Positiva (DP). Hoje contamos com 20 títulos: 13 livros (sendo 2 infantis) e 7 baralhos com as ferramentas da DP. Guardei o guardanapo onde fiz o primeiro desenho dos copos em três tamanhos (que vocês vão aprender na Estratégia 6) para explicar o conceito do livro para a Amarylis. Eu ainda dou risada quando lembro da garçonete ralando queijo e fazendo uma montanha sem proporção porque estava prestando atenção na conversa. A dedicação de vocês é notável.

Aos educadores certificados em Disciplina Positiva (@positivediscipline_association) em mais de 80 países. Cada um de vocês contribui de maneira significativa em casa, na escola e no trabalho. Obrigada por dedicarem seu tempo e manterem o entusiasmo para mudar o mundo por meio da educação!

Eu também quero agradecer a confiança do público no meu trabalho. Com o grande volume de perguntas que recebo nas minhas redes sociais (Instagram @FilosofiaPositivaOficial, YouTube @FilosofiaPositivaOficial, TikTok @FilosofiaPositiva) e até desabafos sinceros sobre o comportamento do adolescente, decidi compilar a minha **experiência** como orientadora educacional, compartilhar minhas **vivências** como mãe de dois adolescentes e oferecer **apoio** para vocês nesse período tão crítico e importante.

Sigam com coragem!

Fernanda Lee

Boas-vindas e ideias de como usar este livro

Quero parabenizar você por estar aqui!

Concorda comigo que não é fácil criar um adolescente na era digital?

É comprovado que os pais de adolescentes sofrem mais estresse do que os pais de bebês e crianças pequenas que não param quietas. Isso porque os adolescentes estão passando por muitas mudanças simultaneamente – início da puberdade, mudanças físicas, cognitivas, psicológicas, neurológicas, sexualidade – à medida que testam **todos** os limites. O simples fato de já termos sido adolescentes não significa que sabemos como lidar com a experiência dessa geração de jovens, que são nativos tecnológicos, fortemente diversificados e com dificuldade de pensar em longo prazo sobre uma carreira.

Se você está aqui, é porque...

...já estabeleceu um bom relacionamento com seu adolescente e quer se atualizar,

ou

...quer economizar tempo evitando cometer os mesmos erros, ou

...perdeu as esperanças e acha que não dá mais tempo porque seus filhos já chegaram à adolescência (ou já são jovens adultos), ou

...tem pré-adolescentes e quer se preparar para a próxima fase com alguém que compactua com os mesmos valores que você, ou

...atende pacientes, dá aula, tem familiares ou amigos que buscam uma melhor conexão com os jovens, ou

...simplesmente está curioso sobre o mundo da adolescência.

Este é um livro informativo, interativo e divertido para ajudar você a navegar como **copiloto** (sem perder o ar, se afobar, saltar do avião, arrancar os cabelos ou tomar o controle total do manche, o volante do avião) na jornada que é a adolescência dos filhos.

É também um convite para você que quer conhecer esse caminho de criar os filhos **sem sermão e com mais propósito** e, acima de tudo curtir ser mãe, pai, professor(a), tio(a), psicólogo(a) dos adolescentes! Prepare-se para curtir seu adolescente sem precisar falar a mesma coisa mil vezes.

Assim como todo novo pensamento e novo comportamento, isso demanda de nós **paciência com as imperfeições** para desapegar de velhos hábitos e aprender novos. Depois de formar tantos educadores parentais certificados e de servir centenas de adolescentes nas escolas como orientadora educacional, incluí nesta obra os erros mais comuns que os pais cometem para poupar você de alguns anos de estresse e terapia.

Por isso, a obra foi elaborada de forma visual e com intencionalidade. Cada estratégia começa com uma ilustração que serve como **fio condutor** do pensamento para os pais se atualizarem, adquirirem conhecimentos, desenvolverem habilidades, ganharem confiança e fazerem pequenos ajustes nas atitudes a fim de criar a melhor atmosfera possível para os jovens desenvolverem resiliência. **Adolescentes resilientes** têm a capacidade de lidar com os problemas, adaptar-se às mudanças, resistir à pressão de situações adversas e superar os inúmeros obstáculos da vida.

Você pode ler o livro inteiro e não se lembrar de nada quando estiver num impasse ou envolvido num conflito com o adolescente. Mas, se você tiver visto as imagens sobre os conceitos que vou ensinar aqui, duas coisas boas vão acontecer: **primeiro, você vai se lembrar da ilustração. E segundo, vai ter vontade de testar o conceito nos momentos mais difíceis ou quando chegar àquele ponto em que não sabe mais o que fazer.**

Um último lembrete: mesmo que as coisas estejam muito difíceis, mesmo que você já tenha perdido muita energia (ou até a voz) e mesmo que esteja se sentindo esgotado, você chegou até aqui porque ainda tem esperança de que pode ser melhor. E será!

A avalanche de agradecimentos que recebo

Um dia uma seguidora me escreveu: "Apesar de amar minha profissão como advogada, eu descobri que sou apaixonada por ser mãe depois que descobri o seu conteúdo".[1] Uma coisa é certa:

---

[1] Ela se refere aos vídeos que posto no meu perfil @FilosofiaPositivaOficial me passando por uma adolescente.

nossos filhos vão mudar quem nós somos a partir do momento em que eles chegarem em nossas vidas. Em um momento vamos ficar maravilhados, nos perguntando como a natureza pode ser tão perfeita e generosa. No outro momento, vamos nos perguntar por que decidimos tê-los. Se nos prendermos ao passado e remoermos nossos erros, a culpa vai custar nossa **autoestima e autoeficácia**.

Qual é a diferença?		
Autoestima	Autoeficácia	Narcisismo
Refere-se à autopercepção como alguém de valor.	Refere-se à crença pessoal na habilidade de exercitar o controle sobre os eventos em suas vidas ou na crença de aprender novas ferramentas para superar os desafios.	Um termo baseado na figura grega mitológica de Narciso, que se apaixonou pela beleza do seu próprio reflexo. São pessoas que se acham melhores do que os outros, que usam os demais para atender às próprias necessidades e para ser o centro da atenção.
"Pessoas como eu estão contentes com a maneira como são e como se expressam." "Eu falo para o meu filho que eu o amo."	"Eu acredito que, mesmo não sabendo fazer diferente agora, posso aprender coisas novas por meio do esforço e da determinação."	"Pessoas como eu merecem algo especial, algo a mais." "Meu filho é melhor do que os outros."

Fonte: *The life span: human development for helping professionals* (2020).

Os adolescentes vão testar os limites e os nossos valores de vida, mesmo assim, até hoje eu nunca conheci uma mãe ou pai que acordasse de manhã esperando a oportunidade de gritar ou machucar o seu próprio filho. Os pais geralmente berram, batem, dão sermão e colocam os adolescentes de castigo por falta de opções, quando já chegaram ao limite da paciência e não sabem mais o que fazer.

Talvez você não tenha causado o mau humor do seu filho, mas tem controle sobre a maneira como reage à situação. Os descontroles emocionais dos seus filhos nem sempre são um reflexo de como você educa. Se você deseja ter uma família feliz e pacífica, gritar e castigar não vão ajudá-lo a atingir isso. **O que vai ajudar é o modo como você escolhe reagir ao que acontece à sua volta.**

Educar é muito abstrato. Não existem ferramentas físicas que "consertem" o comportamento dos jovens, e também não existem "milagres" que os façam ser mais obedientes e felizes. A punição causa sequelas e, em alguns casos mais severos, pode até causar trauma. Por isso, criar os filhos exige **intervenções baseadas em relacionamento**. Se o relacionamento é a base da educação, adivinha quem se torna a peça fundamental: **Você!** Por isso é importante que os pais se eduquem, se atualizem e aprendam o mínimo sobre o desenvolvimento humano.

Não importa a profissão que você exerce, seja um pintor ou um neurocirurgião, você sabe que o treinamento é fundamental para fazer o seu trabalho. Quanto mais estudar e praticar, mais você se tornará um especialista naquilo que fizer. Ser mãe e pai é o trabalho mais importante do mundo! Por essa razão, tenho dedicado a minha vida a educar pais e certificar novos educadores parentais como *lead trainer* em Disciplina Positiva.

Hoje sou mestre em educação, mas a minha formação é em administração de empresas, e já trabalhei em bancos de investimentos. Foi quando me tornei mãe que me dei conta de que não tinha muito preparo **como educadora**. Eu não sabia lidar com os problemas de comportamento do meu filho (que tinha um temperamento forte!). Depois que a minha filha nasceu, eu não sabia lidar quando os dois brigavam entre si, se recusavam a entrar no banho, e então se recusavam a sair do banho. Eram dias longos e difíceis porque eram baseados no erro e no acerto.

Seria muito mais fácil e prazeroso se eu tivesse um guia. Eu era muito adepta da ordem, da planilha, da rotina, da organização e da disciplina, e, quando me foi apresentado o livro *Disciplina Positiva*, fiquei apaixonada, porque nele vi uma chance de fazer ajustes na criação dos meus dois filhos sem me sentir culpada, sem humilhação, castigo ou recompensa. Mas, quando tentava aplicar os conceitos, eu me pegava falando "Agora funcionou" ou "Agora não funcionou". Eu tinha essa vontade de testar a todo momento, se eles estavam me obedecendo e respeitando aos 2 anos de idade!!! Depois de muito tempo, muitos erros e acertos (mais erros do que acertos...), descobri que minha mentalidade estava bloqueando o presente divino que é ser mãe. Eu queria filhos autônomos, independentes, criativos e com pensamento crítico. Do jeito que estava educando, eu estava criando filhos para serem obedientes e tiranos. Eu estava ficando neurótica...

Comecei a desenvolver junto com meus filhos o Quadro de rotinas com as fotos deles, a Roda de escolhas da raiva e como fazer Acordos que realmente funcionavam. E, quando eles cresceram, despertou em mim a vontade de ensinar a adaptar essas ferramentas ao universo da adolescência.

As regras mudaram e ninguém te avisou

Eu achei que, investindo e aplicando a Disciplina Positiva em uma abordagem de respeito mútuo desde que eles eram pequeninhos, isso serviria como uma espécie de "seguro" para que, quando meus filhos se tornassem adolescentes, eu não tivesse os problemas terríveis dos quais escuto falar sobre a adolescência. Mesmo assim, quando a adolescência começou a dar os primeiros sinais no meu filho, eu me perguntei: "O que estou fazendo de errado? Eu criei com o maior cuidado, participei, conversei, li histórias antes de dormir, abdiquei da minha profissão para ser mãe presente... e é isso que eu recebo em troca? Desaforo? Olho revirado? Faz o contrário de propósito?". A regra do jogo mudou, e ninguém me avisou.

Apesar de a minha preparação ter ajudado um pouco, isso não evitou os altos e baixos que essa fase da vida oferece. Às vezes eu sentia que estava criando os filhos, outras vezes eu percebia que estava recriando a minha adolescente interior. Não existe fórmula mágica para educar os filhos, nem existe "ferramenta que conserte" os jovens. Eu descobri que **nos tornamos a ferramenta**, por meio da **mudança** da **nossa atitude** e **das palavras que moldam** as interações.

Com meus filhos adolescentes, os últimos anos estranhamente foram os mais difíceis na minha vida, e foram as maiores dificuldades que enfrentei que se transformaram nos maiores aprendizados, que eu venho compartilhar com você.

Tudo bem não ter todas as respostas, mas não desista de continuar procurando

Espero que esta obra seja útil para você que se vê nesse mesmo impasse, se perguntando se educar com respeito realmente funciona. Agora, depois de aplicar essa abordagem desde 2008, eu posso atestar que esse é um caminho seguro para construir um relacionamento saudável não só com os filhos, mas com todos ao redor! A Psicologia Adleriana oferece uma filosofia de vida aplicada ao mundo real.

Demorou um tempo para as coisas começarem a funcionar desde que fiz a escolha consciente de aprender com meus erros e seguir em frente, mesmo nas horas mais estressantes e desesperadoras. Quando perdemos a cabeça, viramos um dragão, subimos nos tamancos, surtamos, _____ (fique à vontade para adicionar aqui a sua expressão favorita quando você perde a paciência!), e isso não significa que estamos estagnados, mas sim que somos humanos e que leva tempo para as coisas realmente mudarem. Depois que aprendemos que existe um caminho mais leve para educar, dá vontade de mudar todo mundo!

Mas sabemos que não conseguimos mudar ninguém a não ser que esse alguém tenha o **desejo genuíno de mudar.** Podemos apenas apresentar os benefícios dessas mudanças, inspirá-los e encorajá-los no seu movimento.

ESTRATÉGIA 1

De piloto para copiloto

Enquanto escrevo o primeiro capítulo deste livro, no quarto com a porta fechada, a música do meu filho permeia toda a casa. Adolescentes escutam música de forma intensa. "Se o som não está no máximo, não vale a pena escutar." Lembro exatamente de quando os meus dois filhos entraram na pré-adolescência. Foi chocante. Lembro de ter perguntado: Quem são esses "monstros"?

O **desenvolvimento da identidade** é considerada a principal tarefa na adolescência. Apesar das mudanças físicas, oscilação de humor, aumento da irritabilidade, ampliação na capacidade de refletir sobre o futuro e maior demanda por autonomia, desenvolver a identidade requer independência. Isso significa que os pais precisam dar espaço adequado aos filhos, ter uma abundante tolerância e aceitar mudar da cadeira do piloto para a cadeira do copiloto. Isso é vital para a independência e a construção de uma identidade saudável. Muitos adolescentes estão "programados" para rejeitar os pais, não gostar do que os pais gostam e achar estúpido tudo que os pais fazem, vestem e dizem. Parece que eles perdem o senso de onde as coisas estão e não conseguem encontrar o que está debaixo do seu nariz, literalmente.

Eu compreendia essas mudanças intelectualmente, mas achava que só iria acontecer com os filhos dos outros. Essa individuação é essencial, porém é desconfortável para os pais, que desabafam:

"Não reconheço mais o meu filho."
"Meu maior medo é criá-lo do mesmo jeito que eu fui criada."
"Perdi totalmente o controle e nem sei por onde começar."

> "Percebo que fiz tudo errado e agora estou colhendo todo o autoritarismo, agressividade e cobrança que coloquei na educação dele."
>
> "Fui fazendo como deu, mas gostaria de ter feito tudo diferente."
>
> "Meu filho só atende no grito. Está tudo muito triste e estressante."
>
> "Não quero que o meu filho cometa os mesmos erros que eu cometi."

Para ser um copiloto efetivo, não basta usar somente o que aprendeu há 10 ou 15 anos, quando o seu filho nasceu. Os estágios do desenvolvimento são dinâmicos, e você precisa se atualizar. Somos **educadores** buscando constantemente novos conhecimentos e respostas. Você precisa se colocar nesse lugar de responsabilidade.

Este livro fala sobre todos os adolescentes homens, mulheres e quem se encontra no espectro da sexualidade. Para simplificar, ao longo dos capítulos vou usar a expressão "o adolescente" para representar todos os jovens que estão passando por essa linda e complexa transição de vida.

Vou começar ajudando você a REconhecer seus filhos. Para isso, vamos entender as mudanças que acontecem na vida do adolescente em cinco áreas principais:

1. **Mudanças na área física:** o corpo de criança vai se transformar e precisa de tempo para se adaptar às mudanças. Um dia o braço direito está maior que o esquerdo. O jovem parece ter perdido o controle motor fino porque tudo cai das mãos dele e ele parece esbarrar em todas as paredes e qui-

nas. O **ritmo circadiano**[1] dos adolescentes começa a mudar. Se o seu filho disser "Não consigo dormir cedo", ele está falando a verdade. Ele quer ir para a cama mais tarde e não consegue acordar cedo. É por isso que estudos (p. ex., Scientific American, 2024) mostram o benefício de ajustar a entrada do ensino médio para 30 minutos mais tarde. Nessa fase, o olfato também fica mais aguçado. Os laboratórios de perfumes sabem e se aproveitam disso. Da próxima vez que for ao *shopping*, tente sentir o aroma dos perfumes desenvolvidos especificamente para adolescentes: são bem mais doces. Por fim, saiba que, com o estirão de crescimento, o apetite também aumenta.

Dieta do adolescente
Qualquer comida, desde que seja entregue.

2. **Mudanças na área cognitiva:** os jovens seguem desenvolvendo sua inteligência lógico-matemática e aprendendo sobre conceitos abstratos que antes não entendiam: a morte, a espiritualidade e a religião, por exemplo. Eles questionam: "Por que eu tenho que ir à igreja?", "Por que eu tenho que acender sete velas?", "Por que eu tenho que fazer isso?", "Por que eu tenho que fazer aquilo?", "Por quê?", "Por

---

[1] Ritmo circadiano é o relógio biológico que organiza as mudanças físicas que um organismo experimenta ao longo de um ciclo de 24 horas. Os ritmos circadianos influenciam funções importantes no corpo humano, tais como padrões de sono, liberação hormonal, apetite, digestão e temperatura. Fonte: NIH (2024).

quê?", "Por quê?". Seu aparato cognitivo está mais inquisitivo, e eles começam a questionar o *status quo* e a querer treinar essa nova habilidade travando debates altamente racionais e contraditórios com você nas horas mais inconvenientes possíveis – às onze da noite, por exemplo.
3. **Mudanças na área da sexualidade:** o mundo começa a ficar mais sexualizado pela lente da adolescência. Os hormônios iniciam uma produção mais acelerada. Se você reclamou até hoje porque seus filhos não querem entrar no banho, agora você vai reclamar porque eles querem tomar dois banhos por dia, de preferência bem demorados. Se você reclamava que seu filho pequeno queria usar a mesma camiseta favorita todos os dias, agora vai reclamar porque ele se recusa a repetir a roupa. Isso acontece porque eles estão hiperalertas sobre a própria aparência e seus maneirismos, além de terem uma preocupação considerável sobre o que vestir e como se comportar, pois estão mais suscetíveis a sentir atração física e a buscar aceitação de um grupo por causa da aparência.
4. **Mudanças na área psicológica:** a ideia principal é a de que o "eu" não aceita mais ser visto (ou ser tratado) como criança, principalmente pelos pais. Os adolescentes precisam ser vistos como adultos. **Eles desenvolvem uma alergia temporária aos pais.** Rejeitam o amor, o carinho, o abraço... como se você representasse a dependência e os vínculos que identificam o "eu-criança" deles. A figura dos pais está associada à fase da infância. Em geral (sem a intenção de rotular), as meninas declaram a sua independência de momento a momento. Elas são mais verbais e expressivas. Se têm um problema, você com certeza vai saber. Já os me-

ninos, em geral, são mais quietos e introspectivos. Falam pouco, e quando falam não é possível compreender o que querem dizer com suas falas monossilábicas. 😉

Acontece um distanciamento em relação aos pais e maior proximidade com os amigos. E você se questiona: "Aonde foi a minha filhinha tão amável e carinhosa?", "Quanto dessa distância eu devo dar?", "O que é normal e o que não é?". Enquanto ainda não tem as respostas para essas perguntas, é muito importante que você abrace o seu adolescente, literalmente. Não precisa ser um abraço longo, mas precisa ser forte o suficiente para transmitir o seu amor para ele.

Na nossa família
Eu gosto de contar "três Mississipis", assim o abraço dura mais tempo: "Um Mississipi, dois Mississipis, três Mississipis".

Usar o seu senso de humor é extremamente importante para o aspecto psicológico do jovem, pois vai reforçar que ele é aceito em casa (mesmo quando o humor dele oscila 15 vezes num dia só!).

Veja o que sai do meu coração para os meus filhos quando eu os abraço:

> "Você faz do mundo um lugar melhor, e estou tão feliz que sou sua mãe."
> "Que bom que reservamos um tempo para estarmos juntos hoje."
> "Eu te amo mais a cada dia."
> "Eu poderia passar o dia todo conversando com você."
> "Você me faz querer te abraçar forte e nunca mais soltar."
> "Não precisa de palavras. Seu sorriso já diz tudo."
> "Você é importante nesta casa, e a sua ajuda faz toda a diferença."
> "Eu admiro como você é capaz de superar situações difíceis. Como você conseguiu isso?"
> "Eu te amo." (Falo isso pelo menos uma vez ao dia ou envio via WhatsApp para cada um deles! 😊)

5. **Mudanças na área neurológica:** o que está realmente acontecendo no cérebro do adolescente? Quando o feto está sendo gerado, o primeiro órgão a ser formado é o coração, e, quando chegamos à fase adulta, o último órgão a se formar é o cérebro, por volta dos 25 anos. À medida que o jovem cresce, mais partes de seu cérebro mostram sinais de maturidade. Aos 18 anos, mais de 85% dessa estrutura está completamente madura, e por volta dos 25 anos acontece a sua formação total. Apesar de o adolescente se achar "um adulto" aos 14, o "aparato neural" que ajuda a tomar decisões e a desenvolver o autoconhecimento ainda está em formação. É por isso que o seguro de carros tem um preço mais alto para os motoristas de até 25 anos. Parece que depois disso eles tomam juízo!

A adolescência também é uma fase de poda, ou seja, de limpeza dos neurônios que não estão sendo mais utilizados para ajudar a melhorar a eficiência, a rapidez e a construção de novas conexões do cérebro. Essa poda acontece dentro do cérebro do jovem. Não tem como nós fazermos esse trabalho por eles. **Então, tenha paciência enquanto a reforma está em ação, até a fase adulta.** Apesar de não terem um cérebro de adulto totalmente desenvolvido, as demandas colocadas sobre os adolescentes geralmente são.

Dedique tempo para praticar a autorregulação em todos os desafios diários que o seu filho adolescente enfrenta. Por exemplo, ensine a dividir um projeto complexo em partes menores, mais simples e gerenciáveis, ensine a programar um cronômetro como um lembrete para verificar se está prestando atenção ou está distraído, ensine a organizar arquivos e o calendário da escola e ensine a ter uma autoconversa positiva reconhecendo que erros são oportunidades para aprender.

O copiloto também tem acesso ao painel de controle

Se eu entrar num prédio em chamas, provavelmente vou ficar traumatizada com essa experiência, porque não tenho preparo nem equipamentos para lidar com a situação. No entanto, se um bombeiro entrar nesse mesmo prédio, não sofrerá o mesmo impacto, porque ele recebeu **treinamento** e tem **ferramentas** para lidar com o incêndio e outras situações de emergência.

Agora imagine que o seu adolescente está dirigindo um carro e você está no banco do passageiro. O jovem se distrai, perde o controle e quase causa um acidente. Na reação, você grita: "Seu idiota, quase que você causa um acidente". Quando os pais não têm treinamento nem ferramentas adequadas para lidar com o "incêndio", é mais provável que a situação cause uma reação intensa. Por outro lado, se os pais estiverem preparados para esse momento, como um bombeiro se prepara para um incêndio, com certeza terão uma postura diferente: "Filho, você conseguiu desviar no último minuto e evitou um acidente".

A maneira como os pais reagem logo após um evento inesperado pode ajudar ou prejudicar o desenvolvimento do cérebro do adolescente. Essa é a **importância de um copiloto treinado em habilidades sociais e emocionais:** servir de apoio na vida do jovem e ajudar a experiência vivida a fazer sentido.

Erro nº 1 que os pais cometem quando se tornam copilotos: acreditar que é tarde demais

Logo de cara, já quero esclarecer que ainda dá tempo. Você conhece alguma mãe ou pai perfeito na face da Terra? Não! Porque eles não existem. Você não precisa ser perfeito para começar. A **mãe/pai perfeito** e a **mãe/pai real** são bem diferentes. A mãe/pai perfeito é aquele que você planeja ser **antes** de ter filhos. Lembra quando você era solteiro, vivia *solo* e ficava julgando os filhos dos outros? "Quando eu tiver filhos, jamais vou falar assim com eles" ou "Imagina que eu vou deixar meu filho andar com a camiseta suja desse jeito". Mas quando a gente tem a nossa própria cria o jogo muda para sempre.

Você sai da maternidade (ou do centro de adoção) sem nenhum manual de instruções de como educar. É bombardeado por mensagens dizendo que você deve atender às expectativas da sociedade. A pressão é grande. Depois de alguns dias recebendo todo o apoio necessário de uma equipe de profissionais, agora você está em casa para fazer o trabalho sozinho.

A parentalidade é um convite para descobrir outras nuances nunca antes exploradas. E, ao mesmo tempo que isso é animador, é assustador, pois você começa a descobrir os seus limites e tem os seus valores de vida testados. Criar os filhos é como se fosse **um teste de fé na humanidade**. Você passa noites acordado, se dedica para que eles tenham acesso a comida saudável, andem com o uniforme passado e recebam amor e atenção para que se sintam amados. Porém, nos momentos em que você está cansado, em que se sente atacado ou magoado, a mãe e o pai real começam a tomar conta de você de maneira incontrolável. E daí você se vê berrando, dando sermão e castigando o adolescente que mais ama no mundo e de quem prometeu cuidar. Afinal, quem aguenta escutar pela centésima vez "o que tem para comer" ou "não, eu não vou fazer isso"?

Como evitar cair na armadilha da mãe/pai perfeito?

Primeiro, tome **consciência** de que não existe a mãe/pai perfeito, só existe a **mãe/pai real**. Você é a mãe/pai escolhido para o seu filho, e, como não vai ser despedido dessa função tão cedo, aceite que você está exatamente onde precisa estar. Mãe/pai real chora, fica cansado, comete erros, grita, perde a cabeça e coloca os seus filhos de castigo. Isso não significa que agora você tem uma desculpa para surtar e perder a paciência com tudo e todos; significa que você tem permissão para agir assim de vez em quando, enquanto aprende novas habilidades e expande o seu leque de opções sobre como reagir aos maus comportamentos. Significa que você está **comprometido em prestar atenção nos gatilhos que o seu filho desperta e que fazem você surtar**. Agora que você tem consciência disso, **transforme** os seus erros em oportunidades para aprender sobre si mesmo, sobre a situação e sobre o outro.

Há milhões de ótimas mães e pais que são assim porque usaram esses momentos de surto para aprender sobre si mesmos e para aprender a reagir às situações difíceis. É aí que a mágica acontece! Nossas imperfeições na verdade são um convite para a superação. Nossos surtos nos avisam de que estamos fora da rota e de que nossos valores estão sendo testados, e também de que o que está acontecendo à nossa volta não é congruente com a visão que tínhamos do que é uma família e do tipo de mãe/pai que sempre quisemos ser. Lembre-se de que você está fazendo muito mais do que apenas levar os seus filhos para a escola e oferecer uma alimentação saudável para eles. **Você está usando a sua influência para ajudá-los a crescer e a influenciar o mundo de maneira positiva.**

É por isso que você é tão importante! Você tem pontos fortes. Talvez você seja uma mãe, um pai, um cuidador *solo*, um professor, um diretor de escola, um profissional da saúde ou tenha em casa um(a) parceiro(a) que mais parece um adolescente! Seja qual for a sua realidade, todos nós temos pontos fortes. E, quando falamos em criar adolescentes, os pais reagem jogando a mão para cima e desabafando: "É tarde demais".

Como mãe de um jovem adulto e de uma adolescente e orientadora educacional de centenas de jovens, eu posso atestar que não existe adolescente que eu não tenha admirado depois que o conheci melhor.

Admitir o erro não é derrota. Perguntas que empoderam:
- O que vou perder se abrir mão da ideia de que existe a mãe/pai perfeito?
- O que, exatamente, o meu filho fez que tirou a minha paciência?
- Como posso reparar o erro que cometi depois que gritei com o meu filho ou dei um sermão nele?

Uma vez perguntaram para Alfred Adler, o psicólogo e psiquiatra que criou a Psicologia Individual,[2] se existe um limite de tempo para uma pessoa mudar, e ele respondeu: "Sim, com certeza...". Com um sorriso no rosto, ele acrescentou: "... até a véspera do seu encontro com o Criador".

Mantra para colocar na porta da geladeira
Eu transformo os desafios de vida em oportunidades para aprender enquanto ainda tenho força vital e vontade.

Um pequeno passo em direção à mudança

Quando estamos num momento de tensão com os filhos, é fácil esquecer o quanto os amamos. Mais fácil ainda é se sentir um

---

2   A Psicologia Individual tem uma visão humanista e científica do conhecimento humano.

fracasso, se sentir culpado e assumir a cadeira do piloto. **Lembre--se: você agora é o copiloto!** Como a perfeição é inatingível, temos que ter a coragem de ser imperfeitos. No mundo real, você tem qualidades também.

> Pense nas suas qualidades e foque a melhora, não a perfeição. Quais são as suas qualidades mais marcantes? Quais são as características que as pessoas sempre apontam em você? Reflita e avalie se você é uma pessoa:
>
> - Criativa: gosta de inovar no lado pessoal ou profissional, tem originalidade, capacidade de ver as coisas sob diferentes pontos de vista.
> - Otimista: capaz de enxergar as coisas boas acima das ruins. Uma pessoa otimista vê o lado positivo das situações e fica satisfeita com o que acontece em sua vida, acreditando que tudo é um aprendizado e que sempre há algo bom para acontecer.
> - Corajosa: se identifica com a força e a coragem de encarar a vida e seus acontecimentos. Alguém valente, conhecido por enfrentar situações difíceis que fariam outras pessoas desistirem.
> - Pontual: responde bem aos prazos e compromissos combinados.
> - Determinada: persiste firmemente para conseguir o que quer e alcançar seus objetivos. Sabe qual é a meta e acredita que vai alcançá-la, ultrapassando qualquer obstáculo.
> - Prudente: evita consequências ruins por meio das ações que pratica.
> - Observadora: atenta ao que está ao redor, presta atenção aos detalhes.
>
> Quando o desespero bate a ponto de não saber mais o que fazer, é muito importante lembrar que também estamos no processo de aprendizagem, junto com os nossos filhos. Qual são as suas três maiores qualidades? Escreva-as aqui.
>
> _____
> _____
> _____

> Se você não consegue pensar em qualidades sobre si mesmo, pergunte para três pessoas quais são as qualidades que elas reconhecem em você. Este é um exercício de liderança pessoal. Talvez você não esteja ciente do quanto influencia os outros por meio da sua presença. Pergunte para o seu filho o que **ele** vê de qualidades em **você**. Compartilhe com ele quais qualidades **você** admira **nele**.

Não dá para esperar alguns anos antes de o adolescente assumir a cadeira de piloto?

Seria maravilhoso trancar o adolescente no quarto até o cérebro dele terminar de se desenvolver, mas o resultado final não seria nada benéfico.

Quero falar um pouco sobre duas partes importantes do cérebro:

- O **lobo frontal**: a parte pensante.
- A **amígdala**: a parte reativa de luta/fuga/paralisa e de processamento emocional.

O lobo frontal (localizado bem atrás da testa) é o centro das funções executivas, responsável por aspectos como:

- Planejamento curto, médio e de longo prazo (O que vou vestir para escola hoje? O que eu vou fazer depois da aula? Como vou estudar para o teste que vai acontecer em 3 semanas?)
- Pensamento cognitivo (Quanto é 2 + 2?)
- Memória (O que a professora disse que é importante levar para a aula hoje? Eu lembro das fórmulas para o teste de amanhã.)

- Controle do impulso (Quero assistir mais um vídeo no YouTube, mas não vou fazer isso porque tenho lição.)
- Moralidade (Isso não está correto. Vou levar essa situação para a professora.)
- Linguagem (Estou sobrecarregado agora e não posso falar. Vamos tentar mais tarde.)
- Entre outras funções.

A questão é que o **lobo frontal** só se desenvolve completamente por volta dos 25 anos,[3] ou seja, os adolescentes se acham crescidos e prontos para assumir a **cadeira do piloto** e viver a vida como adultos, mas ainda têm áreas no cérebro que estão em parcial desenvolvimento. Há os pais que atrapalham (com a intenção de ajudar!) o processo de amadurecimento do cérebro ao interferir entre o jovem e as experiências de vida. Por exemplo, alguns **pais reforçam o imediatismo ou cultivam o senso de incapacidade dos filhos** ao assumir as responsabilidades deles na escola fazendo o seguinte:

- Escolhendo os professores no começo do ano letivo.
- Levando a lição para a escola quando o filho esquece de colocar na mochila.
- Enviando *e-mails* ou ligando para os professores em nome do filho.
- Correndo para comprar algum material no último minuto porque o filho esqueceu de avisar dessa necessidade.
- Completando a lição de casa pelo filho.

---

3 Como os adolescentes amadurecem em ritmos marcadamente variados, 25 anos é uma média.

- Fazendo a inscrição para o Enem ou para o vestibular em vez de deixar o filho fazer.

Por mais duro que seja, as consequências naturais da vida estão entre as melhores maneiras de aprender (e mais tarde se lembrar delas). Entendendo o cérebro em construção e sem a necessidade de dar um sermão, o melhor jeito de aumentar a autoestima dos adolescentes é **permitir que os jovens desenvolvam habilidades para resolver seus próprios problemas e ser paciente quando as dificuldades, obstáculos, imprevistos, cotovelos ralados e corações partidos acontecerem na vida.**

Dê-se permissão para simplesmente acompanhar seus filhos quando eles passarem por momentos como os que estão descritos na lista que você leu há pouco, dando apoio, mas sem consertar as coisas por eles. Desafios são ótimas oportunidades de ensinar as qualidades que queremos que eles tenham aos 25 anos. Como você acha que seu filho aprendeu a andar? Andando. Foram muitos os tropeços e arranhões no joelho, mas ele conseguiu! Já pensou se você pegasse o seu filho no colo todas as vezes que ele precisava ir para algum lugar? Ele não iria desenvolver os músculos das pernas.

O mesmo raciocínio funciona para as habilidades socioemocionais: **acho interessante que os pais me digam que querem que seus filhos sejam resilientes. O paradoxo é que eles querem proteger os filhos de todo e qualquer desapontamento, impedindo que esses jovens desenvolvam a resiliência.** Os pais dizem que querem criar pessoas honestas, mas mentem para os filhos ou na frente dos filhos.

Como dar apoio como copiloto, sem fazer no lugar deles?	
Em vez de fazer isto...	**... apoie!**
Escolher os professores no começo do ano letivo	O que você vai fazer para aprender a matéria mesmo que não goste dessa professora?
Levar a lição de casa para a escola quando ele esquece de colocar na mochila	Estou no trabalho agora e não posso sair. O que você pode fazer na próxima vez para lembrar de levar a lição? (Ou: Já tentou negociar um novo prazo com o professor?)
Enviar *e-mails* ou ligar para o professor em nome do seu filho	É importante que você se comunique com seu professor e me copie na mensagem. Eu posso te ajudar a formular um *e-mail*, mas não vou escrever por você. Você quer a minha ajuda agora ou mais tarde?
Correr para comprar algum material no último minuto porque o seu filho esqueceu de avisar dessa necessidade	Você consegue pensar em uma alternativa até que possamos comprar o material, no fim de semana?
Completar a lição de casa por ele	O que você acha que vai acontecer se você não entregar a lição a tempo? Quais são as consequências com as quais você terá que arcar? Como posso te apoiar?
Fazer a inscrição para o Enem pelo seu filho	Entrar na faculdade é importante para você? Quando você planejou se inscrever no Enem para não perder o prazo?

Os adolescentes cometem erros, da mesma maneira que nós cometíamos quando éramos adolescentes. E foi com o aprendizado desses erros que desenvolvemos certas habilidades de vida, como a resiliência e a capacidade de resolver problemas. **Eu sei que é mais fácil falar do que fazer, mas tente celebrar os erros deles.** Os nossos filhos já têm muitos problemas para resolver; eles não precisam carregar o fardo do seu desa-

pontamento quando eles cometem erros. Fique atento à sua própria reação emocional e ao que está transmitindo. Qual das alternativas abaixo poderia ter sido dita por você?

"Você não presta para nada, por isso eu tenho que fazer por você."

ou

"O que você aprendeu com esse erro? Eu confio que você terá a capacidade de repará-lo."

O processo de crescer se torna muito mais significativo quando o adolescente tem **espaço**, **tempo** e as **ferramentas** necessárias para poder reparar os próprios erros, com sua ajuda servindo de exemplo. Lembre-se de que, o avião já decolou, agora não é hora de sermão, o tempo é crucial. Diante dessa situação, a maneira **como** você vai se apresentar vai fazer toda a diferença no trajeto da viagem.

O adolescente não está manipulando você

Para entender o desenvolvimento dos adolescentes, vou introduzir um recurso poderoso, elaborado pelo neurocientista Daniel Siegel (2016), que, por adorar um acrônimo, usa a sigla **ESSENCE** (ESSÊNCIA em português) para explicar o cérebro do adolescente. Em resumo, veja aqui a essência do desenvolvimento humano nessa fase:

ES	SE	NS	CE
(Emotional Spark) Intensidade emocional	*(Social Engagement)* Engajamento social	*(Novelty Seeking)* Busca por novidade	*(Creative Exploration)* Exploração criativa

- **Intensidade emocional** significa que os jovens começam a ficar mais sensitivos ao que acontece à sua volta. Usando a analogia do copiloto, imagine agora que o avião está em pleno voo, com a emoção se manifestando de maneira muito intensa. Se durante o voo está chovendo, a sensação é como se o avião estivesse sem o teto e começasse a molhar tudo que está dentro dele. O jovem chora sem motivo aparente, se refugia no quarto e parece que está em constante estado de apatia. Durante o temporal, parece que a chuva nunca vai passar. Num outro dia, contudo, o jovem pode sentir emoções agradáveis que são vivenciadas de maneiras intensas também. Depois que a chuva passa, vem o sol, brilha o arco-íris, o jovem gargalha e fica animado fora de proporção. E você pensa: "Mas quando meu filho tinha 11 anos parecia que tudo estava indo tão bem. Ele começou a se mostrar mais autorregulado. Eu achei que quando ficasse mais velho as coisas só melhorariam porque ele estaria amadurecendo, mas parece que ele está regredindo; às vezes ele se comporta como uma criancinha". O que essa mãe/pai não entende é que o cérebro de um adolescente está passando por uma reforma drástica que nem os próprios jovens entendem. Agora que somos adultos, a tendência é nos esquecermos de quando éramos adolescentes, e isso faz falta na compreensão da intensidade emocional que os jovens estão experimentando.

- O **engajamento social** impulsiona os jovens a buscarem relacionamentos fora de casa, afinal eles precisam **saltar do ninho** (você vai aprender sobre isso na Estratégia 11) e ampliar a rede de conexões além da família, para que possam desenvolver laços e vínculos afetivos com quem vai fazer parte da jornada deles no futuro. Os amigos se tornam até mais importantes. Talvez o seu filho trate os amigos melhor do que trata você, mesmo depois de tudo que você fez (e faz) por ele. Os adolescentes procuram referências nos colegas e nas redes sociais. Eles vão buscar vínculos fora de casa. E, nisso, eles também precisam manter os vínculos com adultos em quem confiam e com quem sentem segurança, para equilibrar os novos vínculos que estão formando com os outros adolescentes inexperientes (os quais também estão no processo de individuação).
- Na **busca pela novidade**, o cérebro dos adolescentes procura coisas estimulantes e diferentes. Diferentes de você, diferentes de tudo que eles já fizeram. Para alguns jovens, isso pode se manifestar na recusa a continuar a fazer as atividades (*ballet*, futebol, aulas de piano etc.) que fizeram a vida toda. Para outros jovens, isso pode levar a comportamentos assustadores: usar drogas, dirigir em alta velocidade, andar de moto ou fazer esportes radicais. É essa busca pela novidade que os motiva a sair da cama e a querer fugir de casa. Num exemplo extremo, que eu acompanhei, um grupo de jovens resolveu roubar dinheiro e comida das mochilas dos colegas no vestiário da escola "só para fazer algo diferente". Por outro lado, a busca por novidades pode ser manifestada de maneira benéfica também, por exemplo, subir no palco e cantar, lutar pelos direitos dos animais ou por causas so-

ciais, como os alunos que se juntaram para lutar por um aumento de salário justo para os funcionários da cozinha da escola, em outro exemplo que acompanhei. Eles também estão mais propensos a se envolver no serviço social.

O desejo de buscar algo novo sempre vem com a dúvida. O desenho da Disney *Enrolados* ilustra isso muito bem. Em uma cena, Rapunzel escapa da torre dizendo estar...

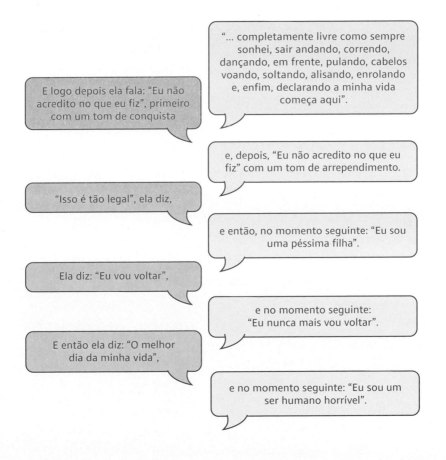

"... completamente livre como sempre sonhei, sair andando, correndo, dançando, em frente, pulando, cabelos voando, soltando, alisando, enrolando e, enfim, declarando a minha vida começa aqui".

E logo depois ela fala: "Eu não acredito no que eu fiz", primeiro com um tom de conquista

e, depois, "Eu não acredito no que eu fiz" com um tom de arrependimento.

"Isso é tão legal", ela diz,

e então, no momento seguinte: "Eu sou uma péssima filha".

Ela diz: "Eu vou voltar",

e no momento seguinte: "Eu nunca mais vou voltar".

E então ela diz: "O melhor dia da minha vida",

e no momento seguinte: "Eu sou um ser humano horrível".

Na busca pela novidade, **os jovens tendem a minimizar o risco e a supervalorizar o benefício**; essa relação fica distorcida. Tenho uma história pessoal de um amigo que pediu a moto de um amigo emprestado para "dar uma voltinha" no quarteirão, sem nunca ter dirigido uma motocicleta antes. Ele foi, mas nunca mais voltou. Esse jovem valorizou o prazer de pilotar a moto de maneira desproporcional ao risco de cair, se machucar ou até perder a vida (como foi o caso dele).

- Por último, **exploração criativa** é a capacidade de criar novas formas de vivenciar o mundo. Você já observou adolescentes juntos na saída da escola? Eles querem participar de um grupo e se identificar fisicamente com ele. Perceba que todos usam o mesmo tênis, mas cada um tem um detalhe diferente na cor ou no **estilo que o faz único**. Você já visitou uma escola do fundamental 2 ou do ensino médio e viu o leque de formas de se expressar artisticamente? É tanta inovação na dança, na banda, na capoeira, nas artes plásticas, na música, nas soluções criativas para resolver problemas... Isso acontece porque os adolescentes ainda não se restringiram ao que é ou não é possível realizar. Eles estão vivendo na esfera das possibilidades o que pode ser percebido como rebeldia, desafiando o *status quo* das organizações, estruturas e famílias. Isso pode levar os jovens para pensamentos e atitudes destrutivos ou construtivos, em qualquer uma dessas áreas.

Espero que essa breve explicação possa ajudar você a compreender por que os jovens começam a recuar, se rebelar, agredir ou ignorar. Agora que assumiram o comando da aeronave, eles vão precisar de um copiloto seguro para acompanhá-los nos próximos anos. Você vai testemunhar essas mudanças em um nível ou outro, mas recuar completamente não está dentro da normalidade. É por isso que, independentemente de onde seu filho se encontra neste momento, ele precisa de confiança, segurança e encorajamento durante esse período de reforma e crescimento.

"Eu não sei"

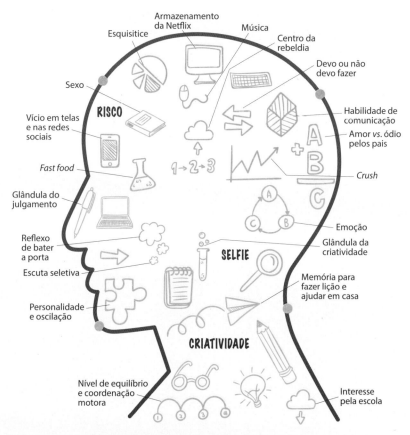

Os compartimentos no cérebro do adolescente

Por mais que seu filho esteja crescendo a ponto de quase passar você na altura, o cérebro dele ainda está amadurecendo em ritmos variados. É por isso que, se você perguntar "Por que você foi fazer isso? Onde estava com a cabeça?", a resposta simples e honesta dele muitas vezes é: "Eu não sei".

E ele está falando a verdade. Muitas vezes os adolescentes conseguem reconhecer os riscos, mas o desenvolvimento incompleto dos mecanismos cerebrais relacionados com a modulação do comportamento impulsivo reduz a sua tendência para prestar atenção a esses riscos ou, até mesmo, o faz minimizar o risco em prol da recompensa. Por isso eles falam ou fazem coisas que na hora pareciam tão boas! Mas depois se arrependem.

Meu filho tem 5 anos e já apresenta comportamento de adolescente

"Tenho um filho de 5 anos que é muito desafiador. Sempre que algo o contraria, ele é desrespeitoso. Eu e o pai já conversamos diversas vezes, muitas mesmo. Mas não parece surtir efeito. Peço uma orientação sobre como ajudá-lo a entender que ser desrespeitoso em casa, com os professores, com qualquer pessoa, não é um caminho com bons frutos."

O parágrafo anterior reflete uma aflição que sinto no meu coração. Eu recebo muitas mensagens de mães, pais e avós dizendo que amam o conteúdo que produzo e falando que o filho ou o neto tem comportamento de adolescente aos 5 anos de idade porque a criança:

- Desrespeita.
- Não escuta.
- Fala "não" quando é hora do banho.

E daí essas pessoas acham que têm um adolescente em casa aos 5 anos. Precisamos entender que, apesar de soletrarmos "adolescentes" como sinônimo de rebeldia, as crianças pequenas não são rebeldes; elas são cientistas. A energia é diferente. A intenção de dizer "não" é diferente. **Uma criança busca iniciativa. Um adolescente busca identidade.** As necessidades de uma criança de 5 anos e de um adolescente de 15 são bem diferentes. Não vamos chamar nossas crianças menores de "pequenos adolescentes".

A maneira de agir com as crianças pequenas tem que ser diferenciada, para que você assuma a postura de **piloto** e dê responsabilidade e **poder apropriado** para uma criança pequena.[4]

> Criança pequena precisa de um PILOTO.
> Adolescente precisa de um COPILOTO.

Essa é a diferença fundamental: as crianças pequenas[5] precisam compartilhar o **espaço com você**. Os adolescentes **precisam de mais espaço e distância de você**.

É essencial que você compreenda que as estratégias ensinadas aqui são mais adequadas para os pré-adolescentes, os adolescentes e os jovens adultos.

---

4   Para aprender diferentes intervenções, precisamos de diferentes adaptações. Se você tem crianças pequenas, é necessário que **se envolva muito mais fazendo do que falando**. Ensine por meio do exemplo, dedique tempo para treinamento e brinque com elas. As crianças pequenas **ainda** não têm maturidade neural para responder nesse nível de cognição e responsabilidade.
5   Para quem tem interesse em ler sobre a primeira infância, recomendo o livro da Dra. Jane Nelsen *Disciplina Positiva para crianças de 3 a 6 anos*: como criar filhos independentes e felizes (2021).

Resumão para o mundo real

- De piloto para copiloto, o papel dos pais muda para ajudar os filhos a conduzirem a própria vida.
- Mudanças acontecem em cinco áreas principais: física, cognitiva, da sexualidade, psicológica e neurológica.
- O adolescente não está manipulando você; só está testando os limites para ver quando o adulto vai ceder.
- A hora do treinamento é agora; não espere mais alguns anos para o adolescente assumir sua própria vida.
- "Eu não sei": aproveite as dúvidas e os esquecimentos dos jovens como oportunidades para ensinar.
- Não é tarde demais para mudar de rota.
- Evite cair na armadilha de que você é mãe/pai perfeito.
- Lembre-se das suas qualidades nos piores momentos.
- Crianças menores não são pequenos adolescentes.
- Criança pequena precisa de um piloto; adolescente precisa de um copiloto.

ESTRATÉGIA 2

Seja uma árvore

Até agora conversamos sobre as mudanças internas e externas do adolescente e o novo papel dos pais como copilotos. Neste capítulo, vamos identificar o seu estilo de educar e descobrir de que maneira ele pode atrair problemas ou ajudar a desenvolver habilidades de vida.

A adolescência é necessária, assim como o respeito

Quando estamos cientes do nosso próprio poder, podemos aproveitar o momento para ensinar em vez de arruiná-lo.

Um adolescente me contou que uma professora não gostava dele. Com uma postura autoritária, ela dizia: "Engole o choro e estuda" ou "Eu vou jogar seu fone de ouvido no lixo se você continuar fazendo isso". Daí, esse jovem chegava em casa e escutava dos pais que ele era "sensível demais" e que a sua única responsabilidade na vida era estudar, então eles mandavam o jovem para o quarto para fazer a lição e o ameaçavam dizendo que se ficasse choramingando não poderia ir à festa no fim de semana.

Tendo em mente que estamos educando em longo prazo, com base nesse estilo de educar, você acha que, em casa ou na escola, esse jovem...

...aprendeu a identificar o que sente?
...aprendeu a expressar o que pensa sobre a situação?
...teve a chance de desenvolver novas habilidades sociais?
...se sentiu respeitado?

O que você acha que esse adolescente vai fazer com todos esses sentimentos tão vivos, mas abafados dentro dele, se não tem a oportunidade de fazer uma reflexão?

O imediatismo dos adultos os força a reagir de maneira desrespeitosa: acabar com o problema na sala de aula ou em casa neste **exato momento** para o problema ir embora. Na percepção do adulto, quando o adolescente fica quieto parece que o problema foi embora de uma vez. Mas na realidade ele não foi; um problema secundário começa a emergir.

Para entender que problema é esse, precisamos explorar o fato de que os diferentes estilos de educar podem gerar diferentes problemas. E a **analogia da árvore** vai ajudar.

Imagine uma árvore forte e frondosa, coberta de folhas, de flores ou frutos. Pode ser um pinheiro com formato triangular ou uma árvore gigante como a sequoia. O **tronco** sustenta a árvore, absorvendo os nutrientes pelas raízes, portanto representa a conexão firme com o solo. Os **galhos** crescem numa estrutura flutuante para as folhas se abrirem e captarem a luz, portanto representam a conexão gentil com a atmosfera. Podemos fazer uma analogia entre essa árvore e a educação dos nossos filhos.

> **Tronco = firmeza** (raízes, valores, responsabilidade, ordem, limites, respeito por si mesmo)
> **Galhos = gentileza** (clima, flexibilidade, diversão, leveza, respeito pelo outro)

A árvore representa três estilos de educar.

1. Quando as duas partes da árvore são firmes (o tronco está firme mas os galhos estão secos), isso a torna **autoritária**: muita ordem, mas pouca flexibilidade.

2. Quando as duas partes da árvore são gentis (o tronco é fraco e os galhos se arrastam pelo chão), isso a torna **permissiva**: muita flexibilidade, mas pouca ordem.
3. Uma árvore saudável tem as duas partes vivendo em equilíbrio, firmes e gentis ao mesmo tempo, com tronco firme e galhos flexíveis, mas difíceis de quebrar. Isso a torna **democrática**: ordem com flexibilidade.

Vamos ver como esses estilos se comportam na prática.

Imagine que você consiga se tornar invisível e entrar na casa dos seus vizinhos sem ser notado. Na casa deles, os pais são **muito firmes, mas pouco flexíveis** com seus adolescentes. Quais são os comportamentos que você observa nesses adultos? O que você escuta?

- Eles usam o medo como forma de educar.
- Aplicam punições físicas e verbais.
- Só gritando o jovem obedece.
- Colocam de castigo.
- Não deixam ir à festa "porque não".
- Têm expectativas altas sobre o comportamento do jovem, que vão além de sua capacidade.

- O valor do adolescente está relacionado às notas, às medalhas, à sua posição no pódio.
- Insistem que o jovem mantenha os compromissos assumidos, a qualquer preço.

Agora vamos entrar em uma segunda casa e entender o que se passa no outro extremo, quando os pais são **muito flexíveis, mas pouco firmes**.

- Falta de regras. Quando existem, elas mudam dependendo do humor dos pais.
- Pode tomar bebida alcoólica, desde que seja em casa.
- Jovens soltos, sem limites.
- Os pais fazem as coisas pelos filhos (incluindo a lição).
- Os pais agem como amigos e não como adultos.
- Tratam o adolescente como uma criança mimada.
- A felicidade do filho acima de tudo.

Quando existe apenas a flexibilidade ou apenas a rigidez, a árvore não dá bons frutos e não se sustenta. Não importa se o adolescente está com um pé na infância e o outro na fase adulta: agir com excesso de pena ou de rigidez é um desfavor para ele.

Da mesma maneira que o poder dos pais é contagioso, o respeito também é. **Todos os desafios que o adolescente está enfrentando são ótimas oportunidades para os pais aprenderem novas habilidades para educar e ensinar os seus valores.** No caso do adolescente que volta para casa depois de ter ouvido uma bronca da professora, uma abordagem democrática mantém o respeito pelo adulto e pelo adolescente.

Mãe: "Filho, parece que você está chateado com alguma coisa, porque normalmente você não age assim."

Filho: "Minha professora me odeia, e eu não quero fazer a lição."

Mãe: [Ela resiste à tentação de colocar tudo em ordem pelo filho e age de maneira flexível, fazendo perguntas para estimular a iniciativa e o pensamento crítico dele.] "O que exatamente aconteceu na escola?"

Filho: "A professora chamou a minha atenção na frente de todo mundo, e eu a odeio."

Mãe: "Eu também me sentiria muito mal se alguém fizesse isso comigo na escola ou no trabalho."

Filho: [Silêncio.]

Mãe: [Contribui para um clima positivo e se concentra na solução.] "Parece que nós temos dois problemas: o relacionamento com a sua professora e a sua responsabilidade de fazer a lição. Com qual desses você quer lidar primeiro?"

> Filho: "Pode ser a lição..."
> Mãe: [Ajuda a expandir as opções.] "O que você acha que vai acontecer se você não entregar a lição esta semana?" [ou: "Com qual professor você tem mais conexão? Você poderia pedir ajuda para ele?" ou "Como eu posso te dar apoio para que você assuma a liderança nesse processo?"]
> Filho: "Eu não estou entendendo nada dessa matéria..."

Ótimo! Essa é a porta de entrada de que você precisava para agir de maneira **firme** em relação aos seus valores de vida (educação, responsabilidade, honestidade etc.) e de maneira **flexível** ao escutar, sentar com o adolescente para pensar em um plano de estudo ou até mesmo apoiá-lo se ele quiser marcar uma reunião com a professora.

Firme e flexível são as características das árvores mais saudáveis na floresta, e das que dão bons frutos também!

Essa é uma oportunidade excelente para ajudar o jovem a:

- Expressar seus sentimentos.
- Ressignificar sua experiência de "eu odeio a escola" para "eu consigo superar problemas na minha vida".
- Saber pedir ajuda (uma habilidade tão importante para todos nós!).
- Criar bons hábitos de estudo (seja com a sua ajuda ou com um professor particular).

Exercício de visualização: seja uma árvore

Se você quer ser mais democrático na sua maneira de educar, comece com este poderoso exercício de visualização. O objetivo, aqui, é incorporar os sentimentos de firmeza e flexibilidade ao mesmo tempo ao se "tornar uma árvore" para se autorregular e mudar a atmosfera em casa.

1. Fique em pé e se imagine como uma árvore.
2. Faça três rodadas para testar três estilos diferentes de árvore. Peça para o seu filho ou o seu parceiro(a) te ajudar. Ele vai te dar um empurrãozinho, de leve, no ombro para você testar cada estilo. Pode exagerar, se quiser se divertir.

> **Rodada 1: Autoritário**. Todos os músculos do seu corpo estão muito rígidos (pés juntos, mãos fechadas, testa enrugada, braços cruzados, olhar para baixo). Quando o outro te empurrar, você nem vai se mexer, ou então vai se desequilibrar e cair no chão como um tronco seco.

> **Rodada 2: Permissivo**. Seus músculos estão moles, seus joelhos dobrados, as costas um pouco curvadas para a frente. Quando o outro te empurrar, você vai cair facilmente, igual a uma gelatina.

> **Rodada 3: Democrático**. Explique que, para ser firme e flexível, você deve primeiro conectar-se consigo mesmo. Afaste os pés na largura dos ombros e sinta a conexão com o chão (tire os sapatos se quiser!). Imagine-se como uma árvore, suas pernas como um tronco sólido com raízes profundas abaixo dos pés. Sinta-se forte e centrado. Quando o outro te empurrar, você vai continuar centrado. Como uma árvore ao vento, você pode se mover um pouco. Se o outro continuar te empurrando, diga: "Sou novo nisso, e com o tempo vou ganhando força e equilíbrio enquanto estou aprendendo".

Alguns pais praticam "ser árvores" quando estão numa discussão com os filhos. Eles ficam no centro do cômodo e então imaginam estender um galho da árvore para cada canto do lugar. Com o tempo, essa prática aumenta a capacidade de estar consciente do espaço físico e dos acontecimentos dentro desse espaço.

Na nossa família
Na prática, eu exercito a firmeza e a flexibilidade estabelecendo um limite diário para o uso dos aplicativos de rede social. Essa é a parte firme: limites claros e preestabelecidos. Porém, sou flexível quando eles saem à noite e pedem mais tempo para usar algum aplicativo porque estão com amigos fazendo algo juntos. Essa é a parte flexível: abrir exceções quando estão com amigos e usando a rede social para socializar e fazer o bem.

O adolescente interno ferido

A figura da mãe e do pai (e de qualquer cuidador principal) ocupa um lugar divino na constelação familiar. Os adolescentes estão vivenciando os momentos de maneira intensa, e o poder da influência que a mãe/pai exerce na vida psíquica do jovem é muito grande. Adultos conscientes de suas próprias infâncias e adolescências ajudam a construir essa abertura para reconhecer a pessoa maravilhosa que o seu filho está se tornando.

Quando agimos de modo flexível, respeitamos o adolescente no momento em que ele está. Quando agimos com firmeza, respeitamos a nós mesmos e a necessidade da situação. **Só que, quando alimentamos a expectativa de que eles sejam responsáveis, maduros e equilibrados aos 13 anos, nós, adultos, não mostramos as mesmas qualidades que desejamos ver nos filhos nos momentos de conflito.** O que o adolescente faz acaba despertando o **adolescente interno** do adulto, que por sua vez age como um jovem impulsivo. Os adultos também trazem conflitos da sua fase juvenil que não foram bem resolvidos.

De uma forma ou de outra, todos nós carregamos secretamente um **adolescente interno ferido**. E nos perdemos **emocionalmente** no processo de **identidade** dos nossos filhos adolescentes. E daí acontecem duas coisas:

1. Como uma forma de compensação, os pais transferem para os filhos os seus conflitos, dos quais não estão conscientes ainda: "Eu sou um empresário bem-sucedido, e eu quero que o meu filho se comporte com o mesmo nível de profissionalismo e excelência na escola, e de maneira consistente".

2. Os pais esperam viver através da juventude dos filhos alguns ideais e expectativas que não foram vividos na sua própria juventude: "Não tive liberdade suficiente, e agora dou liberdade além do que é adequado para o meu filho adolescente. Quero ser amigo dele".

Em vez de permitir que os adolescentes sigam sua vida testando caminhos diferentes, nós os confrontamos com as nossas próprias expectativas, medos e sonhos. Nossa desconfiança na habilidade deles transmite esta mensagem: "**Você não é capaz**".

Isso até pode ser verdade, afinal eles não são capazes ainda. No entanto, pais que investem no autoconhecimento e em ferramentas de relacionamento se sentem mais preparados para abrir espaço para os filhos desenvolverem a identidade e a oferecer ferramentas para que **os jovens estejam aptos** a resolver seus próprios problemas de maneira a **não compensar uma carência ou frustração dos pais da própria juventude**. Quando entendem **o poder de fazer boas perguntas**, os pais ajudam os filhos a refletir sobre os problemas deles, sendo muito provável que os adolescentes cheguem sozinhos à mesma conclusão a que os pais chegariam se estivessem no lugar deles.

Perguntar é a parte firme da árvore; é preciso ter clareza e solidez para pensar além do óbvio. **Escutar o jovem e oferecer espaço para ele refletir** é a parte flexível, pois é com conexão e confiança que nos aproximamos deles. Isso dá aos jovens o poder **apropriado** e **compartilhado**.

Os pais têm responsabilidades de adultos, e os jovens têm responsabilidades de adolescentes; isso significa que eles devem tomar decisões em certos aspectos de suas vidas.

Isso faz sentido para muitos adultos, mas por que é tão difícil ver os filhos cometerem erros? A gente sofre junto, e quem gosta de sofrer? Ninguém! Então, para diminuir o sofrimento, os pais **interferem e resolvem pelos filhos** (sendo flexíveis demais), ou então humilham e criticam os jovens **por terem mais um problema para ser resolvido** (sendo firmes demais).

Apanhei e não morri!

Quando um adulto diz que apanhou e não morreu, isso transmite sua insegurança em refletir sobre tudo que aprendeu a respeito da educação. A pessoa pode ter o desejo de mudar mas não consegue, porque se mudar ela vai abrir mão da identidade de vítima, de ser humano sofrido ou portador de um passado infeliz. Afinal, esses são os aspectos que legitimam sua identidade atual: "Sou um sobrevivente".

Alguém pode mudar o passado? Não. Mas é possível mudar a interpretação dos eventos que aconteceram no passado. É possível mudar o efeito que as narrativas têm sobre você e se capacitar para mudar a própria vida a partir de agora. **Não é o passa-**

do que decide por você; é você quem decide o que fazer a partir de agora.

"Hoje eu tomei consciência de que existe um jeito diferente de educar, 'mas nem sempre foi assim'. Eu reproduzi muita coisa ruim da minha criação com meus filhos. Gritos, castigos, eu até batia quando não sabia mais o que fazer (mesmo amando com todas minhas forças); parecia que era a forma correta, e hoje, mesmo que tenha mudado, que tenha virado a chave, eu vejo que ficaram marcas nela." – relato de uma mãe recebido via *e-mail*

A verdadeira razão pela qual os adolescentes não conseguem crescer

Há algumas décadas era comum usar a punição para educar os jovens em casa e na escola, **por isso temos em mente um modelo muito claro de como é ser firme**: fazendo uso de violência física, emocional e psicológica, sem abertura para o jovem mostrar suas fragilidades:

"Só o olhar do meu pai, já dizia tudo."
"Engole o choro, mocinha."
"Quando minha mãe pegava a colher de pau, eu já baixava as calças."
"Eu apanhava quando respondia para os meus pais."
"Eu vou te punir, mas é para o seu bem."

Toda violência, de uma forma ou de outra, gera dor e perda, e por causa disso muitos pais não querem mais usar esse modelo e acabam por inverter o modelo de educação sendo **flexíveis demais**, a ponto de se tornarem permissivos:

"Deixa que eu faço por você."
"Coitado! Você não merece isso; vou falar com a sua professora."
"Faça apenas o que te deixa feliz."
"Faz o que você quiser, mas fica fora de casa até o seu padrasto ir embora."

São dois extremos. Porém, não temos modelos atuais de como agir de forma firme e flexível ao mesmo tempo. É comum que as pessoas escutem "flexível" e entendam "bonzinho" ("Eu vou dizer isso numa voz suave, com a expectativa que você simplesmente me obedeça!"). Mas tente substituir a palavra "flexível" por "conectado".

Ser firme e flexível ao mesmo tempo comunica o equilíbrio da árvore:
"Eu te vejo, eu te escuto e também tenho a responsabilidade de te orientar."
"Estou conectado com você e empatizo com a experiência pela qual você está passando."
"Você não precisa se envergonhar. Todos nós cometemos erros, e temos que nos responsabilizar por eles e também repará-los."

A verdadeira razão pela qual os adolescentes não conseguem crescer é porque eles estão sobrevivendo num ambiente em que os estilos parentais são extremos: ou muito firmes, ou muito flexíveis.

Por exemplo, começamos o dia de maneira gentil, com esperança de que o adolescente vai acordar na hora certa para ir à escola, preparar a mochila e lembrar de levar o que precisa para o dia; à medida que as horas passam, a nossa paciência vai ficando mais rasa, e terminamos o dia agindo de maneira excessivamente firme, ameaçando, humilhando ou fazendo por eles porque estamos cansados de repetir a mesma coisa. No fim, vamos dormir nos sentindo culpados e, assim, começamos o dia seguinte excessivamente gentis para compensar a noite anterior. Esse ciclo parece familiar?

Quando você pensa numa casa onde a maioria das interações entre pais e filhos tem **o equilíbrio da árvore, firme e gentil ao mesmo tempo**, como esses pais agem?

- O poder é compartilhado para gerar autonomia.
- Há momentos de diversão e risadas.
- A autenticidade é valorizada.
- A comunicação é clara e sem violência.
- O respeito é mútuo.
- Os adolescentes têm responsabilidades crescentes.
- Os pais trabalharam seus próprios traumas e dores.
- Foco na melhora e não na perfeição (dos adolescentes e dos adultos!).

Viver numa casa onde as interações mostram esse equilíbrio significa que todos se dão bem o tempo todo? Ninguém discute? Os adolescentes fazem todas as tarefas e ajudam em casa? Não necessariamente. Não existem famílias perfeitas com momentos felizes o tempo todo.

Seria um desserviço se você terminasse de ler este livro e sentisse que, se você conseguir ser firme e flexível ao mesmo tempo, de alguma forma o **drama da reforma no avião** da adolescência vai acabar. Isso não vai acontecer, mas nós podemos pilotar em equipe.

Os problemas de fato não vão embora (sinto muito por desapontar você!); eles continuam existindo. **Mas a maneira como respondemos aos problemas muda drasticamente a atmosfera no lar.** Você muda, as suas ferramentas mudam e, por consequência, os adolescentes aprendem a navegar os altos e baixos da vida, sem autoritarismo e sem permissividade. As conversas difíceis ainda vão continuar existindo, mas elas vão fortalecer a confiança e a admiração entre vocês. A base do relacionamento é o respeito mútuo.

O que significa **respeito mútuo**? Eu vou respeitar a pessoa que está na minha frente (seja meu filho, meu parceiro, meu colega, meu vizinho), ao mesmo tempo que haverá respeito por mim e pela situação na qual nos encontramos. Isso é muito relevante quando estamos num embate com o adolescente, porque eu não preciso esperar o meu adolescente ser respeitoso comigo para ser respeitoso com ele.

Normalmente os adolescentes vão cutucar os nossos botões emocionais e nos provocar. Quando isso acontece, é fundamental lembrar que o cérebro deles ainda está em desenvolvimento e que habilidades como autorregulação, comunicação clara, controle do impulso e pensamento crítico não estão completamente desenvolvidas. Se você usar o princípio do olho por olho, dente por dente, é provável que **o seu adolescente interno ferido**

tome conta da conversa, e daí teremos dois adolescentes conversando e tentando resolver o problema de forma imatura: "Se você vai me tratar assim, mocinho, eu vou te tratar igual para ver quem realmente manda aqui". Isso não ajuda em nada.

> **Respeito mútuo** significa identificar quando a discussão entre adulto e adolescente deixou de ser produtiva e abordar o problema com maturidade:
>
> "Uau, parece que estamos tendo dificuldade em chegar num acordo agora, e eu me sinto magoada. Vou dar uma pausa nessa discussão para a gente se acalmar, e mais tarde continuamos".

O ato de pausar a conversa pode parecer estranho ou até permissivo, mas fazer isso é ter respeito aos limites humanos e reconhecer quando nossas emoções estão nos impedindo de sermos racionais e respeitosos.

Meu convite é para que você pratique as sugestões oferecidas neste livro[1] e continue aplicando o que está aprendendo – aos poucos você começará a passar menos tempo nos extremos e mais tempo no modo árvore (firme e flexível ao mesmo tempo).

Mas faço um alerta: preste atenção no que você precisa para desenvolver sua própria tolerância durante o processo, porque a adolescência pode ser muito estressante para os pais também.

---

1   Para potencializar o seu aprendizado, sugiro que ouça o meu *podcast Adolescente não precisa de sermão* e aproveite para refletir sobre outras ideias que trocamos por lá.

É preciso treinar manter o respeito quando o adolescente está descontrolado.

O mau comportamento do adolescente tem um alvo: você

Erros são ótimas oportunidades para aprender, mas somente se você estiver disposto a refletir sobre o que aprendeu. **Não é o erro que ensina, e sim a sua reparação.**

Como reparar o erro? Primeiro, permita que o momento tenso passe. Quando vocês dois estiverem calmos diga:

Mãe: "Lembra hoje pela manhã quando eu gritei com você?"

Filha: "A-hã!"

Mãe: "Eu quero me desculpar. Eu perdi a cabeça."

Filha: "Tudo bem, mãe." [Jovens têm uma grande capacidade de perdoar!]

E siga em frente. Resista à tentação de dizer: "Mas também se você tivesse pronta no horário...", "A minha reação foi por sua culpa.", "Você é igualzinha a seu pai."

Se você coloca nos seus filhos a responsabilidade por eles terem herdado o seu gatilho emocional, quem realmente está no comando das suas emoções?

Pedir desculpas não é sinal de fraqueza, é uma oportunidade de você modelar que somos humanos e que existe um processo de reparação. Um dia é a sua filha quem vai se desculpar com você, e ela não vai precisar trazer todas as coisas horríveis que você fez no passado.

Filha: "Lembra que eu fui rude com você ontem?"

Mãe: "Sim, lembro, eu realmente fiquei magoada com o que você falou."

Filha: "Me desculpe."

Mãe: "Tudo bem. Eu te amo." [Espero que os adultos perdoem com tanta facilidade quanto os jovens!]

A conversa acaba e a vida continua, sem a necessidade de adicionar mais culpa. Não dificulte o processo e torne o pedido de desculpas uma conversa longa e difícil. Seja sincero e confie no processo. **Se você é capaz de criar um problema, também é capaz de reparar o problema fazendo parte da solução.** E o comportamento cooperativo do adolescente pode ter um ingrediente secreto: você! Para isso, renove a sua vontade de se melhorar a cada dia, reconheça quando está voltando aos seus velhos hábitos, tenha autocompaixão e siga em frente com coragem.

Cuidar de si é cuidar do outro

Ao educar os nossos filhos, temos a chance de "REcriar" nosso adolescente interior. Algumas perguntas reflexivas para você ir mais a fundo:

1. Quando você era adolescente, qual era o estilo de educar dos seus pais/cuidadores? _____
_____
_____

2. Qual foi a sua maior dor na adolescência? De que maneira ela te atrapalha ou te ajuda hoje? _____
_____
_____

3. O que os seus cuidadores faziam que demonstrava amor por você? Cite uma coisa que você faz hoje para cuidar de si mesmo. _____
_____
_____
_____

Não há crescimento sem reflexão, então vamos continuar este exercício juntos.

Agora, quero convidar você a fazer o papel de um adolescente (não é para interpretar o seu filho ou filha, mas sim para mergulhar em si mesmo e buscar o adolescente adormecido em você). Leia as frases a seguir e depois reflita sobre como você se sente, sendo um adolescente, ao ouvir:

- "Você está sempre com seus amigos. E eu?"
- "Não estou com paciência para lidar com isso agora. Faça o que quiser."
- "Como se atreve a falar comigo desse jeito depois de tudo que eu fiz por você?"
- "Se eu descobrir que você está bebendo ou fumando, vou te deixar de castigo pelo resto do mês."
- "Vou ligar para a sua professora para convencê-la de que você precisa de mais tempo para todas as suas tarefas. Você tem estado muito ocupado."
- "Eu espero pelo menos um 9 em todas as matérias. Estudar é a sua única obrigação."

E aí? O que você sente depois de ouvir todas essas frases? As respostas dos pais (que estão fazendo o papel de adolescentes) nesta primeira rodada geralmente são:

- "Notei meu corpo querendo revidar cada uma dessas frases."
- "Que droga, agora eu sou responsável pelos sentimentos dos meus pais."
- "Você não confia em mim."
- "Me sinto sozinho."
- "Eu nem sei como responder para você, mãe."
- "Você não vê quem eu realmente sou."
- "Meus amigos me entendem melhor do que você."
- "Não é seguro cometer erros nesta casa. É melhor eu mentir sobre as dificuldades pelas quais estou passando."

Agora, vamos fazer de um jeito diferente. Permaneça no papel do adolescente. Leia as frases a seguir e depois reflita sobre como está se sentindo:

- "Eu sei que os seus amigos são muito importantes para você, e você é importante para mim. Vamos tentar encontrar um tempo neste fim de semana para nós dois fazermos algo juntos."
- "Obrigada por compartilhar isso comigo. Eu preciso de um tempo para pensar no que você me contou, e conversamos mais tarde."
- "Eu vejo que você está sobrecarregado neste momento. Vou dar uma pausa nessa conversa. Me avise quando estiver pronto para conversar novamente."
- "Drogas [ou sexo] é um assunto que me assusta muito, e quero que você saiba que estou disponível para conversar sobre isso."
- "Eu tenho total confiança que você vai conseguir terminar seus deveres a tempo. E, se as suas obrigações na escola estão te estressando, estou disponível para te ajudar a encontrar uma solução."
- "Sim, eu espero que você faça o seu melhor e isso vai parecer diferente dia a dia; eu entendo isso. As notas da escola pertencem a você. Eu te dou o apoio necessário. Pode contar comigo."

E agora? O que você está sentindo? As respostas dos pais (que estão vivenciando o papel de adolescente) nesta segunda rodada geralmente são:

- "Eu posso me aproximar de você e conversar."
- "Você vai me ajudar a ver um sentido nas minhas experiências."
- "A gente nem sempre concorda, mas eu sei que pelo menos você vai me escutar e me respeitar."
- "Tenho escolhas e sou valorizado."
- "Eu tenho muita responsabilidade, e acredito que posso dar conta."
- "Eu quero crescer."
- "Eu sou capaz."

Adube a terra

O adubo que nutre a terra para a árvore ser firme e flexível ao mesmo tempo é o respeito mútuo: não faça com o seu adolescente o que não gostaria que ele fizesse com você. Se você não gosta de ser ameaçado, não ameace o seu filho. Se você não gosta que ele seja rude com você, não seja rude ou cínico com ele. Se você for paciente nos momentos desafiadores, ele desenvolverá a paciência consigo mesmo e com você, em longo prazo.

O adubo pode soar como:

- "Eu te amo, e a resposta é não."
- "Parece que nós dois estamos irritados agora. Vamos dar um tempo e retomar a conversa quando pudermos falar com respeito."

Quando agimos assim, na maioria das vezes o processo de crescer se torna tão importante quanto o resultado de se tornar um adulto. O objetivo é encontrar o equilíbrio entre os valores/desejos/expectativas e o que é possível/factível.

O adolescente não "é o problema"; ele está "passando por um problema"

Não existe uma maneira única de educar, mas é importante ter visão de longo prazo e projetar o resultado desse processo nos seus filhos para daqui a alguns anos, quando a adolescência terminar e eles começarem a ingressar no mercado de trabalho.

Há muitos estudos mostrando que o ambiente profissional está mudando drasticamente em relação à quantidade de horas trabalhadas, às novas tecnologias e às novas profissões. Diante disso, os adolescentes têm que aprender desde cedo a trabalhar de maneira mais **colaborativa**. Eles precisam aprender a serem mais **criativos** para buscar soluções para os problemas sociais e de relacionamento.

Atualmente, o mercado de trabalho exige que tenhamos **pensamento crítico**, por isso as escolas estão se reformulando, abandonando o "estudo para passar no teste" e ensinando habilidades que permitam aos jovens refletir sobre a aplicação prática do que estão aprendendo.

Por fim, pessoas com maior poder de **comunicação** podem se dar melhor na vida, pois sabem qual é a hora de falar e a hora de escutar, e têm habilidades e experiências para fazer acordos por meio do diálogo.

Quando os pais reagem aos maus comportamentos dos filhos e os colocam de castigo, que oportunidades de praticar o pensamento crítico estão dando para os adolescentes? Que abertura estão dando para os jovens aprenderem sobre a comunicação efetiva?

Quando um adolescente é colocado de castigo, o problema do adulto acaba, mas quais novos problemas ele está criando para esse jovem?

Os pais aplicam o castigo porque têm medo de que os seus filhos terminem na prisão ou com um senso de ter "se safado" de algo errado que fizeram. Mas pense que é por meio do **diálogo** e do **exemplo** que você pode ensinar os adolescentes a se **responsabilizarem** pelo que fazem. Conversando e sendo um exemplo, você pode **transmitir** seus valores de vida e ser o **modelo** do que **você** espera que o seu filho desenvolva para aprender a ter empatia, para saber como o comportamento dele afeta os outros, para aprender com os próprios erros e evitar cometê-los de novo no futuro.

Por mais que pareça que essa ideia vai contra a nossa intuição, é preferível que os seus filhos cometam erros dentro de casa para que você possa guiá-los e, eventualmente, para que eles aprendam a pensar por si mesmos, adquirindo o hábito de pensar antes de agir.

Em vez de punir, tente aplicar consequências que sejam **relacionadas** (ao problema em questão), **respeitosas** (livres de sermão ou de castigo físico), **razoáveis** (que respeitem a idade do jovem e a situação) e **reveladas com antecedência** (quando possível) (Jane Nelsen, 2015).

Por exemplo, quando o jovem não arruma o quarto, uma consequência apropriada poderia ser ele arrumar o quarto **junto** com você. Para o jovem que pegou o cartão na bolsa da mãe para comprar mais créditos no *videogame*, uma consequência apropriada seria ele repor esse dinheiro trabalhando ou sendo descontado na mesada.

A consequência ensina quando é **relacionada, respeitosa, razoável** e **revelada com antecedência**.

Punição			Consequência lógica		
Característica	Mensagem transmitida	Possíveis resultados	Característica	Mensagem transmitida	Possíveis resultados
Enfatiza o poder opressor	"Faça o que eu mando, porque eu sou mais velho."	▸ Rebeldia ▸ Desejo de vingança ▸ Baixa autodisciplina ▸ Mentira ▸ Irresponsabilidade	Enfatiza o encorajamento	"Eu confio que você vai aprender a respeitar os direitos dos outros."	▸ Cooperação ▸ Respeito por si e pelos outros ▸ Autodisciplina ▸ Autoconfiança
Usa a dor e a vergonha como motivadores para mudar o comportamento	"Você tem que pagar por isso."	▸ Ressentimento ▸ Desejo de vingança ▸ Medo ▸ Confusão	**Relacionado:** a consequência tem a ver com o problema	"Você vai aprender a reparar isso com a minha ajuda."	▸ Aprende algo novo com cada experiência
Classifica o outro como mau	"Não aceito você porque você é uma pessoa ruim."	▸ Sentimento de mágoa e culpa ▸ Desejo de magoar de volta	**Respeitoso:** mantém a dignidade da pessoa enquanto identifica o comportamento inapropriado	"Vale a pena investir meu tempo e amor enquanto você comete erros e aprende."	▸ Senso de aceitação, mesmo que o comportamento não seja aceitável
Se concentra no passado	"É sempre assim. Você nunca vai aprender."	▸ Senso de falta de aceitação ▸ Sentimento de que é incapaz de tomar boas decisões	**Razoável:** considera o que é necessário para resolver o problema	"Você é capaz de aprender a cuidar de si mesmo e dos outros."	▸ Promoção do autoconhecimento, da autonomia e da proatividade
Demanda obediência	"Sua opinião não é importante." "Não posso confiar em você."	▸ Rebeldia ▸ Comportamento passivo-agressivo	**Revelado com antecedência:** oferece escolhas	"Você é capaz de decidir dentro dos limites que são apropriados para você (ou para essa situação)."	▸ Tomada de decisões responsáveis ▸ Autorregulação

Na nossa família

Na nossa casa, as consequências são aplicadas assim:
- "Colocamos o celular na cozinha para carregar às 22 horas. Se insistir em ficar com o celular no quarto depois desse horário, isso me diz que você não está pronto para ser responsável o suficiente para ter um celular ainda, e vamos ter que esperar até você ficar um pouco mais velho."
- "Se você quer que as suas roupas sejam lavadas, então elas precisam estar no cesto do lado de fora da porta do seu quarto no sábado até meio-dia. Se elas não estiverem lá, vou entender que você mesmo vai cuidar da sua roupa esta semana."
- "Precisamos ter cuidado com as nossas coisas. Vou comprar uma garrafa para tomar água no começo do ano. Se você a perder ou quebrar, terá que comprar outra com o seu próprio dinheiro."

O amor também fala "não"

A maioria dos pais tem dificuldade em dizer "não". Eles adicionam a essa palavra raiva, crítica, culpa, difamação, dão sermões ou fazem o adolescente sofrer – e acabam cedendo pelo cansaço. Precisamos aprender a dizer simplesmente "não" de maneira amorosa.

Dizer "não" é uma das coisas mais difíceis para os pais. Vamos ver como isso acontece na prática.

Aqui estão **quatro maneiras de dizer "não", impondo limites, com respeito e sem precisar perder a paciência.** Uso estas quatro letras para lembrar: S. E. T. A.
S = sem discussão
E = estabeleça condições
T = termine com uma pergunta
A = acordo mútuo

Sem discussão: você fala "não" e sai andando, ou diz "não", fecha a boca e sorri. Naturalmente, nem sempre essa estratégia é apropriada, pois em algumas situações uma explicação é necessária. Porém, para certas circunstâncias isto é tudo o que você precisa fazer: **dizer não sem discussão.** Eu uso bastante esse tipo de "não" no supermercado:
"Mãe, posso comprar um chiclete?"
"Não." [Com um sorriso gentil, e não sínico. Ou então você pode dizer: Eu te amo, e a resposta é "não".]
"Mãe, posso dormir na casa do meu amigo na segunda? Eu prometo que não vou ficar cansado para ir à escola no dia seguinte."
"Filho, eu te amo, e a resposta é não."

Estabeleça condições: "Assim que terminar a lição, pode usar o celular" ou "Não hoje, mas **quando** você voltar no horário na próxima vez, a resposta será sim."

Termine com uma pergunta: "Não, porque não vai ter nenhum adulto de confiança naquele lugar. Você tem mais alguma pergunta?" ou "Não pode colocar unhas de acrílico (ou extensão de cílios) até que você esteja disposta a pagar por isso. Você tem um plano de como juntar o dinheiro?"

Acordo mútuo: "Não, porque não vai ter nenhum adulto de confiança. Se você pensar em uma alternativa que leve em consideração os meus receios e objeções, estou disposto a chegar num acordo junto com você."

A verdade é que o adolescente não se importa tanto com o sermão longo e lógico cujo intuito é fazê-lo concordar com você. Ele só quer escutar o "sim", e muitas vezes ganha de você pelo cansaço. **É o "não" sair da sua boca para ele insistir, retrucar e reclamar, e então vocês entram numa disputa de poder para definir quem está certo e quem está errado.** É como um cabo de guerra: vocês dois querem ter razão.

Quem o seu filho é hoje não será assim para sempre. Chegará um momento na vida desse jovem em que ele vai se importar com algo o suficiente a ponto de ele mesmo querer chegar no horário. Talvez ele chegue atrasado na aula, mas chegue adiantado para o treino de futebol porque respeita o treinador, os outros jogadores e a si mesmo. Observe situações em que o seu filho já está demonstrando certas qualidades e reconheça isso.

Como escapar da armadilha de dar um sermão para ensinar?

Você acredita que dar um sermão vai fazer o adolescente compreender a verdadeira intenção de amor e cuidado por trás do seu longo monólogo? Vamos explorar isso juntos usando um exemplo típico dos adolescentes: chegar atrasado na aula.

Uma mãe recebe notificações frequentes da escola porque o seu filho, Léo, tem chegado atrasado na sala de aula. Ela está cansada e, francamente, desesperada, sem saber o que mais ela pode adicionar ao sermão. Léo tem 15 anos e já é grande o suficiente para levar essa responsabilidade a sério. Se coloque no lugar desse jovem e escute o que a mãe tem para dizer:

"Eu não acredito que recebi outra notificação da escola avisando que você chegou atrasado na aula de novo! Estou tão cansada disso. Você entende que isso pode afetar as suas notas? Parece que você nem se importa com as suas notas."

Nessa mesma noite, a mãe tem um jantar com as amigas e pede um conselho para elas. As amigas concordam que ela deve mostrar consequências que possam "dar uma lição no Léo" e começam a listar algumas ideias:

- Tirar o direito de usar o celular ou computador.
- Bater.
- Tirar o *videogame* do quarto.
- Deixar de castigo no fim de semana.
- Ameaçar acompanhá-lo até a sala de aula.
- Dar um longo sermão e forçá-lo a pedir desculpas.
- Prometer uma recompensa (dar dinheiro, comprar roupas etc.).
- Não conversar com o filho por alguns dias (ficar totalmente em silêncio).
- Não levar à festa dos amigos.

Se você fosse o Léo, como se sentiria se qualquer uma dessas "consequências" fosse imposta a você? Certamente você ficaria na defensiva, pensando: "Isso só vai piorar as coisas para você, mãe".

Você mentiria ainda mais, jogaria a culpa em qualquer outra coisa para evitar assumir a responsabilidade e, pior ainda, seria mais astuto em esconder a verdade e continuar chegando atrasado.

Quando o assunto é punição, a Disciplina Positiva (Nelsen, 2015) lista os quatro sentimentos comuns que esse tipo de postura dos pais desperta:

- **Ressentimento:** "Isso não é justo. Eu não posso confiar nos adultos".
- **Rebeldia:** "Eu vou mostrar que eu posso fazer o que quiser".
- **Retaliação:** "Eles estão ganhando agora, mas eu vou me vingar".
- **Recuo/dissimulação:** "Eu não vou ser pego da próxima vez". [Ou redução da autoestima: "Eu sou uma pessoa ruim."]

É natural os pais assumirem que consequências precisam ser aplicadas para corrigir o comportamento do filho, mas eles frequentemente erram ao confundirem consequências com castigos.

Quando estou liderando um grupo de pais, a pergunta mais frequente é: **"Qual é a consequência natural para esse comportamento?"**. Bem, uma consequência natural não é algo **imposto** ao jovem; ela **acontece** naturalmente quando os pais não estão no meio do caminho. Por exemplo, se estiver chovendo e eu sair na rua sem guarda-chuva, a consequência natural é que vou me molhar. Se o jovem chega atrasado na aula, a consequência natural é que ele vai perder parte da matéria.

Jane Nelsen (2017) explica que a punição (mesmo que pobremente disfarçada como consequência) foi desenvolvida para fazer os adolescentes **pagarem** pelo que aconteceu no passado. A Disciplina Positiva foi desenvolvida para ajudar os adolescentes a **aprenderem** para o futuro.

De que maneira a mãe do Léo poderia abordar esse problema de modo a transformar o desafio em oportunidade para ensinar habilidades de vida ao filho? Segue aqui um roteiro. A mãe se acalma primeiro, espera o filho chegar em casa, e com a voz calma, inicia uma conversa:

Mãe: "Filho, eu recebi outra notificação hoje sobre você estar atrasado na aula. Pode me contar o que está dificultando que você chegue no horário?"

Filho: "Eu estava ajudando meu amigo com uma coisa e por isso cheguei atrasado. Não esquenta, mãe."

> Mãe: "Ajude-me a entender como você organiza o seu tempo na chegada da escola."
>
> Filho: "Eu perdi a hora e não estava prestando atenção. Não se preocupe. Está tudo sob controle."
>
> Mãe: "Eu sei que você não quer que eu me preocupe com você, mas quando a escola me envia notificações eu sou convidada a me envolver. Eu não vou te punir. Em vez disso, vou te ajudar a pensar numa solução para que esse problema não aconteça novamente. Que ideias você tem?"
>
> Filho: "Bem, eu posso tentar chegar no horário..."
>
> Mãe: "A minha preocupação é que esses atrasos estão se acumulando e vão acabar afetando você. Eu não sei se isso é importante para você, e também quero que você esteja ciente disso."
>
> [Silêncio do Léo.]
>
> Mãe: "Qual seria uma **solução** diferente, que ainda não tentou, para você fazer o que precisa ser feito com seu amigo no tempo que tem, sem chegar atrasado na aula?"
>
> Filho: "Eu posso programar um alerta no celular."
>
> Mãe: "Esse é um bom começo. Vamos tentar por uma semana e avaliar se isso ajuda você. Pode colocar o alerta agora?"
>
> Filho: "Está bem..." [Um pouco incomodado.]
>
> Mãe: "Obrigada pelo seu tempo. Eu te amo."

Você deve estar pensando que esse tipo de diálogo jamais aconteceria com o seu filho. E, sinceramente, você pode ter toda a razão se o relacionamento de vocês tiver sido construído na base da desconfiança e da competição.

Seu adolescente pode não querer contribuir para a conversa. Se isso acontecer, **você pode usar o senso de humor e dar risada da situação (nunca do seu filho!)**, dizendo: "Entendi.

Eu sei que as coisas estão mudando por aqui, e estou tentando alternativas que não sejam punitivas. Preciso da sua ajuda para pensar em soluções que te ajudem, em vez de consequências que te machuquem. O que você estaria disposto a fazer diferente?".

Não podemos subestimar o poder do humor quando a situação está começando a causar desconexão. Se os adolescentes pensarem "Lá vem a minha mãe com outra tática para me controlar e manipular", com certeza vão mandar você para aquele lugar na cabeça deles (ou talvez até verbalizem algumas ofensas na sua cara).

Se eles sentirem que é uma armadilha, vão se defender como se fosse uma armadilha.

O que os adolescentes precisam para crescer por causa dos desafios? Eles precisam ser autênticos, sinceros e abertos. Então, modele autenticidade, sinceridade e abertura, e diga: "Filho, no fim, quem decide chegar na aula no horário é você. Parece que você está deixando algumas distrações bloquearem o seu caminho, e eu estou aqui para te ajudar a pensar em alternativas".

Tudo lindo e maravilhoso! A teoria é linda, mas na prática não é bem assim. Isso significa que, mesmo depois dessa conversa, pode ser que o Léo continue chegando atrasado todos os dias. Assim, ele vai vivenciar a consequência natural de ser chamado na escola. E agora o problema é entre ele e a escola.

Os pais precisam compreender que não conseguem forçar os filhos a se importarem com a escola. Daí, nos resta a empatia quando as notas são lançadas no sistema: "Sinto muito que suas notas estejam baixas e que isso seja importante para você. Sinto muito que você não possa participar do futebol depois da escola por causa dos seus atrasos".

Não existe abandono quando você fez tudo que pôde e que estava ao seu alcance. Você não vai amar menos o seu filho se ele continuar chegando atrasado. Continue oferecendo apoio: "Estou aqui para te ajudar a pensar em soluções".

Menos controle e gerenciamento, mais influência e relacionamento

Mudar para a cadeira do copiloto é um enorme desconforto, e demanda que atualizemos nossa mentalidade e aprendamos novas ferramentas. Quando eles eram pequenos, tudo o que fazíamos era gerenciar: o quarto arrumado, a lição feita, com quem brincavam, em que parquinho iriam, o que estavam assistindo na TV. Hoje, continuamos a passar muito tempo cuidando da **segurança** deles e pouco tempo curtindo a **companhia** deles.

Outras pessoas curtem os nossos filhos. Elas dizem: "Nossa, como é bom estar com ele". E nós passamos tempo curtindo os filhos de outras pessoas, pois não temos que gerenciar ou controlar esses outros jovens.

Daí, o seu filho cresce e você pensa: "Pronto, agora criou juízo e já pode cuidar de si mesmo". A realidade é que os adolescentes parecem precisar de mais gerenciamento porque dormem tarde, preferem *fast food*, e então nós chegamos à conclusão de que precisamos ter ainda mais controle como uma solução para as péssimas escolhas deles.

Se você quer mudar o comportamento do seu filho adolescente, não é o controle sobre ele que vai resolver. A chave está em controlar a si mesmo.

Quero compartilhar o relato de uma mãe que está tentando encontrar o equilíbrio da árvore:

"Este fim de semana perdi o controle com minha amada filha, me transformei em um monstro. Disse coisas horríveis, gritei e cheguei a rasgar uma roupa dela. Me sinto em pedaços. Como eu pude perder o controle assim? Como posso dizer que uso uma educação respeitosa se fui capaz de ser tão desrespeitosa? Peço mil desculpas sobre meu desabafo, mas estou despedaçada. Não tenho ninguém para conversar. Mas percebo que não tenho moral para continuar nessa jornada".

Eu empatizo com ela e imagino que esteja sentindo culpa, mágoa, tristeza, surpresa e decepção. Se você já se sentiu assim, recomendo que se permita vivenciar esses sentimentos, ou escreva sobre eles num caderno, e siga em frente com coragem, porque ficar sentindo pena de si mesmo não vai ajudar nem você nem o seu filho.

Quando nos desvalorizamos por não termos controle da situação ("Não nasci para ser mãe"), muitas vezes caímos na **síndrome de impostor**. A mãe/pai ideal só existe na sua imaginação. Se você realmente acredita que pode ser firme e gentil, vai acabar conseguindo se desculpar e, mais importante, **se perdoar**. Siga em frente com coragem, faça terapia, exercite-se e continue estudando na jornada do autoconhecimento!

Depois de ter orientado essa mãe que fez o relato, ela me escreveu uma resposta:

"*Querida Fernanda, estou escrevendo para te dizer o quanto aquele fato anterior que eu havia contado foi transformador. Segui seus conselhos e transformei o meu desafio em potência. O quanto a Disciplina Positiva está me auxiliando nesse processo de me relacionar. Ontem pela primeira vez minha filha se abriu comigo e tivemos uma conversa madura (da minha parte), fiz uso da escuta ativa e foi muito maravilhoso. Percebi o quanto o autoconhecimento é a busca para poder ser uma mãe melhor. Só aprendemos a caminhar caminhando. Gratidão por tudo!!!*".

Esse é o meu desejo para você: ainda dá tempo de educar com respeito. Construir um relacionamento **junto** com o adolescente enquanto você descobre sobre si mesmo. É dando pequenos passos e fazendo pequenos gestos que fortalecemos o "nós" acima do "eu".

O que fazer quando os pais não chegam a um acordo sobre o estilo de educar?

Isso é muito comum. Para educar com respeito não necessariamente os dois cuidadores precisam ter o mesmo estilo de educar, e os adolescentes aprendem a desenvolver um relacionamento diferente com cada um dos adultos. Eles já sabem qual dos dois é mais paciente e tolerante.

Lembra da sua própria infância? Você sabia quem abordar quando o assunto era namoro, ou dinheiro, ou para pedir ajuda na lição de matemática. Você sabia qual resposta iria receber, então provavelmente você era bem estratégico. Os adolescentes não se confundem facilmente.

Talvez os pais não compartilhem da mesma filosofia de educação e um deles pode até se recusar a participar das reuniões de família ou tentar qualquer uma das estratégias deste livro. O que fazer? Nesse caso, se você realmente acredita nos benefícios em longo prazo sobre o que eu estou ensinando aqui, **você só precisa ser consistente consigo mesmo**. Abra mão de tentar convencer o outro adulto e invista tempo em desenvolver consistência na maneira que responde aos desafios com seus filhos. Se um dia você está de bom humor e permite que seu filho vá ao shopping com amigos durante a semana, e no outro dia você está de mau humor e, sem motivo aparente, não o deixa ir ao *shopping* nem no fim de semana, isso se torna confuso.

Apesar de vocês verem a vida de maneiras diferentes, se o outro adulto está lidando com o filho de vocês, que tirou nota baixa na escola, e aplica nele o castigo de ficar sem o celular por dois dias, você não deve interferir.

Se o adolescente tentar pedir a sua ajuda, você pode dizer: "Parece que você está tendo um problema com seu pai".

Depois, em particular, você pode abordar o outro adulto e perguntar: "Podemos conversar sobre como o problema da nota baixa acabou gerando a consequência de ficar sem o celular?".

Aquele que começa a disciplinar em um assunto termina o assunto. O problema de interferir no estilo de educar do outro na frente do adolescente é que você começa a criar uma hierarquia entre os adultos da relação; você dá ao adolescente permissão para perder o respeito pelo outro adulto.

O outro até pode mudar de ideia e retomar a conversa com o jovem mais tarde: "Olha, filho, eu pensei melhor. Eu estava bravo naquele momento, vou dar o seu celular de volta assim que pensarmos num plano para você recuperar a nota, fazendo aula particular ou procurando a sua professora depois da aula".

Evite alienar o outro adulto falando mal sobre ele para o adolescente: "Não escuta o seu pai. Ele está sendo muito duro". [Agora falando com o outro adulto na frente do adolescente: "Deixa que eu cuido disso com o nosso filho. Você é agressivo!"]

Juntos vocês são melhores. Não subestime o outro adulto. Use as diferenças como vantagem para vocês aprenderem a se melhorarem.

Na nossa família
Meu marido, que não tinha muita paciência quando eu estava começando a implementar consequências lógicas, ficava irritado com as crianças na hora de fazer a lição. E lá vinha o clássico sermão: "Se tivesse prestado atenção na aula, você saberia. Você está fazendo o seu melhor? Você não tem mais idade para esquecer de fazer a lição. Blá-blá-blá".
Mas ele era muito bom em colocar as crianças na cama com amor e carinho, quando eu já estava desmaiando de sono por ter passado o dia inteiro para lá e para cá com eles. Então, nós separávamos as tarefas: eu ajudava na lição de casa, e ele os colocava na cama.
Abra mão de controlar o outro adulto e se concentre em controlar o seu próprio comportamento.

Resumão para o mundo real

- O respeito é contagioso.
- A árvore saudável tem o tronco firme e galhos flexíveis.
- Abra mão do controle e do gerenciamento e se concentre na influência e no relacionamento.
- Os adolescentes estão sobrevivendo ao autoritarismo excessivo ou à permissividade nociva em vez de crescer.
- Cuide de si mesmo e use os desafios como uma oportunidade de REcriar seu adolescente interior.
- Não existe adolescente-problema; existe adolescente com uma solução ineficiente para um problema que está enfrentando.
- A consequência ensina quando é relacionada, respeitosa, razoável e revelada com antecedência.
- Seja consistente consigo mesmo, mesmo quando seu parceiro não concordar com o seu estilo respeitoso de educar.
- Aprenda a dizer "não".

ESTRATÉGIA 3

Liquidificador ligado e destampado

Nos capítulos anteriores, conversamos sobre as mudanças enfrentadas pelos adolescentes, sobre nos tornarmos copilotos ao lado deles, e identificamos o seu estilo de educar. Agora, vamos entender como funciona a dinâmica entre você e o seu adolescente e descobrir quais oportunidades você não tem aproveitado. A capacidade de ser paciente quando o adolescente está surtando, por exemplo, é um dos maiores testes de fé.

"Meu filho parece me odiar, faz cara feia para tudo que digo... quando tento abraçar, se afasta..."

Imagine que está preparando o jantar. Você acabou de cozinhar legumes e agora vai bater tudo para fazer uma sopa cremosa. Você despeja no liquidificador os ingredientes quentes, até o limite máximo. E agora vai começar a bater. Mas quem é louco de ligar o liquidificador sem a tampa? Ninguém! E quem colocaria a mão dentro do copo para parar as lâminas? Ninguém! Quem adicionaria mais legumes ao copo destampado com o aparelho ligado? Ninguém!

Agora, imagine que o copo do liquidificador é a mente do seu filho. A cabeça dele é um liquidificador emocional que, quando ligado, começa a despejar frases e palavras agressivas sem muito sentido. Os legumes que você tenta jogar dentro do copo são as soluções maravilhosas que você tem para os problemas que o seu adolescente está derramando.

Quando está se sentindo sobrecarregado, exausto ou com fome, o jovem liga o liquidificador, e você tenta pará-lo colocando a mão nas lâminas. E então você se magoa e tende a reagir...

... culpando.
... gritando como ele.
... criticando.
... reclamando.
... punindo.
... ameaçando.
... resolvendo por ele.

É como se o liquidificador estivesse na tomada, ligado na potência máxima, e aí você vai lá e **tira a tampa**! Resultado? Uma explosão na cozinha, com sopa para todo lado. A mesma coisa acontece no cérebro quando os botões emocionais são ativados. Para entender melhor esse conceito, vou dar uma aula de neurociência em um minuto. Prepare-se!

O cérebro tem várias partes, mas para simplificar vou chamar a atenção para duas delas:

1. **Amígdala**, a parte do cérebro primitivo e reativo (localizada bem no meio dele), onde são armazenadas as memórias daquilo que um dia gerou medo e insegurança em nós. Ela também é responsável pela nossa reação instintiva quando percebemos o medo. Se a amígdala está ativa, não há pensamento racional, mas somente instinto, que nos força a reagir sem pensar. Foi isso que garantiu a nossa sobrevivência até hoje! Se você vê uma cobra che-

gando perto, o seu cérebro reage e te impulsiona a fugir ou a enfrentá-la. Quando essa parte do cérebro é ativada, as pessoas reagem sem filtro, falam sem pensar, lutam de forma agressiva ou fogem do problema. Sempre que nós surtamos, é essa parte que está no comando.

2. **Córtex frontal.** Essa é a parte pensante do cérebro. Localizada atrás da testa, é responsável pelas nossas funções executivas (já falamos sobre isso na página 14): tomada de decisões, linguagem, memória e cognição. Quando agimos com clareza e discernimento, é essa parte que está no comando. Ela nos permite usufruir do bem-estar e nos ajuda a colocar em prática o que estamos aprendendo na vida, mesmo nos momentos mais difíceis. Essa área do cérebro só atinge o desenvolvimento completo por volta dos 25 anos.

O ideal, quando o adolescente liga o liquidificador (ou seja, quando ele age no modo reativo), é que os pais coloquem a tampa nele. Mas o que isso significa? Significa que devemos responder de maneira racional e acolhedora para evitar uma bagunça maior ainda. Veja estes exemplos:

 Exemplo 1

Filho: "Eu te odeio", "Eu quero morrer", "Ninguém me ama".
Pai: [Resiste à tentação de se magoar mais ainda colocando a mão dentro do liquidificador para parar as lâminas.] "Dá para ver que você está muito irritado / se sentindo desvalorizado / sentindo que não tem importância".

Exemplo 2

Filho: "Saia do meu quarto!".
Pai: [Resiste à tentação de tirar a tampa do liquidificador.] "Tudo bem, parece que você precisa de espaço. Conversamos mais tarde. Eu me importo com você".

 Exemplo 3

Filho: "Por que eu tenho que desligar o celular às dez da noite se você ainda está com o seu ligado?".
Pai: [Resiste à tentação de jogar mais legumes no copo do liquidificador destampado com o aparelho ligado.] "Podemos falar sobre isso amanhã. Agora eu preciso que você coloque o celular no carregador".
Filho: "Não é justo".
Pai: [Fica em silêncio, olha nos olhos do adolescente, abre um sorriso amável e coloca a tampa no liquidificador.]
Essa prática ajuda na regulação das emoções porque o cérebro é formado por conexões chamadas **neurônios-espelho**, que têm a função de aprender por imitação. Essas conexões são acionadas quando é necessário observar ou reproduzir o comportamento de outras pessoas. Os neurônios-espelho podem ser usados para analisar cenas ou intenções de outros indivíduos. É assim que aprendemos as habilidades sociais e emocionais, por imitação.
O cérebro emocional do adolescente quer "brigar" com o cérebro emocional do adulto. E aceitar o convite para uma luta dá ruim! **A coisa mais importante quando o liquidificador emocional do seu adolescente está ligado é reconhecer que ele está ligado.** Tire o aparelho da tomada, se acalme e lide com a atitude agressiva do seu filho mais tarde, quando todos estiverem mais regulados.

Você prefere ter razão ou ajudar a resolver o problema?

Eu quero ter razão, mas às vezes acabo ficando sozinha com ela. As palavras que usamos para vencer um debate muitas vezes ferem a dignidade do outro. **Palavras moldam experiências.**

Não ajuda nada...
... desdenhar ("Você é sensível demais").
... culpar ("Você sempre..." / "Você nunca...").
... atacar ("Eu te avisei" / "Se você tivesse seguido meu conselho não estaria assim").
... usar sarcasmo ("Você nem tirou as fraldas ainda, seu *aborrecente*...").

Se você quer ter uma experiência diferente, use palavras que se refiram à observação da situação, sem julgamento:

- *Parece que...*
  - "**Parece que** você está chateado hoje porque as coisas não aconteceram como você queria". Eu gostaria de ajudar, mas primeiro você poderia falar de forma mais respeitosa?"
  - "**Parece que** essa matéria está bem difícil para você neste momento. Ontem você conseguiu fazer sozinho, mas hoje não."

- "**Parece que** você tentou fazer uma brincadeira, mas acabou me magoando sem querer. Eu vou deixar passar dessa vez, mas na próxima vez prefiro que você não use palavrões."
- *Eu notei que...*
  - "**Eu notei que** você está gritando no nível 9; poderia conversar comigo num tom de voz mais baixo, por exemplo, no nível 3?"
  - "**Eu notei que** você não está pronto para conversar agora. Volto mais tarde."
  - "**Eu notei que** a sua boca está dizendo 'tudo bem, mãe', mas a sua voz demonstra que não está nem escutando. Em qual das duas eu devo acreditar?"
- *Isso soa...*
  - "**Isso soa** como se você tivesse tentando de tudo e mesmo assim não deu certo. Eu também não gosto quando as coisas não dão certo para mim."
  - "**Isso soa** como se você quisesse me agradecer por ter ido te buscar."
  - "**Isso soa** muito claro para você do porquê a sua irmã está errada. Você está disposto a escutar ela dizer o que você fez para contribuir para o problema?"

"Posso dizer como isso parece?"

Os pais ajudam os filhos a crescer quando têm em mente um objetivo em longo prazo. As coisas podem parecer ruins agora, mas, quando temos um plano para melhorar tudo, isso muda a nossa perspectiva: "O que eu desejo que meu filho aprenda com isso?".

Exemplo 1

Mãe: "Eu não acho apropriado você ir à festa com essa roupa".

Filha: "Não tem nada demais.... Vai ficar tudo bem, mãe".

Mãe: "Eu escutei você falar que vai ficar tudo bem, mas o que você está vestindo comunica problema".

Filha: "Nada vai dar errado".

Mãe: "Se você está confiante que essa é a decisão correta, eu confio em você. Mas **posso dizer como isso parece**?".

Filha: [Rola os olhos.] "A-hã...".

Mãe: "Talvez você queira mostrar para os seus amigos que já cresceu e se tornou uma moça bonita, mas não é necessário usar roupas curtas e decotadas para destacar e valorizar os seus pontos fortes. Além disso, é possível que algum menino não entenda bem a mensagem que você quer passar e ache que pode tocar em você de um jeito invasivo, e pode ser difícil sair de uma situação como essa".

Filha: "Mas esse vestido é muito fofo".

Mãe: "Tem maneiras de se apresentar sem revelar tantas partes do corpo ao mesmo tempo. Vamos olhar no seu armário outras opções para você vestir".

 Exemplo 2

Mãe: "Quando o seu treinador está falando com o time, mas você e seu amigo estão brincando com o inseto no chão, **posso dizer como isso parece**?".

Filho: "Ele nem percebeu".

Mãe: "Isso parece desrespeitoso com o treinador e com os colegas do time. E, em vez de transmitir o seu compromisso com o time, parece que você está lá só para brincar".

 Exemplo 3

Mãe: "**Posso dizer como parece** quando a sua amiga passou ao seu lado e você não retribuiu o 'olá' e nem olhou na cara dela?".

Filha: [Em tom de desdém.] "Mas eu disse oi...".

Mãe: "Eu não vi a sua boca mexendo e nem a sua mão acenando. Isso pareceu como se você tivesse a ignorado de propósito. Aconteceu alguma coisa?".

Seu adolescente faz coisas que te irritam e você perde a cabeça por causa dele

"Nosso filho está se tornando um adolescente. Hoje de manhã ele disse que me odeia..."

Imagine que você é um fazendeiro e o seu filho é uma semente. Você prepara a terra, coloca a semente no buraco, aduba e rega. Você espera algumas horas, e ao pôr do sol balança a cabeça, pensando: "Não acredito. Todo esse trabalho por nada. Nada cresceu, nem mesmo uma folhinha".

Muitas vezes os seus dias são assim. Você explica, ensina, acolhe, explica de novo e de novo, e, depois de um dia inteiro de trabalho árduo e cansativo cuidando das crianças, elas ainda não querem conversar com você, "esquecem" de fazer a lição e vão dormir tarde. Você olha para o relógio. São nove da noite. Você balança a cabeça pensando: "Não acredito. Todo esse trabalho por nada. Nada funcionou".

Se você for como o fazendeiro, porém, vai se levantar no dia seguinte e vai continuar cuidando do solo, pois sabe que a semente está lá embaixo da terra. Com o passar do tempo, o seu cuidado consistente vai dando resultados. Primeiro nascem os brotos, depois o tronco fica mais sólido, e finalmente aparecem os frutos. O fazendeiro não planta frutas; ele planta sementes.

Com os seus filhos é assim também. **Você planta as sementes, que são os seus valores, as suas atitudes, o seu exemplo, o seu respeito, e trabalha com a consistência do seu apoio.** A cada dia vai ficando mais evidente que os frutos estão nascendo na forma de ações, pensamentos e sentimentos nos seus filhos.

Leia o depoimento desta mãe:

"Você me ajudou muito!!! Eu tive coragem de vencer o medo de não poder acreditar no meu filho, quando até o próprio pai duvidou dele. Você me ajudou a não desistir daquela 'alminha' e sementinha que cresceu dentro de mim… Hoje meu filho deu a guinada dos ventos, se tornou uma planta linda e continua crescendo como uma árvore, que dará frutos não só para ele mesmo, mas alimentará outras vidas ao seu redor… Obrigada." 😊

Quando seus filhos se comportam mal ou te irritam, enxergue grandes oportunidades de crescimento para todos vocês. **Lembre-se de que você está plantando sementes, ou seja, está ensinando que os sentimentos têm nomes, que as ações dele impactam outras pessoas, e está oferecendo escolhas**

limitadas para ele poder usar seu poder pessoal de maneira construtiva.

Você tem um grande poder de influência sobre o seu filho mesmo quando isso não parece estar funcionando naquele momento, no auge do liquidificador ligado.

Há mais oportunidades para educar quando os jovens estão se comportando de forma inadequada, mais do que quando eles estão se comportando bem. **É aí que estão as maiores oportunidades de ajudar os seus filhos a desenvolver habilidades** que eles ainda não têm, como a responsabilidade, a curiosidade, a autoestima positiva e a capacidade de resolver seus próprios problemas. Isso porque é nesses momentos que eles mais precisam dos pais para adubar a terra, ajudando-os a internalizar essas lições e, com o tempo, a desenvolver essas habilidades.

Não é o seu filho que te tira do sério, e eu posso provar

Lembra que aprendemos, na Estratégia 1, que o coração é o primeiro órgão a ser formado e o cérebro é o último? Então, ajuste as suas expectativas e eduque para ver os resultados de uma educação com respeito **em longo prazo**. Assim como o fazendeiro, deixe a natureza seguir o seu curso no tempo dela.

Todos os sentimentos são válidos, mas nem tudo que o jovem faz quando experimenta emoções intensas é aceitável. **Para ensiná-lo, aja como se fosse a primeira vez que estivesse falando.**

Seja um exemplo do que gostaria de ver no seu filho: preste atenção no **tom** com que você fala, nas **palavras** que saem da sua boca e na **maneira** como comunica os seus valores de vida.

É esse cuidado que, quando praticado com consistência (ou sempre que possível, já que não estamos buscando a perfeição e sim a melhora), ajuda a cultivar o solo para as habilidades de vida se desenvolverem.

O sentimento mais difícil de admitir é a raiva.
Não queremos sentir raiva dos nossos filhos, nem de nós mesmos. Mas a raiva é um sentimento que mais nos move para a ação. Se tivessem nos ensinado na infância a nos relacionarmos com a raiva de forma saudável, saberíamos lidar melhor com ela hoje.

A maioria de nós aprendeu que a raiva é algo a ser escondido (principalmente para as mulheres, que, quando sentem raiva, muitas vezes são acusadas de serem emotivas demais, de perderem o controle facilmente e de estarem na TPM), quando, na verdade, ela precisa ser:

- **nomeada** ("Estou sentindo raiva neste momento"),
- **extravasada** ("Preciso liberar essa energia dando uma volta no quarteirão, escrevendo no diário ou desenhando a minha raiva") e
- **compreendida** ("Quando me acalmar, vou dizer a você qual foi a parte disso tudo que me deixou com raiva").

> **Desvende a raiva em três passos**
> Este é um exercício chamado "Desvendar a raiva"[1], e você vai tirar mais proveito se responder na ordem:
> 1. Pense em algo que o seu adolescente faz que desperta raiva em você. O que ele faz ou diz exatamente?
> 2. Que parte dessa situação faz você ficar com raiva?

---
[1] Fonte: Lynn Lott e outros, *Conhecer-se é amar a si próprio* (2019, p. 62).

3. A sua raiva está relacionada com (escolha um item):
   a. a falta de reconhecimento do seu adolescente em relação a você? ("Os meus esforços não estão sendo validados ou notados pelo meu filho")
   b. o seu senso de poder? ("Eu quero do meu jeito" / "Me sinto impotente" / "Quem é ele para mandar em mim? Eu sou o adulto")
   c. o seu senso de justiça? ("Família não deveria ser tratada assim" / "Eu jamais faria com você o que você está fazendo comigo" / "Eu jamais falei desse jeito com os meus pais")
   d. o seu senso de capacidade? ("Estou tentando acertar como mãe/pai" / "Nunca está bom o suficiente" / "Essa situação é muito difícil, não sei lidar com ela" / "Eu sou a minha pior versão quando grito" / "Me sinto inferior")

Quando dedicamos um tempo para refletir com profundidade, descobrimos que não é o adolescente que te deixa com raiva, nem a roupa dele jogada no chão, muito menos quando ele se recusa fazer algo que você pediu. A raiva é algo mais profundo, é um sentimento que comunica a falta de algo que é importante para VOCÊ: falta de reconhecimento, falta de poder, falta de justiça ou falta de capacidade.

Quando você conseguir identificar com o que a sua raiva está relacionada, marque um horário para conversar com o seu filho sobre como VOCÊ se sente e o que isso representa para você. A comunicação é sempre mais saudável (e você vai ficar surpreendido com a cooperação dele) quando nomeamos o problema, em vez de atacar a pessoa. ("Eu me sinto desvalorizada quando estou tentando expor o que penso, mas sou interrompida antes mesmo de terminar de falar. Eu te amo e quero ter a chance de dizer o que penso, mesmo sabendo que é você quem vai tomar a decisão final. Quando podemos tentar novamente?")

Caso você não tenha conseguido identificar uma das quatro opções, não desista. Reflita um pouco mais sobre o assunto e tente escrever em um caderno sobre cada um dos itens. Quando escrevemos o que pensamos de forma livre e espontânea, as ideias fluem e os sentimentos transparecem.

Um pequeno passo em direção à mudança

Se você se der conta de que está tomando decisões precipitadas em relação ao seu filho, comece a mudar o seu padrão de pensamento. Veja estas sugestões de pontos de partida:

> - **Você pode escrever uma mensagem de texto raivosa** (ou gravar um áudio) como se estivesse falando com o seu filho. (Uma ideia seria enviar uma mensagem para o seu próprio número.)
> - **Aceite que todos os sentimentos são válidos.** Tudo bem sentir raiva, mas nem sempre podemos fazer o que der na telha quando sentimos isso.
> - **Reflita** sobre aqueles que podem ser os seus medos mais profundos e compartilhe isso com um adulto de confiança. Esteja aberto para ouvir outras perspectivas sobre a mesma situação.

Não morda a isca

Uma adolescente uma vez disse: "Você é a pior mãe do mundo. Eu te odeio". E a mãe não respondeu nada. Ela apenas colocou a mão no coração.

Nesse período de aprendizado, não reagir já é um grande avanço por parte dos pais. Se a mãe tivesse mordido a isca e retaliado, fazendo a filha se sentir mal, seria difícil as duas saírem da espiral de emoções negativas que o ciclo da vingança proporciona.

Ameaçar e culpar o adolescente pode levá-lo a um estado de inferioridade e redução da autoestima.

Morder a isca significa comprar todas as brigas, das pequenas às grandes que o adolescente iniciar, na tentativa de dizer "quem manda aqui sou eu". Você acha que isso vai resultar em um relacionamento saudável? Pergunte para o seu adolescente. Eu já sei a resposta.

Há outras maneiras de lidar com o desrespeito. Pense de forma reflexiva e consciente. Se o seu filho disser (talvez até já tenha dito) "Você é a pior mãe do mundo. Eu te odeio", você vai tirar a tampa do liquidificador ou é capaz de mantê-lo tampado enquanto pensa:

- "O que meu filho está tentando comunicar agora?"
- "Como posso mostrar que me importo com ele, mas que não gostei dessa atitude dele?"

Talvez o seu filho tenha tido um dia social difícil na escola, e tenha sobrado para você ouvir os desaforos quando ele chegou em casa.

Respeito é deixar a tampa no liquidificador

É curioso que o adulto demanda do adolescente "Me respeita" enquanto grita e aponta o dedo na cara do filho. Ou então o adulto arranca o celular da mão do adolescente para obrigá-lo a escutar o que está dizendo. Segundo o que muitos pais ensinam, respeito significa que o mais forte é quem manda.

A palavra "respeito" vem do latim *re-* (para trás) *specere* (olhar), e significa, em sua origem, olhar para trás, considerar, admirar. Será que na hora da bronca o adolescente pensa "Muito obrigado, pai, por me humilhar, me bater e me castigar. Eu sou uma pessoa melhor agora!". Não! É mais provável que ele esteja pensando: "Estou olhando para o que você está fazendo para um dia fazer o mesmo com você".

Isso significa que, quando...

... criticamos,
... culpamos,
... reclamamos,
... insistimos,
... ameaçamos,
... punimos,
.... e recompensamos,

nós estamos ensinando desrespeito enquanto exigimos respeito.

Quero compartilhar com você uma perspectiva interessante. O bebê que engatinha precisa andar para aprender. E o que ele precisa fazer para andar? Praticar, certo? Se um menino ou menina de 12 anos quer se tornar um bom atacante de futebol, o que esse adolescente precisa fazer? Praticar, concorda? Estamos falando de habilidades motoras. Então, vamos transferir essa noção para as habilidades sociais.

Pense no seu adolescente. Ele precisa ter suas próprias ideias, testar limites e encontrar sua identidade. O que ele precisa fazer? Debater suas ideias, testar todos os limites e provar diferentes formas de ser no dia a dia. Nós achamos fofo um bebê praticando, mas temos vontade de arrancar os cabelos quando vemos um adolescente fazendo a mesma coisa. Então, da próxima vez (que eu sei que será daqui a cinco minutos) que o adolescente da sua casa for desrespeitoso com você, **seja um modelo de respeito: a si mesmo e a ele**.

Como manter o liquidificador tampado?

- Não leve o desaforo deles para o lado pessoal. ("Hum, está tudo bem, filho? Aconteceu alguma coisa antes de você chegar em casa?")

- Valide os sentimentos do seu filho. ("Parece que hoje você se sente sobrecarregado/irritado/confuso.")
- Observe a sua linguagem corporal. (Você franze a testa? Arregala ou rola os olhos enquanto o seu adolescente fala?)
- Pergunte se você pode fazer algo que pode ajudar o seu filho a voltar ao equilíbrio emocional e físico. (Dar um tempo para ele esfriar a cabeça, preparar o prato favorito dele, acender uma vela perfumada, sentar ao lado da cama e apenas escutar.)
- Assuma a sua autoridade como adulto. ("Parece que você está tendo um dia difícil. Eu não gosto de ser tratada assim, então, quando quiser conversar com respeito, me avise. Vou adorar conversar com você.")

Dá para sentir a diferença? O liquidificador está ligado e as lâminas impulsionam a raiva, mas ela permanece contida no copo, sem precisar se espalhar pelas paredes, pelo chão ou em cima de você.

Ser um modelo de autorrespeito é uma maneira infalível de lidar com o adolescente que desrespeita os pais. Por quê? Porque você resiste à tentação de colocar a mão dentro do liquidificador enquanto está ligado e decide, com maturidade, não se engajar em conflitos desnecessários quando o adolescente está com a cabeça quente.

1. Em vez de criticar, pergunte

Quando o adolescente liga o liquidificador, atirando grosseria e desaforo para todo lado, recuse-se a virar o botão para a potência máxima e a remover a tampa. Não leve para o lado pessoal.

Guarde esta frase e use sem moderação: **"Tem mais alguma coisa que você queira desabafar?"**.

2. Em vez de culpar, confie

Se você começa a culpar o outro, o barulho do motor do liquidificador fica tão alto que a sua voz se perde no meio do barulho. Com isso, o seu filho tapa os ouvidos e perde as informações que você gostaria de dar. E você perde a oportunidade de ensinar habilidades que serviriam para a vida dele.

Se achar que você não confia nele, o adolescente vai agir de acordo com essa expectativa: "Bom... já que a minha mãe acha que eu não consigo chegar no horário, é melhor eu ficar aqui na festa e curtir até a hora que eu quiser".

A questão é que enxergamos o adolescente **como o problema**, em vez de nos posicionarmos **ao lado dele contra o problema**. Quando ele se sente atacado, você perde uma grande oportunidade de influenciar.

Outro costume ruim é o de rotular os adolescentes com base no desafio que eles estão enfrentando (depressivo, atrasado, bagunceiro, vagabundo, pirracento); quando isso acontece, eles passam a viver esse rótulo como uma identidade. Vale repetir: **educar é uma jornada de longo prazo**. Vamos superar os momentos difíceis e valorizar os momentos agradáveis com eles.

Mãe: "Eu vejo que você está irritado, e eu gostaria de te escutar quando o seu tom de voz estiver mais calmo".

Filho: "Eu já estou calmo". [Falando em tom agressivo.]

Mãe: "Tudo bem ficar com raiva, mas não está tudo bem ser rude. Parece que você precisa de um tempo antes de conversar".

Filho: [Sai bufando e bate a porta do quarto.]

Muitos adultos jamais teriam agido dessa maneira com os próprios pais. Mas os tempos mudaram, e exigir respeito à força de um jovem descontrolado não vai ajudar. Deixe o adolescente bater a porta (não morda a isca!), e mais tarde voltem a conversar. Dar um tempo para eles se acalmarem não tem a ver com perder a sua autoridade; é um sinal de respeito pelo relacionamento de vocês. Você sempre pode retomar a conversa mais tarde.

Mãe: "Oi, a gente pode conversar sobre o que aconteceu mais cedo?".

Filho: "E eu tenho escolha?" [Tom irônico, mas receptivo.]

Mãe: [Resiste e não morde a isca da ironia.] "Você é uma pessoa maravilhosa, e eu notei que fica mais agressivo quando algo te incomoda muito. Estou interessada em saber o que aconteceu".

Filho: "Eu não sei..." [É verdade, eles não sabem!]

Mãe: "Bem, eu posso esperar até você descobrir. Mas até lá eu quero dizer que não gosto de ser tratada com grosseria. Não é legal".

Filho: "Me desculpe".

> Mãe: "Tudo bem". [E acaba a conversa aqui. Não há necessidade de trazer o passado à tona, criticar e culpar. Confie que vai ficar tudo bem, e as coisas vão melhorar a partir de agora.]

3. Em vez de reclamar, escute

Muitas vezes somos obrigados a morder a língua ou a tomar um copo d'água lentamente, para resistir à tentação de reclamar. Mas faça esse esforço. Em vez de reclamar, escute. Por exemplo, em vez de dizer "Os adolescentes estão desesperados para descobrir o sexo e as bebidas alcoólicas", tente perguntar indiretamente "Os jovens na sua escola já estão falando sobre sexo (ou provando bebidas)?", "Na sua escola, os alunos estão usando que tipo de substâncias ou drogas?". Depois, **escute para orientar, e não para reclamar**.

Se você se enrola nas palavras quando tem conversas sérias com os seus filhos, siga estes três passos: **fatos, valores e limites**.

- **Fatos:** um fato é diferente de uma opinião. Qual é o conceito, a notícia ou o assunto que você está tentando abordar, e que informações verdadeiras isso pode oferecer?
- **Valores:** no que você acredita com base nesse fato?
- **Limites:** explique quando está tudo bem fazer/usar e quando não está.

Por exemplo, imagine um adolescente que começa a experimentar **bebidas energéticas** (aquelas com bastante cafeína).

- **Fatos:** "Filho, eu pesquisei na internet e conversei com o pediatra sobre energéticos. O sabor é adocicado, o que deixa a bebida gostosa de tomar. O problema é que cada latinha contém o equivalente a cinco xícaras de café, e isso é muito para o corpo do adolescente, porque afeta o desenvolvimento do sistema nervoso, as mãos tremem e você fica desidratado mais rápido".
- **Valores:** "Estou compartilhando o que aprendi porque, se você souber como isso faz mal para o seu corpo, não vai querer tomar mais. A nossa família valoriza a saúde e o equilíbrio. Você pode me contar por que toma isso?".
- **Limites:** "Eu vou jogar fora os energéticos que estão na geladeira e peço que você não tome mais isso. Você disse que começou a tomar porque fica acordado até mais tarde, então espero que você desligue o celular até às dez horas para acordar descansado no dia seguinte".

Uma mãe fez o seguinte comentário comigo: *"Meu filho tem 14 anos e é a segunda vez que pego ele com **cigarro eletrônico**. Ele sabe que eu mexo nas coisas dele, mesmo assim fez de novo. Acho que estou negligente em alguma parte"*.

O que está faltando nesse caso é uma ação mais enfática em relação aos perigos do cigarro eletrônico. Adolescente não precisa de sermão, precisa de informação.

- **Fatos:** pesquise no YouTube e escolha alguns vídeos que explicam os malefícios do cigarro eletrônico. Depois que selecionar o mais interessante, sente com ele para assistirem juntos. Peça que um treinador ou professor que seu filho

admira oriente você sobre os fatos. Às vezes, escutar a mesma mensagem, mas com outra voz, ajuda a reforçá-la.
- **Valores:** "Eu acredito em saúde e em curtir a vida sem vícios". Seja direta nos seus valores, sem reclamar.
- **Limites:** "Isso não é aceito na nossa casa. E, se você escolher fazer de novo, as consequências serão: vou marcar um horário no médico para ele te orientar, a sua mesada vai ser cortada, eu vou comunicar para a escola para que eles informem as consequências se você decidir fazer isso lá".

4. Em vez de insistir, dê suporte

Esse é bem o papel dos pais copilotos: dar suporte e assistência ao piloto, que, no caso, é o adolescente. Conheci um pai que carregava moedas no bolso e, quando o adolescente era desrespeitoso, ele pegava uma moeda e passava para o bolso do outro lado enquanto pensava em como dar suporte ao filho naquele momento:

- "Poxa, parece que você está chateado com alguma coisa, mas a resposta grosseira acabou atingindo a mim. Está tudo bem com você?".
- "Posso te ajudar com alguma coisa?".

5. Em vez de ameaçar, negocie

Não precisa agir como um advogado para negociar, mas façam acordos. Sente-se com o adolescente e diga: "Quando eu peço alguma coisa para você e a sua resposta é curta e grossa, me dá vontade de revidar. Mas eu não vou fazer isso. Então, da próxima vez que você decidir ser indelicado comigo, eu vou pedir para você tentar outra resposta; vou falar assim: 'Pode dizer isso novamente, mas com uma pitada de gentileza, por favor?'. Daí, o que eu realmente gostaria de ouvir de você é: 'Mãe, agora eu não posso falar, mas eu te procuro assim que terminar'. Como isso soa para você?".

Dê abertura para os adolescentes participarem e negociarem uma linguagem de respeito em comum.

6. Em vez de punir, concilie

A ideia é conversar como se você estivesse encontrando o seu filho pela primeira vez. É natural que o ressentimento, a culpa e o sentimento de inadequação se acumulem dia após dia até um momento em que perdemos a esperança e não queremos mais sentar para conversar. Porque ouvir os berros dos adolescentes dói na gente. Chegamos a questionar se ainda é possível ser diferente.

Os anos passaram, a criança cresceu. Como voltar no tempo? Como mudar agora e educar com firmeza, mas sem berros? Se você tivesse sentado com o jovem pela primeira vez, sem trazer todas as mágoas do passado, quão diferente você agiria?

Talvez ajude conversar com um amigo ou o terapeuta para pensarem nisso juntos. É hora de virar a página, conciliar e recomeçar. Ainda dá tempo!

7. Em vez de recompensar, encoraje

Encorajar é como ser um **líder de torcida**: energético, mas silencioso: "Eu aceito você do que jeito que você é", "Você conta". Use o poder do olhar amável que transmite "Eu aceito quem você é hoje".

O encorajamento valida três necessidades humanas básicas: aceitação, significância e segurança.

> - Ter senso de aceitação é se sentir querido e desejado pelos pais.
> - Ter senso de significância é sentir que faz contribuições significativas dentro de casa e na escola.
> - Ter segurança da família é se sentir protegido fisicamente, emocionalmente e psicologicamente.

Se o adolescente estiver se afogando no complexo de inferioridade, a única coisa que vai tirá-lo de lá é o **encorajamento**. Saliente as capacidades e talentos dele (veja a seção sobre testes na Estratégia 11).

> Contribua com a autoestima do seu filho dizendo coisas para que ele chegue às seguintes conclusões:
> - "Eu sou capaz."
> - "Eu sou aceito aqui."
> - "Eu me sinto seguro."

Quando trabalhei em escolas como orientadora educacional, eu observei que muitos jovens que têm um senso de aceitação fraco em casa são mais propensos a buscar aceitação em qualquer grupo que lhes dê a mínima atenção, muitas vezes nos lugares mais perigosos. É como se eles estivessem pedindo **esmola emocional**.

Recrutadores de gangues são treinados para abordar jovens emocionalmente vulneráveis com os discursos da **aceitação** ("Você vai fazer parte do nosso grupo, nós usamos a tatuagem assim, o boné assim, aqui você tem uma família para sempre"; mesmo quando acabam na cadeia, eles seguem fazendo parte da gangue eternamente) e da **contribuição** ("Você tem um papel importante aqui. Você faz a diferença"; cometer crimes em grupo parece proporcionar esse senso de que "estão juntos nessa").

Se você não acreditar no potencial que o seu filho pode alcançar, alguém fora da sua casa vai fazer isso, mas ele estará à mercê da sorte ou do azar.

Você conhece o seu filho melhor do que ninguém. Acredite no potencial que nem ele enxerga ainda e restaure a confiança que ele tem em si mesmo. Faça-o perceber seus pontos fortes e habilidades e reconhecer o seu autovalor.

Os pais têm seus próprios medos, inseguranças, problemas que trouxeram da juventude (e que não foram resolvidos ainda), e isso pode nos impedir de sermos encorajadores com os nossos adolescentes. Para encorajar os nossos filhos, precisamos ser encorajadores conosco. Comece fazendo isso com você.

Como encorajar com palavras[2]

Frases que demonstram aceitação

Frases como essas ajudam a promover a autoaceitação, a força interior e a capacidade de ver a vida como uma jornada (um desenvolvimento contínuo) em vez de enxergá-la como uma luta (na qual o valor de alguém está continuamente em jogo).

---

2   Baseado nas palavras de encorajamento de Lynn Lott.

Note que você vai falar sobre o outro e não sobre você. É bem diferente ouvir "Estou orgulhoso de você" e "Você deve estar orgulhoso de si mesmo".

"Eu aceito você do jeito que você é."
"Estou interessado em ouvir o que você está aprendendo na escola."
"Tem mais alguma coisa que você queira compartilhar?"
"Me conta mais."
"Você está lidando com isso de maneira respeitosa."
"Estou vendo você resolver um problema mesmo ele sendo difícil."
"Parece que você está satisfeito com isso."
"Se você não está satisfeito, o que você poderia fazer agora?"
"Parece que você gostou muito disso."
"Como você se sente sobre isso?"
"Notei que você está chateado hoje."
"Eu não espero que você veja as coisas do mesmo jeito que eu."
"Você é único, e eu aprecio o seu ponto de vista."
"Hoje eu pensei em você quando ouvi uma das suas músicas favoritas no rádio."
"Eu te amo do jeito que você é."
"Isso tem o seu jeitinho mesmo."
"Os seus desenhos têm uma marca registrada de alegria."

Frases que demonstram confiança

Essas frases proporcionam uma sensação sólida de não estar sozinho na vida e de que a maneira como o outro pensa e age faz sentido. Eu adoro o conceito de Ned Hallowell: "Nunca sofra sozinho". Compartilhar uma vulnerabilidade nossa com alguém que confia na nossa capacidade de superá-la resulta em duas coisas: nós nos sentimos menos vulneráveis e com mais controle (as preocupações se tornam problemas que têm uma solução).

"Obrigada por ter me contado."
"Conhecendo você, tenho certeza que vai conseguir lidar com isso."
"Eu confio no seu bom julgamento."
"Eu também tomaria cuidado se estivesse passando por esse desafio."
"Faz muito sentido que você não confie mais nele/nisso/no processo."
"Isso é difícil, mas tenho certeza que você vai resolver, assim como já resolveu outros problemas no passado."
"Como posso te mostrar que estou ao seu lado?"

Frases que focam a contribuição, os pontos fortes e a apreciação

Frases como essas ajudam o adolescente a começar a ver seus pontos fortes de maneira mais dinâmica, melhorando a percepção sobre o que é possível.

"Obrigado, quando você fez/falou _____ me ajudou muito."

"Eu aprecio o que você fez."

"Me ajudaria se você fizesse isso, mas você escolhe como e quando."

"Foi atencioso da sua parte dizer ou fazer _____."

"Eu realmente aprecio você por _____, porque com isso o meu trabalho fica muito mais fácil/divertido/com mais sentido."

"Você pode fazer isso, se é o que você deseja e se você já considerou as consequências."

"Eu preciso da sua ajuda com _____."

"Você arrumou o seu quarto. Obrigado."

"Você organizou as gavetas. Obrigado."

"Você limpou a pia. Obrigado."

"Estou tão sensibilizado com sua honestidade."

"Embora não tenha saído tão bem quanto você esperava, você melhorou, enfrentou o problema e aprendeu com a experiência."

Frases que reconhecem especificamente o esforço e a melhora

A resiliência pode ser aprendida. Reforçar a jornada de conquista do adolescente, da solidão ao propósito, do medo à coragem, aumenta sua autoestima e empatia a ponto de o adolescente se preocupar com os outros quando estiverem passando pela mesma situação que ele acabou de superar.

"Eu vi você se esforçando muito quando fez um plano de estudo e cumpriu à risca."

"Vamos fazer uma lista das coisas que você pode fazer para ajudar na sua organização."

"Fazendo isso, você está ajudando a si mesmo."

"Quando você assume essa responsabilidade, ganha mais liberdade."

"Parece que você passou muito tempo pensando em uma saída/solução."

"Eu vejo que você está levando isso numa boa."

"Veja o progresso que você fez desde _____."

"Você está melhorando em _____."

"Agora que você já praticou mais de uma vez, vai ficar cada vez mais fácil para você."

"Você fez uma lista de tarefas que quer completar hoje. Quanta determinação!"

"Essa parte parece fácil para você, já que tem facilidade com _____."

"Você pode achar que não alcançou seu objetivo, mas veja o quanto evoluiu."

"Eu notei que você parou o que gosta de praticar para fazer algo que deve ser feito, mesmo que não seja a sua atividade favorita."

"Apesar de isso ter te preocupado tanto no começo, eu vejo que você conseguiu tirar um sentido da experiência e ainda se preocupar com os sentimentos das outras pessoas."

Frases encorajadoras não são apenas palavras ou truques. Se você tiver confiança ao usá-las e acreditar no poder do encorajamento, vai fazer grandes avanços em transformar e assegurar uma boa saúde mental, assim como o senso de aceitação e de importância.

> As frases encorajadoras agem como energia, colocando você em contato com o amor-próprio e emanando amor para o seu filho.

Criança é construção, adolescência é reforma

Muitos pais questionam se ainda dá tempo de corrigir a educação dos filhos quando eles já são adolescentes. É possível construir uma educação positiva na adolescência? Ou será que é tarde demais? A resposta é direta: ainda dá tempo! Simplesmente porque vamos aproveitar as mudanças que acontecem na adolescência, ou seja, a "reforma" pela qual o jovem está passando para podermos nos atualizarmos também. Mudanças são sempre possíveis, mas isso exige trabalho! **Não será fácil, mas pense o quanto mais difícil será se você não fizer nada!**

Nos meus cursos, eu pergunto para os pais: o que o seu filho faz ou fala que desrespeita você? Eles tendem a responder:

- Diz que vai fugir e morar com o pai.
- Pede para parar de chamar o nome dele.
- Responde gritando "Não queria ser sua filha".
- Responde com grosseria.
- Xinga: "Você está louca", "Você é burra".
- Ignora quando chamo a atenção.
- Agressividade verbal: "Que saco", "Me deixa em paz", "Não estou nem aí".

> - Não cumpre o combinado.
> - Não me deixa acabar de falar.
> - Não me escuta.

Adolescentes em todas as partes do mundo podem se comportar assim, parece que só muda o endereço. Para que as ferramentas que você está aprendendo a usar ajudem nesse processo, é preciso ter em mente o seguinte:

- **Não há como chegar à fase adulta sem cometer erros.** Então, já que os erros fazem parte do crescimento, eu sugiro que abracemos cada um deles como oportunidades de aprendizado. Tanto para os nossos filhos como para nós, que estamos aqui tentando educar num **mundo que está em constante mudança, numa geração que é diferente da nossa e muito mais tecnológica.** O ato de crescer e se tornar um adulto requer experimentar, errar, testar, refletir e aprender. Tudo isso com o seu apoio! Será que você interfere na realidade, impõe consequências desproporcionais ao erro? Ou joga as mãos para cima e diz: "Se você dormir tarde, vai acordar cansado. O problema é seu". Em vez de apontar o dedo, coloque a mão no coração e demonstre confiança no processo de ser copiloto do adolescente. **Os erros não devem ser vistos como fracassos dos seus filhos, muito menos como fracassos seus.** Precisamos eliminar o estigma do fracasso.
- **A falha indica simplesmente uma falta de habilidade.** O valor de alguém não depende das boas notas, do dinheiro, da fama, dos gols marcados e do número de seguidores. **A sua família oferece um ambiente seguro para**

cometer erros? **Quando você era adolescente, qual era a reação dos seus pais quando você cometia erros?** O significado que damos a nós mesmos quando cometemos erros, se não for trabalhado, é passado para os nossos filhos.

Resumão para o mundo real

- Você quer ter razão ou quer resolver o problema? Se você quiser ter razão, vai acabar sozinho.
- "Posso dizer como isso parece?" é uma maneira de redirecionar a agressividade e ensinar o que fazer.
- As coisas podem parecer ruins agora, mas temos um plano para melhorar em longo prazo.
- A raiva precisa ser nomeada, extravasada e compreendida.
- Criança é construção, adolescência é reforma.
- Cuidado para não ensinar com desrespeito enquanto exige respeito.
- Não morda a isca.
- Nos momentos de tensão, mantenha o liquidificador tampado e a sua boca fechada.
- Encoraje por meio das palavras. Não há como chegar à fase adulta sem cometer erros.
- A falha simplesmente indica uma falta de habilidade.

ESTRATÉGIA 4

Solte a corda

Agora que você já sabe um pouco mais sobre o seu estilo de educar, vamos explorar a estrutura de poder que rege a nossa sociedade e entender por que é tão difícil mudar os padrões de permissividade e rigidez que testemunhamos até hoje nas relações entre pais e filhos.

Você já deve ter brincado de **cabo de guerra**, e sabe que o objetivo desse jogo é ganhar. Mesmo sendo uma brincadeira, ninguém gosta de perder.

Pense agora na vida real: o cabo de guerra representa a disputa de poder que você enfrenta com o seu adolescente em relação a algum assunto: arrumar o quarto, fazer o que prometeu, passar menos tempo nas telas, fazer a lição, falta de interesse etc.

No meio da corda há um marco que determina a posição de quem está ganhando e de quem está perdendo, e isso depende do movimento de um lado para outro. Se a marcação se move para o lado do adolescente, ele ganha. Se ela pende para o lado dos pais, eles ganham. Vamos ver um cenário real. A mãe fala "Saia já do banho!". Se o adolescente sair, quem ganha é a mãe. Se o adolescente ficar no banho, quem ganha é ele. **Toda essa disputa é posicional; é a marca no meio da corda que determina quem ganha e quem perde.**

Talvez o seu filho até concorde com você que está hora de sair do banho. Os dedos podem estar enrugados de tanto tempo embaixo do chuveiro, mas, só pelo fato de você estar *mandando* nele, o jovem perde parte do seu próprio poder de escolha em decidir a hora de sair. Ninguém gosta de ser mandado. Ninguém gosta de se sentir oprimido.

Existem casos de cabo de guerra com adolescentes passivo-agressivos. A mãe fala "Saia já do banho!", e ele responde "Já vou sair", mas não sai. E tem aquele que fala que já fez a lição, mas não fez. De um jeito ou de outro o adolescente ganha do adulto (mas perde na vida).

A autoridade dos pais não está em vencer a discussão, nem em ter razão, nem em exigir submissão. Autoridade não é algo automático, nem se resume à capacidade de controlar as escolhas do outro. Autoridade é poder.

Aprendi com Carl Pickhardt (2023) que, enquanto na infância a criança aceita a autoridade dos pais, que têm o poder de comandar ("Tenho que fazer o que me mandam"), com a crescente independência, o adolescente assume maior poder de consentimento ("Eles não podem me obrigar ou me impedir sem a minha cooperação"). **Não se trata de os pais serem capazes de controlar as escolhas dos adolescentes; é uma questão de controlar suas próprias escolhas de maneira que lhes permita exercer influência.** E focar em consentir dá trabalho.

No momento em que se colocam em posição de superioridade em relação aos filhos, os pais perdem a autoridade e ganham a disputa pelo poder. Muitos problemas começam porque os pais não aceitam que os filhos cometam erros, por isso eles compram toda e qualquer briga com os adolescentes, mesmo quando o preço é a dignidade dos jovens.

Se você vencer as disputas de poder, terá mais disputas de poder

A oposição imposta pelos adolescentes tem um propósito funcional. Imagine se os nossos filhos nos obedecessem por toda a adolescência e ficassem satisfeitos em viver a vida inteiramente nos termos dos pais. Como a independência deles seria conquistada? Seria uma relação de submissão, baseando as escolhas de vida no que os pais desejam ou aprovam. "Eu faço tudo o que meus pais mandam porque eles sabem o que é melhor, porque quero agradá-los, porque não quero deixá-los chateados comigo, ou porque eu não sei como escolher."

Então, da próxima vez que se encontrar numa disputa de poder, você ensinará muito mais se soltar a corda (além de manter a sua autoridade).

> "Soltar a corda" pode ser entendido com mais facilidade se pensarmos na sigla: S. O. L. T. E.:
>
> **Sinalize para si mesmo que está numa disputa de poder:** quando você percebe que está se sentindo provocado, ameaçado, desafiado e derrotado, a sua energia e atitude mudam, e você cria um ambiente competitivo. Sinalize para si mesmo que está numa disputa de poder ("Opa, eu sinto que quero ter razão"), e nomeie seus sentimentos: "Eu me sinto bravo/desvalorizado/derrotado/sobrecarregado/estressado".
>
> **Ouça sua voz interna:** "Como eu faço para o meu filho fazer a lição, limpar o quarto etc.?". O problema real não é a lição ou o quarto; é a falta de comprometimento e responsabilidade que incomoda os pais. Fiquei sabendo de uma mãe que se recusou a guardar a caixa de pizza que o filho deixou na cozinha (porque ele não queria ceder e guardar a caixa na geladeira, nem a mãe), e a caixa ficou na pia por uma semana, até apodrecer. Questione-se: "Por que é tão importante para mim que meu filho faça _____?". Essa pausa nos permite entrar em contato com nossos pensamentos mais íntimos e chegar ao âmago do problema. O problema nunca é o adolescente, mas algo que ele fez que serviu de gatilho, tocando no seu senso de aceitação ou importância. Se o gatilho estiver relacionado à aceitação, você não se sentirá

amado nem conectado. Se o gatilho estiver relacionado à importância, você não se sentirá capaz, apreciado, admirado ou respeitado.

> **Aceitação**
> Não se sente amado
> Não se sente conectado

> **Importância**
> Não se sente capaz
> Não se sente apreciado
> Não se sente admirado
> Não se sente respeitado

Longo prazo: lembre-se de que hoje a adolescência está mais longa. Você vai querer vivenciar esses anos competindo ou cooperando? Nunca é tarde para começar a fazer diferente e encarar os desafios como oportunidades para ensinar.

Tenha clareza quanto às responsabilidades e confie nelas: qual é o papel dos pais? Qual é o papel do adolescente? Decida que vai lavar somente as roupas que estão no cesto: "Eu me responsabilizo por lavar as roupas, você se responsabiliza por colocá-las no cesto. Não preciso gerenciar suas escolhas, mas, se você decidir deixar as roupas jogadas no chão, elas não serão lavadas". (Leia sobre o "Pote da responsabilidade" na Estratégia 8.) Uma dica que serve de guia é prestar atenção na **necessidade da situação**.

- *Exemplo 1:* o adolescente precisa comer uma diversidade de alimentos para crescer saudável, mas, se ele não gosta de suco de laranja, pode comer um tomate cru para repor a vitamina C. As coisas não precisam ser "do meu jeito" só porque eu quero que ele tome o suco. A necessidade da situação é ingerir vitamina C, e não o suco de laranja que você fez sem ele pedir!

> **Exemplo 2:** enquanto escrevo este texto, tem sete amigas da minha filha no quarto dela, dando as risadas mais gostosas. É minha responsabilidade ensinar a limpar a cozinha e a deixar a casa arrumada. Quando as amigas forem embora, é responsabilidade dela limpar a cozinha e deixar a casa arrumada. Confie no adolescente para cuidar daquilo que você ensinou e que é do bem comum.
>
> **Envie a mensagem de que você está ao lado do adolescente:** nós sinalizamos que estamos prontos para brigar quando o timbre da voz muda, franzimos a testa, arregalamos os olhos e ficamos tensos. Nada disso diz "Eu aceito você". Uma atitude receptiva envia uma mensagem de apoio: "Não estou aqui para brigar. Estou aqui para lembrar do nosso acordo quando as suas amigas vão embora".

E o quarto bagunçado?

Eu concordo que os pais são os donos da casa, mas o adolescente tem que ter um lugar para chamar de seu. Quem chega à adolescência precisa de privacidade. Privacidade e isolamento ficaram entrelaçados durante a pandemia da Covid; os jovens querem comer no quarto, assistir a vídeos na cama, praticar a autonomia conversando com a porta fechada e ao mesmo tempo fazer parte da sociedade que chamamos de família.

Quando o quarto do adolescente fica bagunçado, quem mais se prejudica: você ou ele? Você o ensinou a limpar o quarto? Realmente dedicou tempo para esse treinamento?

Então, só resta decidir o que **você** vai fazer, sem controlar o que o adolescente vai fazer porque o adulto está incomodado. Avise que, se ele quiser o serviço de limpeza da diarista, as roupas precisam estar no cesto ou penduradas no armário. Pergunte ao jovem qual seria a frequência razoável para ele limpar o quarto para evitar atrair insetos e roedores: uma vez por semana? A cada 15 dias? Uma vez por mês?

Seja específico com o horário. Por exemplo, sábado às quatro da tarde é hora de limpar o quarto. Então, pergunte: "Combinamos que você vai limpar o quarto no sábado às quatro horas, mas o que vai acontecer se não fizer isso?". Ele pode responder: "Desconte da minha mesada", e você vai ensinar que essa **consequência** de pagar monetariamente não está **relacionada** ao problema.

Para o adolescente aprender habilidades para a vida, as consequências devem estar relacionadas ao problema em questão. **A solução não é consertar o adolescente "problemático", mas sim entender o problema e buscar uma solução juntos para que ele aprenda habilidades que vai usar para a vida.** Lembre-se: não existe adolescente problemático; existe um problema entre vocês, que ainda não encontraram a solução. Isso exige cooperação e conversas sobre os limites.

Você pode fazer perguntas que o ajudem a ver que o quarto dele faz parte do funcionamento da casa:
- "Seria razoável ter o seu quarto organizado antes de receber seus amigos?" (Você estará demonstrando confiança de que ele pode ajudar.)
- "Eu quero ter certeza de que você está equilibrando sua vida social, pessoal e acadêmica." (Você estará validando a ideia de que ele precisa ver os amigos também.)
- "O que eu poderia fazer para te ajudar na organização?" (Os jovens não querem ser rotulados de bagunceiros.)

> - "Você quer ouvir o que eu penso sobre isso?" (Pausa para criar um espaço de reflexão.)
> - "Eu levo você ao *shopping* para comprar o jeans de que precisa assim que você colocar nessa sacola as calças que quer doar." (Eles sempre vão testar os limites, mas você precisa ter limites claros: eu compro uma coisa nova quando você doar algo que não usa mais.)

Como escapar da armadilha de que obediência é sinal de sucesso?

Quando você percebe que tem um filho com um "temperamento forte" e que não gosta de ser mandado, evite comentários derrogatórios: "Credo... você puxou o seu pai, bem cabeça-dura..." ou "Sabe com quem está falando?".

Reconheça que você facilmente pode entrar numa disputa de poder e que por isso precisa aprender outras estratégias mais eficazes para ser ouvido. Deixe a situação se acalmar e, por mais que pareça que está cedendo ao não engajar numa disputa de poder, entenda que às vezes é melhor deixar as coisas se acalmarem para abordar a situação de forma respeitosa.

Por exemplo, é muito mais eficaz dizer **"Eu gostaria de conversar assim que você terminar o que está fazendo no celular. Avise-me quanto tempo vai demorar"**. Tenho certeza que ele vai ficar surpreso com o seu tom respeitoso e vai retribuir quase imediatamente dizendo "Já terminei, mãe, pode falar".

Quando você abre mão de controlar o outro, o seu poder de influenciar as atitudes, pensamentos e sentimentos é maior.

O autoritarismo se torna excessivo quando o poder do adulto está acima do adolescente. A liberdade do adulto começa a invadir a liberdade do jovem a ponto de competir por ela. A permissividade, por sua vez, acontece quando o poder do adolescente está acima do adulto, a ponto de os pais dizerem "sim" aos filhos para não perderem o amor deles.

Ser o copiloto é compartilhar o poder entre adulto e adolescente. Isso não significa que os jovens têm os mesmos direitos ou responsabilidades que os adultos, mas sim que os jovens têm o mesmo direito que você à dignidade e ao respeito.

Falando em termos bem simples, isso pode resultar em uma escolha do tipo: "Você prefere conversar agora ou daqui a cinco minutos?".

Em um lar sem respeito, as regras estão na mão do opressor

Nós esquecemos que também já fomos adolescentes. Alguns de nós gostavam de seguir as regras, outros eram bons em falar o que os pais gostariam de ouvir para conseguir o que queriam, outros fugiram de casa assim que tiveram a chance. De forma geral, buscávamos nossa independência.

Seus filhos buscam a mesma coisa. Quando você diz "Faça a lição", "Largue o celular", eles escutam "Estou mandando em você".

Como cuidadores, achamos que é nossa responsabilidade assumir que estamos sempre certos e tentamos convencer nossos adolescentes disso. E assim seguramos a corda para começar o cabo de guerra.

Quando dividimos o poder de maneira apropriada com o adolescente, ele pode tomar uma decisão adequada considerando a maturidade dele, que é fazer ou não a lição. O problema é que os pais não querem que o filho cometa erros e exigem que as coisas sejam feitas da maneira correta, ou seja, tem que fazer a lição **naquele momento**.

Só que os pais que insistem em vencer a disputa de poder terão mais disputas de poder no futuro. A lição que os jovens aprendem é: "Quando me sinto impotente perante meus pais, eu ganho o poder de volta quando os deixo irritados". Não é esse **modelo de poder** que queremos ensinar para eles.

Raramente o problema tem a ver com a lição de casa, o banho demorado ou o mau uso do tempo, mas sim com quem vencerá a disputa pelo poder de quem está correto e quem está errado.

Perguntas que empoderam
- Em uma disputa de poder, você quer ter **razão** ou quer **realmente** ensinar ao seu filho alguma habilidade social ou de vida? (E qual habilidade seria essa exatamente?)
- Você e o seu filho já pensaram num sinal não verbal para usarem quando estiverem numa disputa de poder? (Para assim dar um tempo e depois retomar o assunto com a cabeça mais fresca.)

Mantra para colocar na porta da geladeira
A adolescência não dura para sempre. Quem o seu adolescente é hoje não representa quem ele será para sempre.

A arrogância do adolescente não significa que você está fazendo algo errado

Quando o seu filho é arrogante ou quer dar a última palavra na conversa (normalmente insultando você), resista à tentação de iniciar o cabo de guerra. Escolha uma das estratégias a seguir para soltar a corda da disputa de poder:

- Use a sua voz e o seu corpo para mostrar que você veio em paz, como um aliado, e não como um inimigo.
- Nomeie o problema e peça ajuda: "A lição de casa tem sido um problema nesses últimos dias, pois é a última coisa que você quer fazer quando está cansado depois de um longo dia. Pode me ajudar a entender como você vê isso?".
- Dê escolhas limitadas: "Você vai fazer a lição agora ou daqui a cinco minutos?".
- Use o senso de humor: "Será que a inteligência artificial vai fazer a lição para você? [Risos.]".
- Admita a "derrota": "Filho, você está certo, não posso te obrigar a fazer a lição. Qual será a consequência para você?".
- Pergunte em vez de mandar: "Qual o seu plano para fazer a lição?".
- Deixe seu adolescente escutar a música de que ele gosta para se autorregular, e retome a conversa mais tarde.
- Coloque o problema na pauta da reunião de família e resolvam o problema juntos.
- Decida o que você vai fazer: "A lição é sua obrigação, e, se você não cumprir, vou ter que modificar a regra em relação a _____ (uso de telas, mesada, sair com amigos – desde que esteja relacionado ao problema)".

Concentre-se mais no conteúdo da mensagem e menos no tom dela

Este conceito é universal: os adolescentes não escutam, os adolescentes não estão nem aí. Por quê? Porque eles estão tentando exercitar a própria autonomia, e muitas vezes isso pode parecer grosseiro de diferentes formas — no tom de voz, na postura corporal (sentar-se na cadeira desleixado, com a postura curvada) e na atitude (ficar frio e distante fisicamente e emocionalmente).

É uma declaração: "A partir daqui eu assumo o controle sentado na cadeira do piloto". É isso que seu filho está dizendo para você.

Essas atitudes apertam os nossos botões emocionais, pois também queremos ficar sentados na cadeira do piloto (afinal, estava tudo correndo muito bem até aqui! Para que mudar?).

Para não serem relegados à condição de copilotos, os pais tentam ganhar de volta a sua posição ao lembrar os adolescentes do que eles têm de fazer.

Quando os pais mandam:	Os adolescentes escutam:
Tome seu banho.	
Faça sua lição.	
Me respeite.	Alerta. Exigências. Resista!
Não esqueça o que nós combinamos.	
Chega de desculpa para sair atrasado.	

Quando damos esse tipo de comando, assumimos que os jovens estão hackeando o sistema ao se esquivar de suas obrigações e começamos a tratá-los como alguém que precisa de ordens para atender às expectativas que nós estabelecemos.

Na Estratégia 6 você vai aprender a priorizar os problemas para, pouco a pouco, aprender a abrir mão do controle. Quando o adolescente se senta de maneira desleixada na mesa, pergunte a si mesmo: "Vou criar um grande problema com isso e começar uma disputa de poder?"

Quando os jovens...
... são rudes,
... sentam-se de maneira desleixada,
... mascam chiclete de boca aberta,
... usam roupas que você desaprova,
concentre-se no conteúdo da mensagem e não no tom da mensagem: o que será que eles estão tentando comunicar por trás dos xingamentos, da postura ostensiva e do tom dissimulado?
- Eles querem mais liberdade?
- Querem se afastar de você e se aproximar dos amigos?
- Exigem não serem mais tratados como crianças?
- Estão buscando sua própria identidade ao testar diferentes maneiras de ser?

Precisamos estar ainda presentes quando o adolescente se comporta mal. É nesse momento que ele mais precisa de nós, e é também quando é mais difícil para nós. Viver assim é cansativo quando não entendemos o que está por trás do mau comportamento deles.

Para treinar a escuta do conteúdo e não do tom, vamos usar a analogia do *iceberg*. O *iceberg* flutua no oceano com cerca de 10% de sua massa visível acima da superfície da água, e os 90% restantes imersos no oceano.

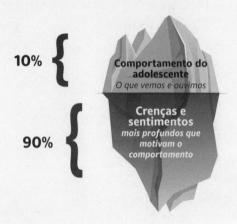

A dinâmica funciona assim: o adolescente faz uma coisa (recusa, distanciamento, afronta, finge que não escuta, desiste etc.) e isso gera uma reação nos pais, que geralmente se comportam de maneira reativa (desafiando, forçando, se fazendo de vítima, desistindo etc.). Essa reação equivale à crença mais profunda que ainda não está revelada aos pais (crença de desaprovação e insegurança, que gera sentimentos de culpa, ameaça, mágoa, incapacidade etc.).

A reação dos pais reforça nos filhos a crença preexistente neles de insegurança e desconexão. O que, por consequência, motiva o mau comportamento (recusa, distanciamento, afronta, fingir que não escuta, desistência etc.). Estou exausta só de escrever... Imagine quando o ciclo se torna vicioso e repetitivo!

O segredo para quebrar o ciclo vicioso é olhar para a parte submersa do *iceberg* do adulto. Em vez de esperar que o adolescente mude primeiro para depois o adulto mudar (o que não tem dado certo), o adulto precisa mudar primeiro. **E o primeiro passo é identificar o sentimento do adulto. Vou repetir: identificar o sentimento do adulto.**

Solte a corda

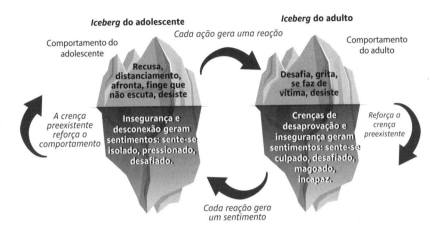

Decodificando a mensagem com a ajuda do *iceberg*

Existem quatro tipos de desencorajamento, e vamos falar sobre eles a seguir. Para identificar cada tipo, é preciso reconhecer como você se sente quando o adolescente aperta o seu botão emocional.

Segundo o **modelo de encorajamento** de Rudolf Dreikurs,[1] quando as pessoas não se sentem aceitas ou importantes, inconscientemente elas tentam ganhar de volta essa aceitação e senso de importância de quatro maneiras:

1. Chamando a atenção de modo indevido.

2. Disputando o poder de modo destrutivo.

3. Vingando-se.

4. Desistindo de tentar.

---

[1] Rudolf Dreikurs, *Children the challenge*: the classic work on improving parent-child relations – intelligent, humane, and eminently practical (1964).

São quatro maneiras equivocadas de conseguir a verdadeira aceitação e um senso forte de importância, portanto são **objetivos equivocados**. Isso porque, quando eles partem dessa premissa distorcida, acabam atraindo mais do que querem evitar.

Então, comece lendo a superfície de cada *iceberg* com uma lista de sentimentos dos adultos. Observe como o ciclo se repete e pondere sobre o que fazer para quebrar o ciclo do desencorajamento.

1. Atenção indevida

Todos queremos atenção; o problema acontece quando o adolescente quer atenção de maneira indevida. Esse comportamento convida os adultos a se sentirem aborrecidos, irritados, preocupados e culpados.

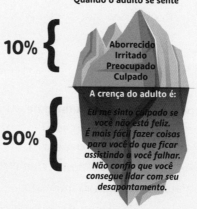

Quando o adulto se sente

10% { Aborrecido / Irritado / Preocupado / Culpado

90% { **A crença do adulto é:** *Eu me sinto culpado se você não está feliz. É mais fácil fazer coisas para você do que ficar assistindo a você falhar. Não confio que você consegue lidar com seu desapontamento.*

O adulto pode quebrar o ciclo do desencorajamento proporcionando oportunidades para o adolescente se sentir notado e envolvendo-o de maneira útil:

- "Você estaria disposto a me ajudar nesse projeto em casa, já que tem facilidade com _____?"

- "Vamos fazer um acordo: que tal se você começar a sua lição e avançar um pouco, e depois você me mostra o aplicativo que quer baixar?"
- "Parece que essa conversa não está indo bem. Vou adorar conversar sobre isso quando nós dois estivermos calmos."
- "Estou indo dormir agora. Podemos conversar mais sobre isso amanhã."
- "Eu entendi, e a resposta é 'não'."
- "Isso é importante. Por favor, coloque na pauta da reunião de família."
- "Eu te escutei, entendi o que você quer e vou pensar no assunto."
- "Assim que você terminar o seu projeto, eu te levo ao *shopping* para encontrar os seus amigos."

E se não funcionar?
Não desista e continue enviando a mensagem **"Eu vejo você e te envolvo de maneira útil"**.

- Em vez de dizer "Não seja tão sensível", diga "Tudo bem se sentir ansioso/preocupado/entediado".
- Em vez de dizer "Pare de demandar tanto a minha atenção", diga "Com o que você precisa de ajuda?".
- Em vez de dizer "Você não para quieto, o que quer dessa vez?", diga "Às vezes o problema é grande demais para ficar dentro da nossa cabeça, não é?".
- Planeje passar um tempo especial, só vocês dois, fazendo algo que ele curte.
- Evite sentir pena e avise quando estiver disponível para conversar.

- Ensine o seu adolescente a criar uma rotina ou um sistema para estudar, cozinhar, lavar a própria roupa.
- Criem um sinal não verbal juntos que transmita "Eu vejo você. Eu me importo com você. Eu te amo".

2. Poder mal direcionado

Todos queremos poder; o problema acontece quando o adolescente usa o seu poder de maneira destrutiva. Isso convida os adultos a se sentirem desafiados, ameaçados, derrotados e bravos.

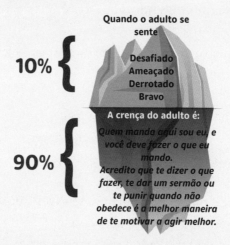

Quando o adulto se sente
10% { Desafiado
Ameaçado
Derrotado
Bravo

A crença do adulto é:
90% { *Quem manda aqui sou eu, e você deve fazer o que eu mando. Acredito que te dizer o que fazer, te dar um sermão ou te punir quando não obedece é a melhor maneira de te motivar a agir melhor.*

O adulto pode quebrar o ciclo do desencorajamento convidando o adolescente a fazer parte da solução e dando escolhas:

- "Eu preciso de sua ajuda. Que ideias você tem para resolver esse problema?"
- "Vamos levantar ideias até encontrar alguma que funcione para nós dois."

- "Não posso te forçar, e gostaria de ajuda para entender por que você age como se eu estivesse te julgando."
- "Em vez de discutir quando estamos tensos, seria melhor colocar isso na pauta da reunião de família. Você quer adicionar isso na pauta ou prefere que eu escreva?"
- "O que você entendeu sobre o nosso acordo?"
- "Podemos ouvir um ao outro sem concordar."
- "Acho que estamos em uma disputa de poder. Vamos dar um tempo para esfriar a cabeça e depois voltamos a conversar."
- "Vamos elaborar um plano com o qual os dois concordem."
- Em vez de dizer "Quem é você para falar assim comigo?", diga "Você quer ser ouvido".

E se não funcionar?
Não desista e continue transmitindo a mensagem **"Você pode ajudar. Você tem escolhas que são apropriadas para você"**.

- Em vez de dizer "Não tenho tempo para isso, pois tenho que trabalhar para te sustentar", diga "Vamos superar isso juntos. Todos nós nesta casa somos importantes e temos valor".
- Em vez de dizer "Não fale com um adulto assim", diga "Você quer ter a sua voz ouvida, vamos sentar para conversar".
- Em vez de dizer "Você já é grande e ainda não aprendeu", diga "Deixe-me te ajudar agora para você ficar preparado para o futuro".
- Reconheça que você não pode forçar o adolescente, e decida o que vai fazer independentemente do que ele escolher. ("Se você continuar usando cigarro eletrônico, vou procurar um tratamento para você e terapia.")

- Redirecione o comportamento para que ele use o poder de forma construtiva, pedindo a ajuda dele para encontrar uma solução ganha-ganha.
- Ofereça escolhas limitadas: qualquer uma das opções tem que ser válida para o adulto também. (Não é pegadinha para o adolescente escolher "a correta".)
- Comece a frase com "Assim que". "**Assim que** você se acalmar, podemos conversar. **Assim que** você terminar a lição, podemos conversar sobre a festa aonde você quer ir no sábado".
- Em vez de falar, aja. Toque no ombro dele. Descruze as pernas e se mostre receptivo para ouvir (sem rolar os olhos ou bufar).
- Modele o que é ser respeitoso durante uma discussão.
- Respire fundo três vezes.

3. Vingança

Todos queremos sentir que somos aceitos, principalmente quando agimos no nosso pior. O problema acontece quando o adolescente magoa os outros porque se sente magoado. Isso convida os adultos a se sentirem magoados, decepcionados, descrentes e ressentidos.

O adulto pode quebrar o ciclo do desencorajamento validando o sentimento de mágoa do adolescente e evitando qualquer punição e ofensa que inflija ainda mais dor emocional:

- "Você está se sentindo muito magoado. Pode me contar o que aconteceu exatamente?"
- "Quando você magoa os outros eu fico surpresa, porque normalmente você não age assim. Eu vejo você como uma pessoa amorosa e sensível."
- "Parece que você está tendo um dia muito ruim. Gostaria de falar sobre isso?"
- "É difícil ouvir essas palavras rudes de você, então vamos fazer uma pausa para respirar e tentamos novamente mais tarde."
- "Não estou procurando culpados; só gostaria de saber como podemos resolver isso com respeito."
- "Será que você se sente injustiçado porque foi pego na escola fazendo uma coisa inapropriada, enquanto os seus colegas conseguiram se safar sem castigo?"
- "Você sabe que eu *realmente* me importo com você?"

- "Esse problema pode ser resolvido, mas não dessa forma."
- "Me desculpe, eu não sabia que você estava se sentindo assim."

E se não funcionar?

Não desista e continue transmitindo a mensagem **"Parece que você está magoado. Isso realmente te pegou de surpresa"**.

- Em vez de dizer "Você é adolescente agora, deveria aprender a lidar com a vida", diga "Não quero que você sofra sozinho com isso. Deixe-me ajudar você".
- Em vez de dizer "Você vai ficar de castigo", diga "Estou ao seu lado enquanto você aprende a reparar o que fez".
- Em vez de dizer "Você deveria ser como o seu irmão", diga "Eu sei que você quer fazer melhor, mas não está conseguindo. Como posso te ajudar?".
- Não tente ensinar ferindo ou ofendendo o jovem. Isso só vai manter vocês no ciclo de vingança.
- Exponha os seus sentimentos começando a frase com "eu": "**Eu** me senti magoado quando ouvi isso de você. Será que você realmente queria dizer isso ou foi a emoção do momento e agora está arrependido?".
- Repare o relacionamento pedindo desculpas e focando em uma solução para evitar que o problema se repita.
- Reconheça os pontos fortes do adolescente.

4. *Inadequação assumida*

Todos queremos sentir que temos a capacidade de superar os problemas. O problema acontece quando o adolescente perde a esperança em si mesmo e desiste de tentar qualquer coisa. Isso convida os adultos a se sentirem sem esperança, desesperados, impotentes e inadequados.

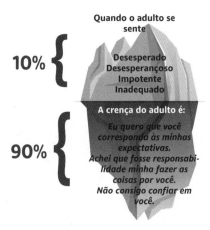

O adulto pode quebrar o ciclo do desencorajamento demonstrando que não vai desistir de ajudar e auxiliando a simplificar os passos para que o adolescente tenha sucesso nos pequenos esforços.

- "Lembra quando você tentou _____ pela primeira vez? Lembra quanto tempo demorou até você ficar bom nisso?"
- "Tenho uma ideia: e se a gente fizer um esquema do projeto, listar as tarefas e dividir cada passo em minipassos?"
- "O primeiro passo para completar esse projeto é _____ (um minipasso). Quando acabar essa parte, me avise."
- "Eu imagino que você gostaria de fazer esse projeto/lição sem o peso de ter que 'ser o melhor'."
- "Será que você está pensando que tem que fazer perfeito, e essa pressão está acabando com a sua vontade de até mesmo começar?"

- "Vamos fazer juntos. Vou adorar a sua companhia."
- "O cérebro da gente se fortalece quando passa por dificuldades e supera os obstáculos. Vou estar com você até o fim."
- "Não tem problema cometer erros. É assim que a gente aprende."
- "Seu sorriso ilumina a nossa casa. Eu nunca vou desistir de você."
- "Não lembro como se faz isso _____. Você poderia me mostrar?" [Quando os pais pedem ajuda aos filhos para que eles se sintam capazes em alguma área da vida.]

E se não funcionar?
Não desista e continue transmitindo a mensagem **"Eu nunca vou desistir de você. Vamos começar com esse pequeno passo"**.

- Em vez de dizer "Não é tão difícil assim", diga "Eu preciso saber como isso parece para você".
- Em vez de dizer "Você precisa ser mais responsável", diga "Vamos dividir em pequenos passos para ficar mais fácil de administrar".
- Em vez de dizer "Já cansei de falar", diga "Sinto muito que isso esteja sendo tão difícil para você. Vou te ajudar quantas vezes forem necessárias, até que você consiga fazer sozinho".
- Pare com todas as críticas e reconheça todo mínimo esforço.
- Sente ao lado dele e faça junto com o adolescente.
- Ensine a fazer, mas não faça por ele.
- Confie na capacidade do adolescente de aprender novas habilidades.

- Em vez de sentir pena, compartilhe o que ajudou você a superar desafios no passado.
- Passe tempo curtindo o adolescente.
- Converse sobre o que ele mais gosta.

Para qualquer objetivo equivocado

- [Pergunta que gera conexão.] "Você estaria disposto a sentar comigo para fazermos um plano juntos para _____ (melhorar a nota, diminuir o estresse, ter menos coisas para fazer, começar um esporte novo, definir a mesada)?"
- [Demonstre confiança.] "Notei que você está _____ (bravo, chateado, cansado etc.) e sei que vai conseguir superar isso com o tempo."
- [Decida o que você vai fazer, em vez de mandar o adolescente fazer.] "Não estou disposto a comprar roupas novas até que você mostre que está cuidando e organizando o que já tem no seu armário."
- [Escute.] "Eu quero te ouvir e entender por que isso é importante para você."
- [Fale o que vai fazer, sem ameaçar, e depois cumpra o que disse.] "Só vou te levar à festa se tiver terminado as suas obrigações, que são _____. Vou saber que você está pronto para ir quando me mostrar que terminou."
- [Seja claro no que você quer, e escute.] "Eu espero que você siga os seus sonhos, e também quero que você entre na faculdade. Eu gostaria de saber quais são os seus planos para o futuro."
- [Seja emocionalmente honesto.] "Eu tenho medo de que você esteja pensando só no presente. Se o seu plano falhar,

você não terá plano B, e virá pedir a minha ajuda quando for tarde demais. Quando podemos conversar mais sobre isso?"
- [Amor incondicional e aceitação.] "Eu te amo do jeito que você é e te respeito por escolher o que é melhor para você, sempre levando em consideração o impacto que isso terá na família."

E se não funcionar?

Se você sente culpa porque falhou, lembre-se de que o trabalho de educar é de longo prazo, cada dia pode ser um desafio a ser superado. E agora parece que você arruinou a vida dele e sente que o seu filho está passando por dificuldades por sua causa. Você fez o melhor que sabia.

Perdoe-se pela maneira como agiu. Você não é perfeito. Você não foi eleita a "Mãe ou Pai do Ano". A sua imperfeição é o que o torna um bom educador.

Quando consideramos a história de nossa vida, educando do zero aos 18, 19, 20 e ainda continuamos contando os aniversários, esquecemos que há muito tempo pela frente. **Estamos em estradas paralelas, não andamos pela mesma estrada que o nosso filho.**

Seu filho escolheu você para caminhar com ele na jornada da vida. Tenha fé que ele encontrará o que precisa. Aceitar isso é uma mudança de mentalidade. Continue a confiar nele e saiba que ele encontrará o seu próprio caminho, e você também encontrará o seu.

A fase da adolescência é realmente desafiadora, e os jovens podem fazer coisas que assustam os pais. Tudo isso é normal. O seu filho não tem que fazer **você** se sentir melhor.

Se nada disso funcionar, pare com todas as críticas, mesmo que não saiba o que dizer no momento do desespero. Ficar em silêncio é melhor do que criticar ou ofender.

E siga com coragem.

Resumão para o mundo real

- ▶ Se você vencer as disputas pelo poder, no futuro terá mais disputas pelo poder.
- ▶ S. O. L. T. E.: **S**inalize, **O**uça, **L**ongo Prazo, **T**enha clareza, **E**nvie a mensagem que está do mesmo lado.
- ▶ A solução não é consertar o adolescente problemático, mas entender o problema e buscar uma solução junto com ele.
- ▶ Quando você abre mão de controlar o outro, o seu poder de influenciar as atitudes, pensamentos e sentimentos é maior.
- ▶ Em um lar violento, as regras estão na mão do opressor.
- ▶ A adolescência não dura para sempre. Eduque para que o seu filho seja um adulto independente e feliz.
- ▶ A arrogância do adolescente não significa que você está fazendo algo errado.
- ▶ Concentre-se no conteúdo e não no tom da mensagem.
- ▶ Analogia do *iceberg*: para todo mau comportamento que vemos, existe uma crença que não vemos.

ESTRATÉGIA 5

Animador ou marionete?

Já conversamos sobre as mudanças enfrentadas pelo adolescente, identificamos o seu estilo de educar, a dinâmica entre vocês e a estrutura de poder. Agora, vamos entender os efeitos do controle sobre os jovens.

O problema não é você, mas o método que você tem usado até agora

Quando você percebe que está perdendo o controle sobre os seus filhos, reage controlando ainda mais. O resultado é desastroso, porque os filhos começam a se distanciar, a ficar calados e mais irritados.

O problema não é você, mas o método de disciplina que você tem usado até agora. Pode ser que o seu método de disciplinar tenha funcionado até agora, mas depois que seu filho ingressou na pré-adolescência parou de funcionar; ou então nunca funcionou, e agora você está colhendo o que plantou.

A ideia central deste livro é ajudar a substituir o sermão por recursos mais respeitosos e efetivos, e, para essa transição acontecer, precisamos levar em consideração as três necessidades humanas básicas: **aceitação**, **importância** e **segurança**.

Estamos o tempo todo tomando decisões com base nas interações com os outros:

- "Eu pertenço a este lugar?"
- "Sinto-me conectado aqui?"
- "Eu tenho poder pessoal?"
- "Qual o meu senso de responsabilidade?"
- "As minhas contribuições são vistas e valorizadas?"

Alguns pais podem estar dando risada agora e pensando: "Está falando sério? Tem ideia do que o meu filho está me fazendo passar? Ele não está nem aí para ser aceito por mim ou não!".

Acontece que a nossa sociedade está passando por mudanças. Estamos avançando e evoluindo para melhor, por isso os pais estão buscando abordagens positivas para educar, mas eles ainda têm medo de, na tentativa de deixar de serem punitivos, assumirem uma postura frouxa e se tornarem permissivos. Já ouvi muitas mães confessarem: "Eu não gostava de ser mãe porque tudo que conhecia era castigo, até eu não gostar mais de mim mesma; e daí eu partia para o outro extremo e agia de forma permissiva, até eu não gostar dos meus filhos por terem se tornado tiranos".

A permissividade é nociva para os adolescentes, e o autoritarismo também. Em longo prazo, os comportamentos que os pais estão tentando consertar sendo autoritários ou permissivos só se intensificam.

A permissividade comunica para o adolescente "Amar significa fazer tudo por você e atender todos os seus desejos", enquanto o autoritarismo comunica "Você não é capaz de pensar e liderar a sua vida, por isso eu forço você a fazer do meu jeito e uso a punição em nome do amor".

Uma mãe compartilhou comigo: *"Me sinto na contramão do ensino e educação parental tradicional; tem sido tudo muito angustiante, me cobro excessivamente, pois percebo os olhares de julgamento quando não adoto as medidas tradicionais de correção. Essa foi a principal razão pela qual me motivei a procurar outros cursos. Gostaria de expressar minha gratidão por ter encontrado algo que dê sentido à criação das minhas filhas, de poder ter a certeza de que, mesmo nadando contra a maré, é possível educar de uma nova forma. Não tem sido fácil. Fiquei feliz, pois identi-*

fiquei que algumas coisas já aplico em casa, porém, na maioria delas, sem a técnica correta". F.P.

E um pai desabafou: *"Passo o dia brigando com meu filho, sempre cobrando, sempre apontando os erros, falhas, desobediência, desatenção e etc. Mas ele está rebelde, sempre fazendo a coisa errada, sem compromisso, responsabilidade. Estou perdido. Não sei como agir, porque também não me sinto bem cobrando dele o tempo todo tudo, cada passo, porque ele não faz nada sem ser mandado e vigiado. Acaba em briga. Estou achando que meu filho pode ter um desvio de caráter. O que posso fazer?".* P.M.

Normalmente, os pais que não sabem mais o que fazer ainda não adotaram uma filosofia de educação. **Eles ouvem uma dica aqui e outra ali, buscando o resultado imediato, e o resultado é a manipulação dos filhos.**

Os jovens não aceitam ser marionetes de nada e de ninguém. Não aceitam ser bonecos controlados pelos pais-animadores. Então, esse sentimento de inferioridade os força a sair dessa posição de "sentir menos que" e compensam para "se sentir mais que".

Mas o que acontece quando o jovem tenta sair da opressão? Será que ele pensa: "Nossa, vou superar essa situação de manipulação e opressão e tratar meus pais com respeito"? Não!

O que acontece em muitas famílias é que, na tentativa de cortar as linhas que os aprisionam, os jovens acabam compensando e se tornando os animadores que manipulam os pais. Daí, são os pais que se sentem manipulados, e isso os força a revidar manipulando o adolescente. Essa dinâmica é ensinada pelas gerações anteriores e aprendidas pelas atuais, portanto **é um padrão transgeracional**.

Adolescentes que tiveram uma infância marcada pela manipulação, abuso e castigo físico acabam repetindo esse padrão porque é esse sistema de compensação que eles conhecem. De oprimido para opressor. De "se sentir menos" para "se sentir mais" de maneira compensatória. **Sentir-se aceito por alguém ou sentir que você faz a diferença é tão essencial quanto respirar.**

Sentir-se aceito		Sentir-se significante	
"Eu me sinto querido aqui."		"Eu faço a diferença."	
Sentir-se menos	Sentir-se mais	Sentir-se menos	Sentir-se mais
Quando não me sinto aceito, me sinto isolado.	Quando me sinto aceito, me sinto seguro.	Quando não me sinto importante, fico descontrolado e me sinto inadequado.	Quando sinto importante, me sinto competente e capaz.
Vulnerável à pressão social, chamo a atenção de forma negativa.	Coopero e faço amigos.	Busco poder, posso me tornar dependente, sou resistente, tento controlar os outros.	Demonstro autocontrole, autoconfiança e desenvolvo autonomia.

Se um adolescente não se sente importante dentro de casa contribuindo com algo para a família, ele vai buscar esse senso de importância em outro lugar. Ele pode contribuir de maneira útil ou inútil. Ele pode buscar importância tocando numa banda de rock ou se aliando a uma gangue de rua.

Você deve estar se perguntando por que estou dando uma miniaula de psicologia neste livro sobre adolescentes. O que é atraente nessa teoria de Adler é que o pensamento filosófico nos permite ir fundo na parte prática com o nosso adolescente. É mais fácil colocar o band-aid na fratura exposta, mas não é isso que quero fazer com você.

As grandes mudanças de mentalidade acontecem quando entendemos a adolescência numa perspectiva um pouco mais profunda do que simplesmente considerar "aquele comportamento irritante", quando você já tentou de tudo e o que resta é dar sermão e tirar o celular. E para mudar precisamos desafiar a mentalidade tradicional do "eu mando e você obedece" ou "é só batendo que resolve, porque eu apanhei e não morri".

Quem não morreu quando apanhou com certeza está sobrevivendo da opressão ou se tornou o próprio opressor depois que cresceu.

Senso de importância: cada um tem seu papel no grupo

Vamos dar um pulinho lá no polo Sul para observar os pinguins. Eles vivem em condições muito severas de temperatura, que pode chegar a 45 graus negativos. Mas, como nós, eles são animais sociais. Os pinguins procriam e cooperam, porque se ficassem sozinhos morreriam. Eles também precisam uns dos outros para regular a temperatura ao estarem juntos num aglomerado.

Os filhotes, com suas penas bem fininhas, ficam no centro da roda, protegidos pelos maiores e mais velhos. **Precisar do outro** é uma questão de sobrevivência física.

O físico Daniel Zitterbart estudou esses animais e observou que, à medida que um pinguim adulto se unia ao grupo entrando nele pela periferia da roda, isso criava uma onda que reorganizava levemente o grupo. A cada pinguim que se juntava, todos os outros davam um passinho de 5 a 10 centímetros fazendo um movimento em espiral. Esse movimento era crucial para dar a cada pinguim a chance de passar tempo suficiente se aquecendo no centro da roda.[1]

Assim como os pinguins, nós também nos beneficiamos ao viver em grupo. É o grupo que garante a sobrevivência física e emocional do bebê. Quando somos adolescentes, garantimos nossa sobrevivência emocional, e não tanto a física, porque já somos mais independentes e podemos cuidar das nossas necessidades biológicas (Assim esperamos!).

A lição que tiramos dos pinguins é que se reunir em roda é uma das melhores maneiras de lidar com tempos difíceis. Quando os ventos trazem confusão mental, o que mais precisamos é estar perto do calor de outra pessoa. Não queremos sofrer sozinhos.

Talvez você tenha um adolescente tão desafiador que te faz imaginar que ele passou a noite inteira acordado pensando num plano maquiavélico para acabar com o seu dia. Mas eu vou explicar por que ele não te escuta, por que ele não coopera, por que ele não está se dando bem com os outros "pinguins" da colônia da sua família.

É bom ter em mente que o estado natural de todo e qualquer ser humano é viver em sociedade!

---

1   Fonte: Penguins Do the Wave to Keep Warm | National Geographic. Disponível em: https://www.youtube.com/watch?v=F4XygDTA7kQ.

É um erro colocar o filho para pensar no que fez

O ser humano é programado para aprender por meio da repetição, do contato físico, da interação e dos vínculos seguros que formamos com os outros.

O bebê precisa dos adultos para sobreviver. É por isso que os pequenos humanos têm essas carinhas tão fofas: para que os adultos possam se sentir atraídos e compelidos a cuidar deles. Quando os bebês crescem, porém, é como se você tivesse um cientista andando pela casa e testando tudo e todos. Os pais começam a perder um pouco do controle da marionete.

Quando o adulto, que deveria proteger a sua cria, grita com uma criança pequena (ou com um adolescente), o cérebro dela recebe uma mensagem dupla: "Opa! Eu te conheço. Você é aquele adulto que eu deveria buscar quando me sinto ameaçado, mas é você mesmo que está causando medo em mim e está tentando me controlar. Para aonde eu vou agora? Estou recebendo uma mensagem controversa. E agora, para aonde eu vou?". Como uma estratégia de sobrevivência, o jovem se sente ameaçado, obedece e se cala. Você, irritado, manda o jovem para o quarto para pensar no que fez.

A **neurociência** explica que, quando o instinto de sobrevivência humana é ativado, o **córtex frontal**, a parte do cérebro responsável pelo pensamento racional, pela memória

> e pelo planejamento, fica temporariamente desativado. Assim, quando o jovem chega no quarto, o cérebro dele ainda está se recuperando de todo o estresse que ele liberou para se manter em pé na frente dos pais enquanto eles estavam dando um sermão (enquanto achavam que estavam arrasando nos gritos como o animador da marionete).

Quando o jovem não se sente aceito em casa, ele vai procurar ter essa necessidade atendida fora de casa, ou até mesmo nos aplicativos que simulam inteligência artificial (IA). O aplicativo Replika, por exemplo, é considerado o *chatbot* companheiro n. 1 alimentado por inteligência artificial. São milhões de pessoas conversando com seus amigos virtuais sem julgamento, drama ou ansiedade social envolvido.

O mais assustador é o nível sofisticado de conversa da IA, que lembra datas, conecta eventos da vida do jovem e entrega uma conversa irresistivelmente humana. O maior atrativo para os usuários é o nível de personalização, que promove conversas honestas e aumenta o senso de aceitação.

Não permita que as redes sociais e aplicativos façam a tarefa do amor por você.

Como escapar da falsa ilusão de que o seu filho vai saber exatamente o que deve pensar quando estiver de castigo?

Abra mão de achar que consegue controlar o que o seu filho vai pensar quando ele estiver de castigo. É provável que ele esteja se recuperando emocionalmente, ou pensando em como não ser pego na próxima vez, ou pensando que ele é uma pessoa má, ou apelando para as redes sociais para se sentir melhor. Não é isso que você quer, certo?!

Então, da próxima vez que se pegar se descontrolando e quiser mandar o seu filho para o castigo, tente respirar fundo e perceber a tensão no seu corpo.

> Nosso corpo é um sábio instrumento que transmite informações sobre nós.

Muitos pais mandam o jovem para o quarto ou ameaçam bater (ou até batem) porque isso faz o adolescente parar o mau comportamento imediatamente, e os pais sentem que estão no comando de novo. Se você quer um filho obediente, esse é o caminho. **Mas, se você quer um filho colaborativo, precisa entender os efeitos da punição em longo prazo. Que efeitos o castigo pode resultar?**

Estudos demonstram que os jovens que são educados pelo medo acabam desenvolvendo doenças mentais mais tarde na vida.[2]

> As crianças que foram punidas fisicamente tendem a apresentar uma elevada reatividade hormonal ao estresse, sistemas biológicos sobrecarregados, incluindo os sistemas nervoso, cardiovascular e nutricional, e alterações na estrutura e função do cérebro.

A ansiedade, a depressão e as tentativas de suicídio aumentam anualmente em crianças cada vez mais novas. Os registros de ansiedade entre crianças e jovens no Brasil superaram os de adultos pela primeira vez em 2023.[3] Isso é muito sério!

---

[2] Fonte: OMS, *Corporal punishment and health* (2021).
[3] Fonte: "Registros de ansiedade entre crianças e jovens superam os de adultos pela 1ª vez no Brasil", reportagem da *Folha de S.Paulo* (2024).

O trabalho que você faz sendo "só mãe" ou "só pai" é essencial para a humanidade. É por isso que a educação parental é uma ajuda que podemos dar às mães, aos pais e aos cuidadores, porque oferece uma filosofia de vida baseada em princípios capazes de preencher as carências enfrentadas pelos adultos em sua própria infância.

Essa é uma filosofia de vida, para ajudar você a compreender **o que** está fazendo, a refletir sobre **como** você está educando e a descobrir o verdadeiro **porquê** de ser um educador.

O objetivo não é a obediência (nem a obediência dos pais a essa filosofia, nem a obediência dos filhos por medo, como se fossem marionetes); a meta é munir os pais com diversas ferramentas que permitam desenvolver habilidades sociais e de vida.

Se você acha que ainda não é a mãe ou o pai que gostaria de ser, esta é uma grande oportunidade para cortar as cordas que manipulam você para que atue como mãe e pai ideal, e abrir mão do "**tem que ser do meu jeito**" porque é mais rápido, mais conveniente e fica mais bonito para os vizinhos verem.

Perguntas que empoderam
- Em vez de colocar o seu filho de castigo no quarto, **como** você pode comunicar o que é importante para você?
- Qual **habilidade** de vida você está tentando ensinar para o seu filho no momento em que o coloca de castigo?
- Qual é o seu maior **medo** se o seu filho continuar agindo dessa forma? Se isso acontecer, você consegue lidar com a situação? E ele, consegue lidar?

Mantra para colocar na porta da geladeira
"Entre o estímulo e a resposta há um espaço. Nesse espaço está nosso poder de escolher nossa resposta. Na nossa resposta está nosso crescimento e nossa liberdade." (Viktor E. Frankl)

Um pequeno passo em direção à mudança

Agora que você reconhece que talvez tenha tendência a manipular, controlar, comparar, julgar, pensar em termos absolutos e/ou criar uma expectativa mais alta, pode usar uma destas estratégias de Jane Nelsen:[4]

- Perguntas curiosas: perguntar em vez de mandar convida o jovem a refletir e escolher.
- Escuta ativa: o seu adolescente vai te escutar depois que se sentir escutado.
- Erros: veja os erros como oportunidades para ensinar.

Os pais querem filhos autônomos e independentes, mas insistem em continuar no controle do que os adolescentes pensam e fazem. Percebe a contradição?

Muitos pais já conseguiram essa transformação porque compreenderam que não existem problemas nas pessoas, mas entre as pessoas. A coisa mais importante é a qualidade do

---

[4] Frases do baralho *Disciplina Positiva para educar os filhos*: 52 estratégias para melhorar as habilidades de mães e pais, de Jane Nelsen (2018), publicado pela Editora Manole.

relacionamento. Por consequência, os problemas de relacionamento vão diminuir, as habilidades dos pais vão aumentar e a qualidade do relacionamento entre pais e filhos vai ficar mais fortalecida. Precisamos de famílias bem estruturadas!

Você se deixou levar pelo "tem que"?

"Boa tarde, Fernanda

Gostaria de agradecer suas aulas. Eu parei de fazer tudo que havia planificado hoje e poderia ainda ficar horas escutando suas aulas. Moro na França há 20 anos com dois adolescentes, de 16 anos e 14 anos. Como diz o ditado: Mãe é padecer no paraíso, e eu errei tanto com meu primeiro filho (culpa, choros, enfim, muita conversa, muito pedido de perdão) e, um belo e ensolarado dia, eu, que não gosto muito de rede social, me deparei com sua comunidade, e os pilares da Disciplina Positiva soavam como um remédio para as minhas feridas.

Aqui na França o sistema educacional é muito conservador e desvaloriza muito as crianças. Antes eu não enxergava assim e até exigia muito dos meus filhos, cobrava demais... é uma escola muito seletiva. Tem que tirar nota excelente, tem que ser o melhor da sala, tem que... tem que...

E eu me deixei levar pelo TEM QUE...

Tantos aprendizados, tantas estrelinhas se iluminando na minha cabeça, e com o filho de quase 17 anos a vontade é parar o tempo e recomeçar desde o início... mas o tempo é trem-bala e vai cada vez mais rápido. Então, eu tento absorver ao máximo para ser influenciadora junto com meu marido para que nossa casa seja sempre um lugar seguro.

Como essa questão da autorregulação é importante, mas ainda não consegui incluir totalmente o meu marido nesse processo, você tem uma dica para que os maridos também possam aprender a autorregulação e a serem copilotos também?

Um grande MERCI BEAUCOUP *por espalhar sementinhas da DP pelo mundo!*
Venha para a França, eles precisam tanto da DP!
Abraço,
J.M."

Já respondi antes, na Estratégia 2, página 61, à pergunta "O que fazer quando os pais não chegam a um acordo sobre o estilo de educar?". O que posso dizer ainda é que, em vez de pedir para o adolescente fazer uma escolha melhor de comportamento (como se ele pudesse ler o nosso pensamento), temos de fazer uma escolha melhor na criação do ambiente para que ele tenha sucesso (agindo menos como animadores de marionetes e mais como pinguins, ajudando uns aos outros).

10 maneiras de cortar a corda da marionete e agir com conexão

1. Faça perguntas que estimulem a curiosidade ("O que aconteceu?" / "O que você aprendeu com isso?" / "O que faria diferente na próxima vez?").
2. Valide o sentimento ("Eu vejo que você está sobrecarregado/ansioso/feliz").
3. Mostre honestidade emocional ("Eu me sinto exausta/alegre/aliviada").
4. Crie um momento especial para nutrir o relacionamento (cozinhar juntos, ir ao cinema, jogar um jogo de tabuleiro ou de *videogame* juntos, enfim, divertir-se com o jovem adulto).

5. Esteja aberto e disponível ("Estou sempre aberta para conversar com você sobre sexo, drogas e namoro. Talvez eu não tenha todas as respostas, mas quero fazer parte da sua vida").
6. Estimule a comunicação ("Quando estamos irritados é fácil dizer coisas que ofendam o outro, então vamos nos acalmar, e voltamos a conversar mais tarde").
7. Transmita a mensagem de amor ("Eu te amo, não importa o que aconteça").
8. Tenha autocuidado físico, autocuidado mental, autocuidado espiritual ("Vou adicionar o meu próprio nome na agenda para fazer algo que gosto e sei que me faz bem").
9. Tente não levar para o lado pessoal (claro que levamos tudo para o lado pessoal. É nosso filho!) e lembre-se do *iceberg* ("O que está acontecendo abaixo da superfície?").
10. Peça para o seu filho te imitar por 1 minuto. Sente-se no sofá e fique em silêncio observando. Apesar deste exercício ser uma sugestão bem-humorada, valiosas lições sairão dessa encenação. Reflita sobre o que você quer (e pode) mudar para que o relacionamento de vocês se fortaleça na confiança e no respeito mútuo.

As cinco linguagens do perdão

Libertar o adolescente das cordas da manipulação pode ser uma boa oportunidade para se desculpar. Perdoar e ser perdoado equilibra a relação. Quando alguém se desculpa, no entanto, a pergunta que fica rodeando a minha cabeça é: essa pessoa está sendo sincera?

Gary Chapman, o autor das cinco linguagens do amor, entrevistou milhares de pessoas usando um formulário com apenas duas perguntas:[5]

1. Quando você pede desculpas para alguém, o que geralmente você diz ou faz?
2. Quando alguém pede desculpas para você, o que você quer que a outra pessoa fale ou faça?

E as respostas se resumem às cinco linguagens do perdão:

1. **Expressar arrependimento ao dizer "Eu sinto muito".** Simplesmente dizer "sinto muito" não é suficiente. É necessário um complemento, por exemplo:

    "Eu sinto muito... por ter gritado com você".
    "Eu sinto muito... por ter chegado mais tarde do que prometido".
    "Eu sinto muito... por ter perdido a paciência quando você me pediu mais tempo de tela".

2. **Aceitar a responsabilidade e admitir um erro**, dizendo, por exemplo:

    "Eu errei quando ____".
    "Eu não deveria ter feito isso".
    "Eu estava errado e você estava certo".

---

5 Fonte: *As 5 linguagens do perdão*, de Gary Chapman (2019).

Admitir um erro parece ser tão simples, mas para muitos não é tão fácil assim. Quantos de nós, quando éramos crianças, ouvimos de um adulto que ele estava errado? Era sinal de fraqueza ouvir um adulto se desculpando com alguém mais novo. Hoje sabemos que essa humildade aumenta a conexão, o autovalor e o respeito entre as partes. E você pode ser um ótimo modelo para seus filhos ao reconhecer um erro que você cometeu.

3. **Se oferecer para reparar o prejuízo.** Por exemplo:

"O que posso fazer para consertar isso?".

"Não acho certo tratar você como eu tratei. O que posso fazer para reparar isso e mostrar que eu me importo com você?".

Para algumas pessoas, ouvir **"sinto muito"** já é o suficiente. Mas para outras é preciso dizer **"sinto muito, o que eu posso fazer para reparar o nosso relacionamento?"**. Isso é oferecer reparação do prejuízo no relacionamento.

4. **Ter um arrependimento genuíno** é expressar o desejo de mudar. Por exemplo:

"Eu não gosto desse aspecto em mim, você sentaria comigo para pensar num plano para me ajudar?".

"Eu reconheço que fiz a mesma coisa na semana passada. Podemos conversar sobre isso?".

"Eu te amo, e nunca mais quero fazer isso de novo. Você me ajuda a pensar numa alternativa?".

Convidar a outra pessoa para te ajudar é demonstrar arrependimento genuíno.

5. **Fazer um pedido formal de perdão,** ou seja, verbalizar que você precisa ouvir o pedido de perdão da outra pessoa, dizendo:

"Você poderia me perdoar?".
"Espero que você encontre no seu coração um momento para me perdoar".
"Eu valorizo o nosso relacionamento, você pode me desculpar?".

Se você quiser descobrir qual é a sua linguagem do perdão, responda a estas três perguntas:
1. Quando eu peço desculpas, geralmente o que eu digo ou faço?
2. O que mais me magoa nessa situação?
3. O que o outro poderia dizer ou fazer para que eu possa perdoar?

A última resposta revela a **sua** linguagem do perdão.

Pessoalmente, o que mais me magoa é ver o outro repetir o mesmo erro e não fazer nada para melhorar. A minha linguagem do perdão é o arrependimento genuíno.

Brincar aumenta a autoeficácia

Nos meus *workshops* com pais de adolescentes, peço para os pais fazerem duplas com uma pessoa que ainda não conhecem. Depois, faço três perguntas:

1. Numa escala de 1 a 10, como você se sente fisicamente neste momento?
2. Numa escala de 1 a 10, como está o seu humor agora?
3. Numa escala de 1 a 10, como está o seu senso de conexão com a pessoa com quem você acabou de fazer dupla?

Normalmente as respostas têm avaliações muito baixas, principalmente na terceira questão. Depois eu lidero uma atividade na qual eles têm que **construir um avião de papel em dupla com o objetivo de fazê-lo voar até o outro lado da sala**. Eles podem fazer quantas versões quiserem, mas, quando chegar o momento de voar, só terão uma chance. Enquanto um arremessa o avião de um lado, a outra pessoa assume a função de líder de torcida entusiasmado para o seu parceiro.

Dá para imaginar a energia da sala? É alta. Todos se divertem. Quando a atividade acaba, eu refaço as mesmas três perguntas do início da atividade e eles reportam níveis altíssimos em relação aos três aspectos: físico, humor e de conexão. O resultado não é uma surpresa. Todos reportam um nível alto!

Brincar está associado ao aumento dos níveis de autoeficácia dos pais. Essa palavra não é muito usada na língua portuguesa, mas explica muito do nosso papel de liderança.

Autoeficácia é o senso de competência, a crença de um indivíduo na sua capacidade de executar comportamentos necessários para produzir resultados de desempenho específicos. Esse termo foi originalmente proposto pelo psicólogo Albert Bandura em 1977.

A autoeficácia nos adultos reflete a confiança na capacidade de exercer o controle sobre a própria motivação, comportamento e ambiente social. Autoavaliações cognitivas influenciam todos os tipos de experiência humana, incluindo os objetivos pelos quais os pais se esforçam para aprender um conhecimento novo,[6] a quantidade de energia gasta para atingir os objetivos e a probabilidade de atingir níveis específicos de desempenho comportamental.

A autoeficácia também reflete no comportamento dos adolescentes, quando eles têm a crença de que conseguem completar uma tarefa e aprender algo novo que ainda não dominam.

Não tem como o adolescente desenvolver autoeficácia sendo controlado. E uma boa maneira de cortar os fios do controle é brincando. Sim! **Os pais podem brincar com seus filhos adolescentes. Isso é possível, e também altamente recomendado.**

Há vários estudos publicados sobre os efeitos da brincadeira nos jovens e sobre o aumento na autoeficácia dos pais:

1. **Brincar é bom para o desenvolvimento do cérebro:** melhora o desenvolvimento cognitivo, físico, social e emocional.[7] Experimente propor jogos de tabuleiro, jogar bola, o termômetro do sentimento,* encher e estourar balões, colorir uma mandala juntos, jogar cartas, fazer caraoquê no carro, viajar juntos.

2. **Jovens que brincam usando a imaginação com frequência têm habilidades de autorregulação mais fortes:**[8] comece uma guerra de travesseiros, façam uma colagem juntos, desenhem seus sentimentos, construam uma representação da família usando massinha, cozinhem juntos.

---

6 Fonte: Associação Americana de Psiquiatria, *Teaching tip sheet: self-efficacy* (2009).
7 Fonte: Ginsburg and the Committee on Communications, and the Committee on Psychosocial Aspects of Child and Family Health (2007).
8 Fonte: Bredikyte, *Pretend play as the space for development of self-regulation*: cultural-historical perspective (2023).

3. **Brincar aumenta a habilidade de resolver problemas:**[9] compartilhe uma música que demonstra como está se sentindo, montem juntos uma torre com blocos de madeira (por exemplo, o Jenga), caminhem juntos na natureza, joguem basquete de bolinha de papel, façam exercícios da gratidão.**

Explicações de duas brincadeiras citadas acima:

* O termômetro do sentimento é um apoio visual para ajudar a identificar e a expressar as emoções e, consequentemente, pedir pelo apoio de que precisa. Você pode fazer um termômetro usando cartolina e recortando uma figura que parece com um termômetro que mede a temperatura. Na base, ficam os sentimentos agradáveis (por exemplo, alegria, felicidade, gratidão, esperança etc.) e na outra extremidade ficam os sentimentos mais desagradáveis (por exemplo, tristeza, medo, raiva, nojo etc.). Quando você está regulado, a temperatura está baixa, e o sentimento é a calma. À medida que a "temperatura" sobe, também sobem as emoções, passando pelo centro do termômetro (sentimentos de desconforto, dúvida ou incerteza) até chegar ao topo do termômetro, quando nos sentimos irritados, descontrolados ou prontos para explodir.

** Exemplos de exercícios de gratidão: na hora do jantar ou no carro, perguntar para cada membro da família pelo que cada um está grato hoje. Na hora de dormir, escrever no caderno cinco coisas pelas quais você está grato. Dar o exemplo de gratidão, agradecendo pelas pequenas (ou grandes) coisas que seu filho é ou faz.

Pais que brincam com seus filhos sentem que são melhores pais. As propriedades da brincadeira são:

- Ela pode acontecer sem nenhum propósito ou ter um objetivo.
- Ela é voluntária (ninguém precisa ser forçado!).
- O tempo gasto é livre.
- Estimula o potencial de improvisação.
- Gera o desejo de continuar (e não querer parar!).

---

9 Fonte: Wyver and Spence, *Play and divergent problem solving: evidence supporting a reciprocal relationship* (1999).

Brincar também tem um valor de sobrevivência. Você já viu os filhotes de leão brincando de luta? É uma brincadeira e, ao mesmo tempo, um treino para vida.

Animais que brincam têm maior chance de sobrevivência. Por quê? Porque brincar encoraja a socialização.

Cinco minutos por dia de brincadeira já fazem a diferença. Permita-se dar boas risadas. Não seja tão sério!

Resumão para o mundo real

- ▶ Nenhum adolescente gosta de ser marionete dos pais.
- ▶ Opressão e controle formam um padrão transgeracional.
- ▶ Jane Nelsen cunhou o termo "Disciplina Positiva" com base na Psicologia Individual de Alfred Adler (1870-1937).
- ▶ As três necessidades psicológicas básicas são aceitação, importância e segurança.
- ▶ É um erro colocar o filho para pensar no que fez; em vez disso, acolha como os pinguins.
- ▶ O senso de significância aumenta quando cada um sente que contribui para o bem de todos do grupo.
- ▶ Autoeficácia é o senso de competência.
- ▶ Descubra a linguagem do perdão e pratique.
- ▶ Pais que brincam com seus filhos sentem que são melhores pais.
- ▶ Pratique maneiras de agir com conexão e aceitação começando com si próprio.

ESTRATÉGIA 6

Problemas em três tamanhos

Até agora conversamos sobre as mudanças no adolescente, identificamos o seu estilo de educar, descobrimos como é a dinâmica entre vocês, a estrutura de poder nessa relação e a necessidade de controle de ambos. Neste capítulo vamos aprender a abrir mão do controle e priorizar os problemas que precisam de solução. O objetivo é ajudar você a aumentar a sua influência.

Se você reage a tudo que o seu adolescente faz, a sua braveza acaba perdendo o efeito e ele com certeza vai parar de te escutar. **O segredo não é evitar o conflito, mas limitá-lo ao que é útil e realmente necessário.**

Se você perder a cabeça diante de qualquer atitude dele (o cabelo desarrumado, o mau humor de manhã, as respostas monossilábicas, não largar o celular), seu filho vai ficar mais distante, se escondendo atrás das telas, e você vai gastar saliva com gritos e palavras ofensivas. **Os jovens recebem por volta de duzentos comandos por dia. Isso significa que, quando falamos demais, eles ficam anestesiados com a nossa voz.**

A pior hora para tratar de assuntos importantes é no caminho para a escola, já que esse é um momento de transição e de preparação. Críticas e reclamações não ajudam a preparar o tom do dia. Em geral, os pais falam...
... demais.
... por um longo tempo.
... na hora errada.

Usar a estratégia dos **copos em três tamanhos** pode mudar as coisas para melhor na sua família. É bem simples: em vez de considerar grandes todos os problemas que você tem com o seu filho, experimente classificá-los da seguinte maneira:

- **Problemas pequenos:** são coisas que o jovem faz ou fala que não vão afetar seriamente a vida dele (e nem as pessoas à sua volta). Os problemas pequenos são notados pelos pais, mas estes não têm necessidade de interferir. Eles permitem que os filhos aprendam com seus erros, o que faz parte do crescimento. Aqui, normalmente, a consequência natural é o maior professor. É hora de observar.
- **Problemas médios:** demandam consequências impostas pelos adultos, a reparação de erros e ajuda para resolver problemas juntos. Esses problemas costumam ser recorrentes, apesar de melhorar eventualmente. É hora de orientar.
- **Problemas grandes:** são os que ferem os valores inegociáveis na sua família. Aqueles dois ou três valores (ou regras) que não podem ser quebrados (e seus filhos sabem disso!). Você quer que o seu adolescente saiba e verbalize: "Minha mãe fica muito brava quando ____". (Ele já decorou, pois sabe que isso é importante para você.) Problemas grandes envolvem risco de segurança e de vida. Sem a interferência do adulto, algo muito sério pode acontecer no futuro do seu filho. É hora de interferir.

Quem vai decidir se o problema cabe no copo pequeno, médio ou grande são os pais.

Apesar de todos desejarmos as mesmas coisas para os nossos filhos, temos valores e prioridades diferentes. Para alguns pais, falar palavrão é um problema grande, enquanto para outros isso é considerado um problema pequeno. Por outro lado, um jovem que se envolve com drogas sem dúvida traz um grande problema para qualquer família.

Não podemos considerar que todos os comportamentos dos adolescentes sejam grandes problemas para nós, senão vamos convidar muita rebeldia e pouca autonomia. A autonomia é necessária para eles crescerem de forma saudável e independente. Se o problema não envolve risco de saúde e de vida, provavelmente será pequeno ou médio.

É difícil resolver um problema, quando a própria pessoa é o problema. Muitos pais focam o adolescente, em vez de focarem uma atitude inapropriada ou decisão mal tomada do adolescente. Entender a **diferença entre criticar a pessoa e ensinar habilidades de vida é crucial para agir como um bom copiloto**. Para isso, foque os três T quando tiver que começar uma conversa difícil:

1. **Tema:** o problema a ser abordado (por exemplo, quarto bagunçado, excesso de tela etc.)
2. *Timing*: o momento certo para falar (por exemplo, combine um horário para conversar, em vez de pegar seu filho desprevenido).
3. **Tom:** o tom de voz (não é só **o que** você fala, mas também é o que o adolescente **sente** com a maneira como você fala).

Estes são os temas mais comuns que os pais colocam nos copos:

- Lição de casa e interesse na escola.
- Telas e privacidade.
- Drogas e cigarro eletrônico.
- Higiene pessoal.
- Higiene do sono.
- Nutrição e peso.
- Estilo e roupas.
- Limites (de qualquer natureza!).
- Amizades.
- Responsabilidade e expectativa.
- Tempo livre nas férias.

Sono na adolescência

Quando as telas interferem no sono, dormir se torna um problema digno de **copo grande**. Seu adolescente precisa dormir para:

- Crescer.
- Fortalecer o sistema imunológico.
- Liberar a produção de hormônios.
- Consolidar a memória.
- Reduzir o estresse.
- Melhorar o humor.
- Diminuir o risco de desenvolver problemas cardiovasculares.

O hábito de usar as telas está dificultando que os adolescentes durmam o suficiente, e quando dormem, a qualidade do sono é prejudicada. Eles podem até argumentar: "Mas eu tenho boas notas e faço todas as minhas obrigações em casa e no esporte". Isso é o mesmo que dizer que você tem uma alimentação saudável a semana toda e no fim de semana usa drogas! Não faz o menor sentido.

> Déficit de sono é prejudicial. Usar telas em excesso é prejudicial. É por isso que **as regras claras para usar as telas são necessárias**. Quem comprou o celular? Foi você, certo? Então, quando der ao seu filho um computador, um celular, um *videogame*, façam uma declaração com direitos e responsabilidades, assinem e imprimam.

Busque sempre oportunidades para deixar as regras claras. Se não estiver dormindo o suficiente, o adolescente vai ter seu crescimento comprometido, com maior probabilidade de aumento de ansiedade e depressão.

Hora de dormir x hora de ir para a cama

Mãe: "Filho, vai dormir, já são dez horas."
Filho: "Não estou com sono, mãe."
E na manhã seguinte...
Mãe: "Filho, está na hora de acordar para ir à escola."
Filho: "Não quero, estou cansado. Me deixa dormir mais um pouco."

Hoje a neurociência e a psicologia comprovam que "o sono é um superpoder". Dormir não é um luxo que faz parte do estilo de vida de algumas pessoas; o sono é uma necessidade biológica inegociável, é o sistema que sustenta a vida. O sono garante suporte a todos os sistemas do nosso corpo, incluindo:

- **Sistema cardiovascular:** responsável por garantir a circulação de sangue por todo o nosso corpo.
- **Sistema neuroendócrino:** garante a homeostase, que é a capacidade de manter o organismo funcionando em equilíbrio, mesmo quando as condições externas mudam radicalmente.
- **Sistema endócrino:** garante, por exemplo, o crescimento, o desenvolvimento e a reprodução.
- **Sistema imunológico:** garante a proteção do nosso corpo contra doenças.
- **Sistema emocional:** promove a nossa capacidade de corregulação e reduz a agressividade.
- **Sistema cognitivo:** responsável pelo raciocínio, atenção, consolidação da memória, pensamento crítico e tomada de decisões.
- **Sistema motor:** cuida da nossa capacidade de escrever, andar, dirigir e fazer todo tipo de movimento.

O excesso de tempo de tela interfere no sono a ponto de alterar o ciclo circadiano do seu adolescente. Não é culpa dos jovens que eles queiram dormir mais tarde e acordar mais tarde, mas eles são capazes de pegar carona nessa mudança para dar algumas desculpas:

"Eu não preciso dormir tanto."
"Eu consigo render bem na escola com cinco horas de sono."
"Não tenho sono."
"Os meus amigos podem dormir a hora que quiserem."

Para mim, o sono é uma questão que entra no **copo grande**, pois sem um sono adequado não há equilíbrio em nenhuma área da vida.

A hora de dormir não precisa ser a hora de ir para a cama. Você tem o controle sobre a hora do seu filho **ir para a cama**, mas no fim das contas é o adolescente quem controla a hora em que ele vai **pegar no sono e dormir**.

Anote algumas boas práticas para ajudar na solução desse problema:

- Estabelecer um limite de uso para as telas: elas devem ser desligadas duas horas antes da hora de ir para a cama.
- Nada de telas no quarto à noite. Os celulares ficam carregando em outro cômodo.
- Meta de 8 a 10 horas de sono.
- A hora de dormir e a de acordar precisam de rotina, incluindo o fim de semana (é importante que esses horários sejam regulares).

- Façam uma lista de atividades sem telas para antes de dormir: escrever no diário, ler um livro, fazer meditação, diminuir a intensidade da luz do quarto, desenhar, tomar banho etc.

Agora que você tem informação suficiente, comece dizendo "Filho, eu sei que você já sabe, mas vou dizer mesmo assim...", e compartilhe com ele algumas vantagens de ter uma rotina de sono regrada e sem telas no quarto. Você também pode usar os três passos que já vimos para abordar um problema difícil: fatos, valores e limites (mais detalhes na página 84 da Estratégia 3).

Não existe adolescente desmotivado

O sistema educacional valoriza notas altas, que são obtidas com o uso da inteligência lógico-matemática, mas existem muitas outras inteligências que não são medidas pela escola.

De acordo com o Centro de Desenvolvimento Infantil de Harvard (McCarthy, 2022), não são tanto as notas e atividades extracurriculares, e sim um conjunto básico de habilidades, que ajudam as pessoas a enfrentar os desafios inevitáveis da vida. Todas essas habilidades se enquadram no que chamamos de **funções executivas**, que incluem:

- Metacognição: refletir sobre o nosso próprio modo de pensar.
- Atenção: evitar a distração e manter o foco enquanto lê ou estuda.
- Memória: lembrar de detalhes durante o processo de aprendizado.

- Gerenciamento do tempo: ser capaz de executar metas e planos concretos usando o tempo de forma eficiente.
- Autocontrole: controlar a maneira como respondemos não apenas às nossas emoções, mas também a situações estressantes.
- Consciência: não apenas perceber as pessoas e situações ao nosso redor, mas compreender como nos apresentamos dependendo das circunstâncias.
- Flexibilidade: a capacidade de se adaptar a mudanças.

Embora essas habilidades sejam aprendidas ao longo da vida, há dois estágios que são particularmente cruciais: **a primeira infância** (dos 0 aos 6 anos) e a **adolescência/início da fase adulta** (dos 13 aos 25 anos). Durante essas janelas de oportunidade, aprender e usar essas habilidades pode ajudar a preparar os adolescentes para o sucesso.

A mensagem que os pais precisam passar é que as habilidades acadêmicas são tão importantes quanto as habilidades sociais.

> "Neste momento estou a atravessar momentos muito difíceis com o meu filho adolescente de 16 anos. Há 2 anos atrás começou o desinteresse pela escola, pois mudou de escola e nessa nova escola não conhecia ninguém. Reprovou no ano seguinte, que foi o ano passado, no segundo semestre deixou de ir às aulas completamente, e a ficar isolado no quarto com o telemóvel. Esse novo ano começou em setembro e já faltou 4 a 5 dias por se sentir cansado e com dores de cabeça. Recusa-se a ir ao médico, e eu não sei o que fazer. Diz que não gosta da escola, porém não pode abandonar a escola sem completar a escolaridade obrigatória. Pode me ajudar?" – uma mãe que me escreveu de Portugal

Jovens que se sentem "burros" na escola **geralmente preferem não tentar por medo de falhar**. Se esse é o caso do seu filho, procure descobrir no que ele é bom e quais são as qualidades dele para que possa ser bem-sucedido fazendo o que gosta e ser naturalmente bom nisso. A ideia é que ele consiga se conectar com a comunidade escolar por meio dos seus pontos fortes, e com o tempo ele vai se esforçar para fazer o seu melhor, e como resultado, conquistar melhores notas.

Os jovens precisam de oportunidades para se sentirem completos realizando algo. É importante eles saberem que de alguma forma estão contribuindo para o bem-estar da comunidade em casa ou na escola.

Exercício de equivalência
Divida uma folha em quatro quadrantes. Preencha os dois quadrantes da esquerda com os seguintes títulos:

- **Quais são seus *hobbies*, talentos e metas?**
- **O que você está aprendendo na escola atualmente?**

Veja exemplos de como um adolescente pode preenchê-los:

Quais são seus *hobbies*, talentos e metas?	
- Basquete. - Esportes/academia. - *Videogame*. - Coleção de tênis de marca. - Sair com amigos. - Aprender a dirigir.	
O que você está aprendendo na escola atualmente?	
- Forma trigonométrica. - Equações binômias. - Figuras de linguagem. - Tabela periódica.	

Depois que os dois quadrantes na esquerda estiverem completos, preencha os da direita com as seguintes perguntas:

- **Que conexões você pode fazer entre os dois quadrantes da esquerda?**
- **De que tipo de apoio ou recurso você precisa para fazer isso?**

Exemplos de respostas:

Quais são seus *hobbies*, talentos e metas?	**Que conexões você pode fazer entre os dois quadrantes da esquerda?**
- Basquete. - Esportes/academia. - *Videogame*. - Coleção de tênis de marca. - Sair com amigos. - Aprender a dirigir. - Quero ser jogador de vôlei profissional. - Quero ser *chef* de cozinha.	Exemplos de assuntos que o adolescente está aprendendo na escola: - *Matéria de biologia: Órgãos e sistemas de biologia e corpo humano estão conectados porque eu entendo como o meu corpo funciona, posso cuidar melhor dele e melhorar o meu desempenho.* - *Matéria de química: Tabela periódica e leis naturais comprovam que existe uma ligação entre todas as coisas da natureza, e posso aplicar isso na preparação de novos pratos culinários.*
O que você está aprendendo na escola ultimamente?	**De que tipo de apoio ou recurso você precisa?**
- Forma trigonométrica. - Equações binômias. - Figuras de linguagem. - Tabela periódica.	- Encontrar com o professor depois da aula. - Aulas particulares. - Assistir vídeos, conhecer um especialista na área e trocar ideias.

O quarto quadrante é o que o adolescente precisa para superar um desafio na escola, por própria motivação interna, ao perceber que existe uma aplicação prática do que está aprendendo.

Quando ele consegue fazer conexões entre o que está aprendendo e o mundo real, passa a sentir um propósito no que está estudando e, por consequência, fica mais interessado em aprender.

Expectativas geram desigualdade no relacionamento

Agora que você compreendeu que o adolescente precisa da sua ajuda para fazer as conexões entre o mundo teórico, das ideias e saberes, e o mundo real, o das suas prioridades, responda à seguinte pergunta: "O que você gostaria que o seu adolescente fizesse, mas não está fazendo?" Ou: "O que você gostaria que ele parasse de fazer porque está fazendo demais?". Você pode fazer uma lista imensa, do tamanho que desejar.

Depois, você vai classificar cada item como um **problema leve (copo pequeno)**, um **problema moderado (copo médio)** ou um **problema grave (copo grande).** E anote esta condição: **você vai colocar apenas dois ou três itens no copo grande.**

Se "arrumar a cama de manhã" é uma prioridade para você, acima de todos os outros problemas, então coloque isso no copo grande. Se não for, coloque no copo pequeno ou no médio. A lista dos pais costuma incluir:

- Eu gostaria que ele se dedicasse mais aos estudos.
- Eu gostaria que ele cumprisse todos os deveres da escola.
- Eu gostaria que ele trabalhasse.
- Eu gostaria que ele parasse de se cortar.
- Eu gostaria que ele usasse menos as telas.
- Eu gostaria que ele escolhesse um esporte e seguisse o ano todo com ele.
- Eu gostaria que ele fosse mais sociável e se abrisse para novos amigos.
- Eu gostaria que ele fosse menos sociável e não quisesse ir a todas as festas.

O copo grande tem apenas dois ou três itens porque é nele que você vai **focar a sua energia e o seu esforço** num primeiro momento, e por enquanto os outros assuntos ficarão "de molho" nos copos pequeno e médio.

Parte da falta da motivação do adolescente vem da carência de firmeza para enfrentar a vida, e outra parte vem da rejeição de fazer o que os pais estão mandando. Porém, agora que você estabeleceu prioridades e sabe onde focar sua energia, ficará mais fácil concentrar os seus esforços.

Então, sente com seu filho e diga que quer **escutar a opinião dele sobre as duas ou três coisas que você listou no copo grande:** "Filho, eu gostaria de saber o que você pensa sobre a escola. O seu desânimo e o excesso de faltas me assustam e eu estou aqui para te entender".

Escutar significa **escutar**, e não dar conselhos. Depois que você realmente escutar e demonstrar que compreendeu o que escutou, daí será a sua vez de falar.

Não tente convencê-lo de que **você está certo** em relação ao assunto (lembre-se de não segurar a corda) quando comunicar o que você decidiu: "Olha, filho, eu notei que você não está fazendo a lição de casa, embora tenha a tarde toda para fazer isso. E quando não faz a lição você não consegue participar das discussões da turma. Então, a partir de hoje, eu decidi que, se você escolher não fazer a lição porque ficou assistindo Netflix, o aplicativo vai ser apagado do seu celular até o semestre acabar. O que você faz ou deixa de fazer impacta os outros, mas, principalmente, prejudica você. E eu espero que você possa ter os dois: a lição feita durante a semana e curtir a sua série no fim de semana".

Pegar no pé do adolescente a cada probleminha diminui o senso de urgência quando a conversa exige algo mais profundo. Ao mesmo tempo, quando temos bem definidas uma ou duas áreas que precisam de redirecionamento, a conversa precisa ser repetida várias vezes para que ele não sinta que você desistiu logo na primeira vez. Você vai demonstrar com a sua firmeza que isso é importante para você e que esses dois ou três assuntos no copo grande são **inegociáveis** na sua família.

Vamos analisar um exemplo trazido por uma mãe: "No meu copo grande, eu coloquei que a minha filha não trabalha nem estuda".

O primeiro passo é identificar o problema que é inegociável para você. O segundo passo é **escutar** a opinião da sua filha sobre esses dois assuntos. Depois, informe qual foi a sua decisão: "Para mim é importante que você estude **e** trabalhe. E se você decidir não estudar e nem trabalhar, mesmo assim eu ainda acho essencial que você se torne produtiva, e espero que procure um emprego que não exija diploma superior completo, se envolva em um trabalho voluntário ou comece um pequeno negócio. A partir de agora, não vou mais pagar pelas suas roupas e maquiagem".

Isso não é uma punição, **é uma questão de limites e de comunicar claramente as suas expectativas, sem sermão**: "Eu decido o que **eu** vou fazer. Eu não posso controlar você. Esse assunto é importante para mim e estou disposta a escutar e pensar em soluções junto com você".

Qual é a fase mais difícil para os pais?

Estudos mostram que o início e o meio da adolescência são as piores fases. Num estudo recente da Associação Americana de Psicologia[1] com mais de mil adolescentes dos Estados Unidos entre

---

[1] Fonte: "It is not just adults who are stressed. Kids are, too", artigo publicado no *New York Times* (2021).

os 13 e os 17 anos, 43% afirmaram que os seus níveis de estresse estão aumentando.

Desenvolvimento da identidade na adolescência		
Fase	Idade	Foco
Pré-adolescência	9 a 12 anos	Mudança
Início da adolescência	13 a 15 anos	Identidade
Meio	16 a 18 anos	Sucesso
Jovem adulto	19 a 25 anos	Separação

Fonte: *The life span: human development for helping professionals* (2020).

Quando alunos do ensino médio ou adolescentes estão estressados, eles podem esconder propositalmente suas preocupações por causa do "medo, vergonha ou senso de responsabilidade para evitar sobrecarregar os outros". Eles também podem se afastar ou se tornar hostis ou irritados com a família, se afastar de amigos da infância ou reclamar mais do que o normal. Alguns adolescentes choram, outros dormem muito ou pouco, ou comem mais ou menos do que o habitual, disse Emma Adam, professora de desenvolvimento humano e política social na Northwestern University.

Eles também podem ter problemas de concentração ou sintomas físicos como dores de cabeça, dores de estômago ou tensão muscular. Grandes mudanças físicas, cognitivas e sociais estão acontecendo com o seu adolescente, por essa razão, ser mãe/pai de adolescentes é mais estressante do que cuidar de bebês e crianças pequenas, mesmo na fase da privação do sono ou na dos "terríveis 2 anos".

Pesquisadores acreditam que é na verdade a "tempestade perfeita" da adolescência que causa mais sofrimento. O estudo revelou uma forma de V invertido (com pico e vales) nos sentimentos de estresse e depressão, aumentando e diminuindo à medida que as crianças cresciam (Gander, 2017). As mães de adolescentes estavam sob maior tensão mental, enquanto as mães de crianças pequenas e as mães de adultos estavam em melhor situação.

> *"Eu tenho uma adolescente em fase de rebeldia, estou perdida. Hoje fui à escola porque desconfiei que ela estava mentindo para mim e realmente estava, e agora não sei o que fazer. A vontade é bater, mas sei que seria pior. Agora não faço ideia do que fazer."* – mensagem enviada via DM no Instagram

Os jovens enfrentam muitas mudanças simultaneamente (Gander, 2017) – o início da puberdade, hormônios em alta, transformações físicas, enorme investimento em "ser popular" com os colegas, testando os limites (mentir, experimentar drogas, álcool ou sexo) –, tudo isso enquanto buscam desenvolver a própria identidade (se separar dos pais e estabelecer sua independência).

Se o castigo físico já passou pela sua cabeça como uma alternativa para ensinar, ou se você se pergunta se dá tempo de melhorar as coisas agora que eles estão em fases mais avançadas na adolescência, **segura a minha mão**! Estamos juntos nessa! Na criação dos meus filhos também houve momentos bons e ruins, todos memoráveis. O que me ajudou muito nessa jornada foi ter uma **rota planejada**.

Toda viagem começa no ponto A, e nós seguimos em direção ao ponto B, nosso destino final. Se não sabemos onde estamos, como sabemos para que direção iremos? Isso se traduz na educação da seguinte maneira:

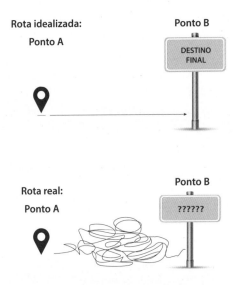

As duas rotas implicam caminhos muito diferentes. A **rota idealizada** é aquela que criamos com base nos nossos desejos mais profundos e utópicos. Essa estrada é linear e livre de problemas.

Já a **rota real** é a rota da vida. Mesmo que a expectativa seja viajar sem que aconteça nenhum imprevisto, a realidade vai se parecer muito mais com o rabisco de uma criança de 2 anos: acidentes, atrasos, perdas e muita espontaneidade.

Na nossa família
Quando nosso filho estava no quinto ano, meu marido e eu passamos seis meses planejando uma viagem para a China para celebrar a passagem dele para o fundamental 2. A viagem no papel pareceu perfeita, mas, na realidade, visitar 9 cidades em 15 dias e passar mais duas semanas numa escola local para estudar mandarim apresentou problemas que não tínhamos esperado.
Num dos metrôs de Shangai, meu filho quis tirar uma foto e o celular *novinho em folha* escorregou da mão dele e caiu no buraco do trilho do trem. Em Shangai, não tem como pular no trilho do trem e pegar o celular, primeiro porque eu jamais permitiria isso, e depois porque a passagem para o trilho é protegida por grades de metal.
Ele ainda era iniciante em mandarim, e meu marido e eu não falávamos nada. O atendente do metrô não falava inglês, então só restou usar a linguagem universal do desenho. Nesse ínterim, passou um trem, e as lágrimas rolavam no rosto do meu filho. Por sorte, o celular caiu longe do trilho e, quando foi recuperado, estava funcionando normalmente.
O celular foi recuperado? Sim. Eu precisei dar bronca no meu filho? Não.
A situação nos forçou a trabalhar em equipe, a usar a criatividade, a nos apoiarmos e a buscarmos uma solução.

O propósito de educar é ensinar habilidades para a vida. Eu tinha planejado uma rota na educação, que eu sabia para onde ia. Os rabiscos da minha vida se tornam obras de artes, desenvolvimento de caráter, experiência de vida e histórias divertidas para contar mais tarde. É isso que eu desejo para você: planeje a rota e esteja aberto para os imprevistos e maravilhas do acaso.

Vamos fazer um exercício para ajudar você a criar a **sua própria rota**. Comecemos com o **ponto A: os desafios de comportamento dos adolescentes**.

Quais são os desafios que você está enfrentando ou que você escutou seus amigos ou vizinhos falando sobre os filhos deles?

Os pais geralmente respondem o seguinte:

Ponto A – Comportamentos desafiadores dos adolescentes:

- Não quer ir para a escola.
- Se distancia da família.
- Faz provocações.
- Se irrita facilmente.
- Debate sobre o quanto deve usar as telas.
- Ansiedade que se manifesta como raiva dos pais.
- Ansiedade sobre o futuro.
- Quarto bagunçado.
- Experimentar drogas.
- Imagem corporal.
- Namorado.
- Panelinha tóxica.
- Se frustra por não se sentir popular na escola.
- Para de fazer um esporte que gostava muito.

Essa é uma lista muita típica em todos os *workshops* que faço com os pais porque é assim que a adolescência tipicamente se manifesta: os jovens querem agir como adultos, mas são inexperientes no assunto *ainda*.

Você pode contestar dizendo: "Mas eles já são grandes, não são mais crianças! Eles já deveriam saber disso". E eu vou reforçar que eles *ainda* estão em desenvolvimento e precisam de espaço, tempo e apoio para praticar até se tornarem adultos.

Agora vamos pensar no ponto B. Seus filhos já estão com 25 anos e vieram lhe fazer uma visita. Oficialmente eles já são adultos! O cérebro deles está desenvolvido, eles estão bem-vestidos e são bem-educados (e trouxeram flores para te presentear!).

Quais características e habilidades de vida você espera que eles tenham desenvolvido para terem sucesso no trabalho, serem bons vizinhos, parceiros fiéis, enfim, para terem sucesso na vida e serem felizes? Os pais respondem o seguinte:

Ponto B – Características e habilidades de vida:

- Honestidade.
- Senso de responsabilidade.
- Autorregulação.
- Autoconhecimento.
- Respeito por si e pelos outros.
- Saber dizer "não".
- Resiliência.
- Ter um trabalho.
- Saber conter a raiva.
- Integridade.
- Criatividade.
- Estar rodeado de pessoas que lhe querem bem.
- Independência financeira.
- Pontualidade.

Muito bem. Agora que temos o ponto B definido, a minha pergunta é: **Você tem todas essas características desenvolvidas e as demonstra o tempo todo no seu dia a dia?**

Você conhece alguém com todas essas habilidades de vida completamente dominadas? Imagino que tenha respondido *não*, porque muitas dessas habilidades não devem ser usadas como um destino com data marcada. Mas é exatamente essa lista que esperamos que os adolescentes apresentem, só porque não são mais crianças.

O trabalho na vida é continuar se aprimorando. Relacionamentos dão trabalho (começando com o relacionamento consigo mesmo). Se eu me dedico à família em tempo integral, meu trabalho fica estagnado. Se eu só trabalho, alguma outra área da vida fica debilitada. Estamos em constante movimento, aprendizado e evolução.

Por isso, eu uso o ponto B como um compasso, não como um destino final. O ponto B é a direção na qual eu quero me dedicar, ou busco intencionalmente ajudar alguém a chegar o mais próximo dele. Esse é o direcionamento que eu também quero mostrar aos meus filhos, reconhecendo que eles têm um caminho individual a percorrer.

Continuando o exercício, tenho mais uma pergunta: como os adolescentes aprendem as habilidades da segunda lista? Os pais normalmente respondem:

> - Modelando.
> - Vendo os pais cometendo erros e reparando.
> - Com a prática.
> - Cometendo erros.
> - Com apoio.
> - Testando.
>
> Aprendemos essas **habilidades** por meio da experiência e do **relacionamento** com os outros; elas são aprendidas com o tempo por meio do vínculo com um cuidador principal, e a interação repetida gera uma **qualidade no vínculo** e um **padrão de repetição**, que chamamos de **apego**.

O apego pode ser desenvolvido com os pais, com familiares ou com outras pessoas do ciclo de convivência do bebê. E o apego humano não acontece exclusivamente em relação ao adulto que deu à luz (apesar de esse ser o mais comum), mas a todos aqueles que têm um lugar especial e de responsabilidade na vida desse bebê. Os adolescentes continuam a desenvolver esse apego, para além das pessoas do círculo familiar.

É por isso que a tarefa dos pais no assento do copiloto continua sendo de muita importância: compreenda e aceite essa responsabilidade e você terá sucesso nesse lugar praticando menos controle e muito mais influência.

Temos consciência de que os jovens vão cometer erros durante a jornada mas, ao mesmo tempo, suplicamos: "Por favor, não cometa erros".

Eu vejo muitos pais falhando nisso por dois motivos:

1. Eles mimam os seus adolescentes (ou seja, fazem por eles: "Deixa que eu mando um *e-mail* para a sua professora" ou "Deixa que eu organizo o seu quarto").

2. Eles manipulam o jovem por meio da força ("Se tirar 10 em todas as matérias, você pode viajar com a gente nas férias").

E por que isso acontece? A vida é corrida, e muitas vezes os pais não têm tempo ou não têm acesso a outras ferramentas. Eles não sabem o que fazer quando dizem "não" para o adolescente, e o filho simplesmente sai bufando para o quarto.

O custo da falta de informação é grande para os pais e para os filhos; a forma de educar está mudando e não podemos usar as mesmas ferramentas que as gerações anteriores.

Não fique frustrado consigo mesmo. Estamos aqui para aprender juntos. E que bom que temos uma rota!

Você tem um mapa, só que o avião já decolou e precisa de reparos enquanto está no ar

Talvez você esteja pensando: de que adianta ter um mapa agora que os meus filhos estão na adolescência? Mas este é o momento perfeito para se perguntar o que eles precisam de nós!

Nós tivemos que cometer nossos próprios erros. Nós vivenciamos o aumento na **intensidade emocional** (a dor de terminar um namoro e achar que ninguém mais passou por isso), sentimos a importância do **engajamento social** (achamos nossos pais caretas e buscamos relacionamentos fora de casa), **procuramos novidades** (usávamos gírias para nos distanciar dos nossos pais, e quando eles usavam as mesmas gírias queríamos morrer), exploramos o mundo de maneira **criativa**. Quando pergunto para os pais: "O que os adolescentes precisam de nós?", veja quais são as respostas mais comuns:

- Amor.
- Apoio.
- Adultos regulados.
- Confiança.
- Curiosidade.
- Escuta.
- Estabilidade.
- Segurança.
- Limites.
- Não julgamento.
- Oportunidades para cometer erros.
- Paciência (e muita!).
- Que pelo menos uma pessoa não desista dele.
- Ter os sentimentos validados.
- Tempo.

Trancar os filhos no quarto até eles completarem 30 anos não vai ajudá-los, portanto **a ferramenta mais poderosa é o relacionamento que cultivamos com eles, principalmente durante os conflitos**.

Esse é o mantra que move a minha vida pessoal, com meus próprios filhos. Se você acredita que isso é verdadeiro, que **o relacionamento é a ferramenta mais poderosa**, sabe que é possível entender melhor os jovens se você temporariamente colocar de lado a experiência emocional que teve no passado e realmente se apresentar da maneira que eles precisam.

Provavelmente você deve estar se perguntando:

- "Ainda dá tempo de mudar o relacionamento que tenho com meu adolescente?"

- "Como eu me livro da culpa de ter errado na educação dos meus filhos?"
- "Será que eu estraguei meu filho em nome do amor?"

Uma mãe me escreveu: *"Cheguei em casa depois do trabalho e escutei o podcast 'Adolescente não precisa de sermão'. Fiquei mais desesperada do que já estou. Há poucas semanas percebi que perdi totalmente o controle e, depois de ouvir você, a ficha realmente caiu. Neste momento não sei nem como começar. Só consigo chorar, vomitar, sentir dor de estômago, dores de cabeça intermináveis, dores no corpo. Estou realmente doente. Meu amor tem 16 anos e percebo que fiz tudo errado. Estou colhendo todo o autoritarismo, agressividade, razão, cobrança que coloquei na educação dele. Ele está me devolvendo tudo isso com muita força. E eu mereço".*

E um pai desabafou: *"Se eu tivesse lido sobre a Disciplina Positiva desde que meus filhos eram bebês, a educação deles teria sido bem mais leve".*

Essa mistura de sentimentos de dúvida, culpa e desespero é muito natural. A sensação é a de que a gente embarcou no avião e agora, em pleno voo, ele precisa de reparos. Quem não ficaria desesperado consertando um avião que está a 12 mil metros de altitude e a 900 quilômetros por hora?

Poucos métodos ensinam em longo prazo, e o preço do imediatismo para fazer o adolescente se comportar começa a causar rachaduras na estrutura do avião, comprometendo a segurança de todos a bordo, incluindo a sua.

Agora que o avião está no ar, enquanto faz os consertos, lembre-se de desenvolver a sua rota, do ponto A ao ponto B. E se esforce para ir em direção ao seu destino.

Na minha época...

Como mãe, os dias parecem estar mais corridos e fragmentados. As lições de casa parecem tomar muito mais tempo. Os jantares são sacrificados com treinos de esporte.

Na minha época, quando eu era adolescente, as fofocas que ficavam rabiscadas atrás da porta do banheiro da escola tinham um dano controlado. Hoje, se alguém gosta ou não gosta de alguém, a informação é distribuída por mensagem de texto instantaneamente. Grupos de WhatsApp destroem a imagem de uma pessoa em segundos. Eu vivencio tudo isso com os meus filhos e acho que ser adolescente hoje é um ato de heroísmo.

Parabenizo meus filhos por navegarem muito bem os seus relacionamentos, a ponto de quererem ir para a escola todos os dias. E sabe mais uma coisa que não tínhamos quando éramos adolescentes? Uma adolescência tão longa como a que temos hoje.

Observe o gráfico a seguir. Se observarmos a história da nossa sociedade, vamos perceber que há alguns séculos a puberdade começava entre 14 e 15 anos e aos 17 a pessoa já estava casando. A morte acontecia por volta dos 30.

Nascimento	14/15 anos Puberdade	17/18 anos Adulto	25-30 anos Morte

Hoje a puberdade começa mais cedo e a adolescência termina mais tarde. Os jovens demoram mais para sair de casa, e depois que fazem faculdade muitos deles voltam a morar na casa dos pais. Os adolescentes estão tentando crescer num mundo diferente com pais que estão tentando usar as mesmas técnicas de educação de décadas atrás.

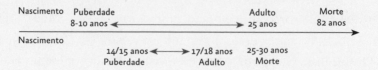

Nossos avós e nossos pais criaram os filhos na base...

... da obediência.

... do pulso firme.

... da cinta.

... do "faça o que eu mando!".

... do medo.

Hoje, quando as coisas não saem do jeito que os pais querem, a primeira coisa que sai da boca deles é "Me dá o celular".

Os padrões de educação que foram sendo passados de geração para geração demonstram que o **medo** pode fazer o jovem se comportar melhor. **Mas incutir medo é um pedido para o seu filho não crescer, não avançar na vida.** E não é isso que queremos.

Muitos estudos mostraram que o castigo físico – incluindo surras, espancamentos e outros meios de causar dor – pode levar ao aumento da agressividade, ao comportamento antissocial, a lesões físicas e a problemas de saúde mental para os jovens.[2] Vale o ditado: quando só temos o martelo como ferramenta, vemos todos os problemas como um prego.

Lentamente isso está mudando. Nós aprendemos sobre os benefícios do apego seguro: os jovens que têm um relacionamento de confiança e segurança **com pelo menos um cuidador** vão buscar fora de casa parceiros para estabelecer o mesmo tipo de vínculo seguro. Se tiverem aprendido o apego seguro, vão buscar parceiros que os tratem bem, com respeito.

---

2   Fonte: American Psychological Association, *The case against spanking* (2012).

Adolescente precisa de abraço, precisa ouvir "eu te amo", ter espaço para cometer erros e aprender a repará-los. Lógico que temos que interferir antes que os nossos filhos cometam erros graves que possam marcar o resto da vida deles. Sempre agimos quando o problema está no **copo grande**. Mas eles precisam de liberdade apropriada para vivenciar as consequências dos problemas pequenos e médios.

Você ainda está cético?

Será que tem alguma situação que faz a obediência necessária? O que devemos nos perguntar é: "Qual é a necessidade da situação?".

Imagine se a sua casa estivesse pegando fogo. Vocês precisam sair de dentro dela imediatamente, porque a estrutura está prestes a desabar, mas há um problema: o seu filho está no quarto e se recusa sair de lá porque quer terminar o jogo de *videogame*. Nessa situação, eu provavelmente pegaria meu filho pelas pernas e o arrastaria para fora.

A "necessidade dessa situação" significa uma opção de vida ou morte, então eu vou resolver a situação com as minhas próprias mãos. Precisamos ter bem claro quando a situação é grave a ponto de agirmos assim. **Muitos pais classificam qualquer problema como grande, mesmo quando ele não passa de um inconveniente.**

"Mas eu nem sempre posso dar escolha para o meu filho. Ele tem que fazer terapia toda semana, não quer mais ir e simplesmente se tranca no quarto." E se você abordar isso de um jeito diferente, focando em ganhar a cooperação do jovem, em vez de forçar a submissão dele tratando-o como marionete? A cooperação funcionaria mais ou menos assim:

"Eu sei que fazer terapia é uma parte importante do seu tratamento, então..."

(note que você está falando da necessidade da situação e de estar "mandando")

"... você quer fazer a sessão pessoalmente ou por videoconferência?"

"... você prefere me ajudar a procurar outro terapeuta ou quer continuar com o mesmo?"

(Você estará oferecendo a oportunidade de ele se sentir pertencente, dentro de limites.)

Use a sua lista do **ponto B** e lembre-se de que o foco é a cooperação do seu filho. Continue levando a situação para a frente com soluções que envolvam a participação do jovem, para que ele possa ter a oportunidade e a prática para desenvolver as habilidades sociais e de vida.

Resumão para o mundo real

▶ O segredo não é evitar o conflito, mas limitar o conflito ao que é útil e realmente necessário.

▶ Em vez de classificar todos os problemas que você tem com o seu filho como grandes, atribua a eles três tamanhos: pequeno, médio e grande.

- ▶ A higiene do sono está no copo grande.
- ▶ Foque os três T: tema, *timing* e tom.
- ▶ No copo grande cabem apenas dois ou três itens por vez porque é nele que você vai focar a sua energia e o seu esforço.
- ▶ Crie a sua rota: do ponto A (onde você está) ao ponto B (aonde você quer chegar).
- ▶ Os adolescentes muitas vezes preferem desistir de tentar para não falhar.
- ▶ O seu avião já decolou, mas precisa de reparos enquanto está no ar.
- ▶ Incutir medo é um pedido para o seu filho não crescer, não avançar na vida.
- ▶ A ferramenta mais poderosa que temos é o relacionamento que cultivamos com os nossos filhos, principalmente durante os conflitos.

ESTRATÉGIA 7

Quebrar a casca do ovo de dentro para fora

Até agora conversamos sobre as mudanças no adolescente, identificamos o seu estilo de educar, a dinâmica entre vocês, a estrutura de poder nessa relação, sua necessidade de controle, e vimos dicas para aprender a priorizar os problemas. Neste capítulo, vamos explorar os benefícios de ter você como modelo e de usar as consequências para ensinar sobre a vida.

Sair do ovo é trabalho de dentro para fora

Mimar os filhos é tão danoso quanto puxar a casca do ovo de uma ave que está sendo chocado. Quem precisa fazer o trabalho duro de quebrar a casca é o filhote; essa dificuldade é necessária para ele desenvolver o músculo do pescoço e adquirir força para ficar em pé. **Esse é o músculo da resiliência.**

Quando o ovo está chocando, a ave mãe deixa a natureza fazer o seu trabalho. Já a natureza humana exerce força ao contrário. Quando os filhos estão passando por dificuldades, tendo que quebrar a própria casca, os pais interferem:

- Comprando um celular novo quando a tela do filho quebra (em vez de focar a solução: como o jovem vai juntar dinheiro para consertar ou comprar outro?).
- Enviando um *e-mail* para a coordenação da escola exigindo que o jovem caia na mesma turma que o melhor amigo(a) (em vez de perguntar como o filho pretende fazer novas amizades, ao mesmo tempo que cultiva as amizades antigas).
- Enviando um *e-mail* para o chefe do filho que tem mais de 18 anos para dar um aviso (em vez de deixar o filho arcar com as consequências da vida).

Quando fazemos pelo adolescente algo que ele mesmo poderia fazer, estamos **puxando a casca do ovo e enfraquecendo seu músculo da resiliência, da coragem e da autoconfiança**. E então, esse jovem, que está no seu auge criativo e vivendo a intensidade das emoções, quando enfrenta um desafio importante (na perspectiva dele), não tem preparo nem força para lidar com os desapontamentos da vida.

Um **desafio importante** na perspectiva do adolescente pode ser:

- Terminar com a namorada.
- Decidir que roupa vestir.
- Ter duas provas para se preparar.
- Escrever um *e-mail* para o professor pedindo mais prazo para um projeto.
- Escolher a faculdade.

Mesmo que achemos tudo uma bobagem, o desafio importante do adolescente é importante para ele. Não podemos minimizá-lo.

Quando o seu filho chega em casa triste, você pergunta "O que aconteceu?", e ele responde "Não fui convidado para a festa de quem eu achava que era meu amigo", **a pior coisa que você pode falar é** "Que bobagem. Você tem outros amigos".

No momento em que o jovem está passando por uma tempestade de emoções intensas, você tem uma grande oportunidade de fortalecer o seu vínculo, de mostrar que entende pelo que ele está passando. Minimizar os problemas dele só vai distanciar vocês dois.

Não tente consertar as coisas dizendo: "Mas todo mundo te ama em casa".

> O adolescente não precisa das coisas consertadas por você. Ele precisa quebrar a casca do ovo sozinho, e só quer ter você ao lado dele.

Adolescentes sem resiliência não têm preparo para os altos e baixos da vida. Em casos extremos, esses jovens podem se mutilar e podem inclusive tirar a própria vida porque o sofrimento se torna insuportável.

Em vez de resolver por ele, é mais eficaz ajudar o adolescente a:

- Identificar a emoção que está sentindo: "Parece que você está se sentindo traído pelo seu amigo".
- Tirar um sentido da experiência por meio de perguntas: "Que parte disso te incomoda mais?" / "O que você vai fazer a partir de agora?".
- Pensar em soluções: "Você gostaria da minha ajuda para pensar em ideias sobre o que fazer?".
- Ter suporte emocional: "Estou aqui se quiser conversar mais sobre isso".

Quando o jovem é superprotegido para não sentir os desapontamentos da vida, ele pode **se achar no direito de ser servido pelo mundo** assim como é servido em casa. Esse é o maior erro que os pais cometem.

Educar pelo extremo de ser firme demais ("Faça do meu jeito porque eu já passei por isso"), ou ceder e ser permissivo demais (pensando e consertando os problemas pelo jovem), são a certeza de problemas a serem enfrentados no futuro.

Experimentação e erros são necessários, e os pais de hoje não dão aos filhos permissão para falhar. **Para ser sincera, eu também não deixo meus filhos falharem quando o assunto é segurança – nesse caso uma interferência é necessária –,** mas o que estou vendo é que os pais tiram da equação do crescimento a oportunidade de falhar.

Os filhos, então, não aprendem com os erros e não se fortalecem com as experiências. Por isso o seu apoio é tão importante. Você pode permitir que o seu filho falhe e orientá-lo sobre como reparar o erro e dar a volta por cima.

É importante ajudar os adolescentes a vivenciar os sentimentos desagradáveis de...

... medo

... dúvida

... nojo

... injustiça

... inadequação

para que eles possam ter essas experiências e pensar em soluções criativas sobre o que fazer com aquilo que vivenciam. Isso os ajuda a tolerar dificuldades moderadas, até chegarem à conclusão que não é o fim do mundo falhar de vez em quando.

Você não pode ir à escola com seu filho. Para o adolescente, é vergonhoso andar perto dos pais. Você não vai entrar nas festas com ele. Ele está desbravando o mundo, e essa é uma tarefa individual.

Os adolescentes precisam de limites e de liberdade, e os pais precisam de firmeza e de flexibilidade. O problema é que ainda pensamos em extremos. O quadro a seguir ajuda a dimensionar essa diferença.

Tipos parentais quanto aos limites[1]			
	Autoritário	Mimador	Firme e flexível
Estilo(s)	Controlador, punitivo	Superprotetor, se envolve além da conta	Democrático, encorajador
Tática(s)	▸ Regras ▸ Ameaças ▸ Punições ▸ Recompensas ▸ A culpa é colocada no jovem	▸ Regularmente faz pelo jovem o que ele poderia fazer por si mesmo ▸ Oferece vantagens especiais	▸ Define limites apropriados junto com o jovem ▸ Envolve o jovem na resolução de problemas ▸ Reunião de família ▸ Escolha e consequência
Mensagem implícita	"Está claro que você não consegue ser bom o suficiente, então eu vou te forçar a fazer isso."	"Está claro que você não consegue ser bom o suficiente, então eu faço por você."	"Não importa o que você faça, você tem valor como pessoa, por isso eu vou te ajudar e confiar na sua capacidade de aprender com seus erros."

(continua)

---

1 Baseado na Psicologia Individual de Alfred Adler e Rudolf Dreikurs.

Tipos parentais quanto aos limites *(continuação)*			
	Autoritário	**Mimador**	**Firme e flexível**
Resultado(s) em longo prazo	▸ Rebeldia, mentira ▸ Disputa de poder com autoridade ▸ O jovem se torna bajulador, procura a aprovação alheia ▸ Vingança ▸ O jovem se envolve em atividades de alto risco	▸ Tem um senso exagerado da sua própria importância ▸ Dependência dos outros ▸ Vitimismo ▸ Atitudes que demonstram incapacidade	▸ Autoestima positiva ▸ Responsabilidade ▸ Percebe que suas atitudes afetam os outros ▸ Resiliência ▸ Cooperativo ▸ Mentalidade saudável

Observando o quadro, você consegue perceber o tom das mensagens implícitas que cada estilo transmite aos jovens? Com os dois primeiros tipos parentais, o adolescente pode concluir que nunca será bom o suficiente e reagir com comportamentos contrários ao que esperamos dele, o que reforça o estilo dos pais (agindo com mais controle ou mimando ainda mais), o que por sua vez reforça o comportamento dos filhos (que ficam ainda mais rebeldes ou se vitimizam). **Um ciclo vicioso, certo?**

Agora, observe a terceira coluna. Nesse tipo parental, os pais e o adolescente caminham lado a lado, com os pais amparando os filhos em suas descobertas e inspirando confiança e coragem para lidar com os desafios da vida. Quando erram, os filhos são encorajados a fazer as devidas reparações. Confiante em si mesmo e ciente de que os pais também confiam nele, o adolescente assume posturas saudáveis para o seu desenvolvimento, o que reforça sua autoestima e senso de responsabilidade, o que por sua vez nutre a confiança nos pais. **Um ciclo virtuoso!**

Ou você ensina pelo exemplo, ou não ensina

Se queremos filhos resilientes, precisamos demonstrar resiliência nos momentos difíceis. Se queremos filhos que resolvam seus problemas, temos que ajudá-los mostrando outras maneiras de abordar o mesmo problema.

Se você quer que os seus filhos se alimentem de forma saudável, alimente-se de forma saudável em casa (sem esconder os chocolates no fundo da terceira gaveta da cozinha).

Se você quer que os seus filhos sejam aventureiros e que viajem pelo mundo, faça viagens aventureiras quando possível.

A probabilidade de aprender é muito maior ao ver você vivendo a vida que gostaria de ensinar. Eles aprendem muito com o seu exemplo, se você estiver disposto a ser paciente e consistente.

Adolescente não precisa de sermão

Historicamente, castigos físicos eram sinal de que os pais estavam educando seus filhos. Com o progresso da humanidade, crianças e adolescentes passaram a ter direito de uma educação positiva, sem castigos e punições corporais. Quando os pais abriram mão de bater nos seus filhos, eles começaram a dar sermões longos e entediantes. **E eles acham que os adolescentes não escutam porque não entendem:**

"Por que você não levanta no horário?"
"Por que você não faz a lição?"
"Eu já falei para não andar com essas meninas."
"Acabei de te comprar um jeans caríssimo e você quer outro?"

Na verdade, os adolescentes não escutam porque não querem viver a SUA experiência. Eles querem CRIAR a própria história. Os jovens aprendem com o movimento da vida e não com o sermão.

O problema é que os pais sofrem ao ver os filhos terem experiências negativas. Por exemplo, quantas vezes uma criança precisa fechar a gaveta nos dedos para aprender a levantar os dedos antes de fechá-la? Provavelmente uma vez. Duas no máximo.

Quando os pais se posicionam entre o adolescente e o aprendizado, estão fazendo o trabalho de quebrar a casca do ovo por eles. Os pais agem com boa intenção, mas isso não é útil, pois a interferência atrasa o aprendizado e impede que os jovens reflitam:

"O que acontece se eu não levantar no horário? Minha mãe vem me acordar. E, se eu levantar mais tarde, minha mãe prepara o café da manhã para mim e me leva para a escola, enquanto eu me alimento no caminho e leio minhas mensagens no celular".

Isso é mimar!

Os adolescentes aprendem com as interações sociais o tempo todo, e os pais fazem parte dessa equação. Enquanto isso, os pais estão coçando a cabeça, confusos: "Por que ele não levanta no horário? Por que ele é tão preguiçoso? É melhor eu dar um sermão mais uma vez, quem sabe ele entende a importância de ser responsável". Isso leva o adolescente à seguinte conclusão: é melhor aguentar o sermão do que ter que fazer o esforço de me melhorar.

Cinco maneiras de aumentar a resiliência

1. Comece com perguntas, mas sem interrogar

Costumo usar duas frases que ajudam aprofundar a conversa com meus filhos:

- "Estou curiosa sobre..."
- "Ajude-me a entender por que/como..."

Por exemplo: "Estou curiosa sobre o seu jeito mais quieto hoje", "Ajude-me a entender por que você está tão estressado se preparando para o teste se você tira boas notas nessa matéria". Note que não foram perguntas, mas o jovem com certeza dará respostas mais profundas.

Se ele responder: "Eu não sei", você pode perguntar: "Se você pudesse adivinhar, o que você responderia?". **Talvez o adolescente fique sem resposta, não porque não sabe, mas porque nunca pensou no assunto.** Fique tranquilo com o silêncio (isso significa que ele está refletindo).

2. Ajude-o a refletir sobre as emoções

Todos nós já nos sentimos inadequados em alguma área da vida. O problema não é o sentimento de inadequação, mas o que fazemos quando nos sentimos assim. **O esforço está em compreender em vez de compensar.** Se o adolescente compensa o sentimento de inadequação ficando nove horas no *videogame*, ou então fumando ou usando drogas, isso só vai gerar culpa e mais inadequação.

3. Tolere a frustração do seu filho

Quando o adolescente sente raiva, como essa energia pode ser direcionada para algo produtivo? Sentir raiva é natural, mas o que se faz quando se sente raiva é sempre uma escolha. **A raiva é uma emoção do tipo band-aid, ela esconde um ferimento por baixo, ocultando um outro sentimento mais vulnerável.**

Por exemplo, o jovem está andando de *skate* no parque, cai e rala o joelho. Os outros meninos começam a dar risada. O jovem, com raiva, empurra esses meninos, para encobrir o sentimento de **vergonha** por ter tropeçado.

Os pais fazem a mesma coisa com os filhos. Quando os filhos erram, os pais dizem sentir raiva para encobrir o sentimento de **inadequação**, e descontam no filho dando um sermão.

Tolerar a nossa frustração e a dos nossos filhos faz parte do processo de crescer.

4. Prepare-os para os obstáculos

Entenda que a vida é cíclica, portanto alguns dias serão melhores que outros. Os pensamentos negativos podem tomar conta do adolescente, a ponto de ele começar a pensar em termos absolutos: "Todo mundo é inteligente / é bem-sucedido / é feliz / se diverte... menos eu".

Analisar os obstáculos é ajudar a mover o adolescente de um estado para outro:

- De sobrecarregado para calmo.
- De recuado para engajado.
- De frustrado para confiante.
- De cansado para energizado.
- De ansioso para relaxado.

Falas como esta podem ajudar: **"Todos nós nos sentimos estagnados de vez em quando. O que você vai fazer a partir de agora? Respire fundo"**.

Nenhum adulto escapa do sentimento de inadequação quando está lidando com um adolescente desmotivado. Temos que fortalecer nosso próprio sentimento de importância antes de ajudar o adolescente a lidar com esse tema. Como? Acreditando que agora temos uma oportunidade de crescer, e o nosso filho também.

Consulte a sua **rota planejada** para lembrar da direção em que deseja seguir.

5. Encoraje-o a assumir riscos com uma meta definida

Existem metas de *performance* e metas de aprendizado. Compare:

Metas de *performance*	Metas de aprendizado
Qualquer coisa que possa ser medida e observada durante o treinamento	Aumento da competência sobre algum assunto ou habilidade
Ser o orador da turma Fazer uma prova Participar de um recital	Melhorar uma habilidade Aprender um idioma Aprimorar uma técnica Começar um esporte

Na escola, as metas de aprendizado que ajudam na resiliência incluem levantar a mão na classe e pedir ao professor: "Pode explicar novamente, mas de um jeito diferente?". O mesmo vale para descobrir em que áreas precisa de apoio e pedir ajuda.

A consequência natural faz parte do processo

Há muitos momentos no dia que ensinam pelo amor ou pela dor, sem a necessidade de alguém interferir e mostrar qual é a lição. No caso dos dedos na gaveta, a vida ensina pela dor quando a gaveta fecha e os dedos ficam esmagados. O jovem não terá os dedos amputados, mas eles vão ficar um pouco machucados.

Quando o adolescente não leva o casaco para a escola durante o inverno, a vida ensina pela dor que ele vai ficar com frio. O jovem não vai morrer de hipotermia e vai perceber que as manhãs de inverno são mais friorentas. Se ele não se alimenta no almoço, vai ficar com fome. Se não calça a meia, vai ter bolha no pé (ou chulé).

Mas a vida também ensina pelo amor. Se o jovem faz a gentileza de segurar a porta para alguém, a vida retribui com um senso de bem-estar. Se o jovem faz a lição, tira boas notas.

Causa	Efeito
Sem casaco	Frio
Sem comida	Fome
Sem meia	Bolha ou chulé
Gentileza	Bem-estar
Lição	Aprendizado

A realidade é que não gostamos de ver nossos filhos sofrerem, mas são as experiências de causa e efeito que os ajudam a aprender. Por mais que os pais tenham muita sabedoria, os jovens aprendem muito mais com a vida quando os pais sabem **usar o silêncio como estratégia e como um ótimo professor.**

A consequência natural é uma ótima ferramenta exceto em dois casos: quando o efeito resulta em risco de morte ou quando coloca a saúde em jogo. Dito isso, alguns pais até toleram ver o adolescente ficar com frio, com fome ou com bolhas nos pés, mas as notas da escola, para os pais, são como se fosse um risco de morte. Será mesmo?

Será que um adolescente que não estuda para uma prova e tira nota baixa necessariamente vai ter a trajetória da sua vida inteira transformada, ou começará a vender drogas e viverá embaixo da ponte? Por medo de isso acontecer, os pais reagem com um sermão longo e entediante:

"Se você pelo menos fizesse a sua obrigação..."
"A escola é a sua única responsabilidade e nem isso você faz bem."
"O que a sua professora vai pensar se eu não forçar você a estudar?"
"Se você sentasse e se concentrasse, demoraria menos tempo."

Muito mais efetivo é deixar a consequência natural seguir o seu curso e fazer perguntas como: "Agora que você viu o resultado de não se preparar para o prova, o que vai fazer diferente da próxima vez para melhorar?".

Se o adolescente responde "Eu não sei", você insiste: "Se pudesse adivinhar, o que você faria?".

"Meu filho não se importa com as notas." Será mesmo?

Não se importar com as notas é o que está na superfície. Talvez o seu filho diga que não se importa com as notas mas se preocupa com o professor ou gosta dos colegas da escola, ou talvez sinta que tem alguma outra contribuição para dar para a comunidade escolar. Ele não quer olhar para a cara do professor e desapontá-lo quando sente que o professor realmente se importa com ele.

Quantos de nós tivemos um professor que nos inspirou na escola porque viu um potencial em nós? Professores são ótimos influenciadores. Peça a ajuda deles.

> **Ter liderança em casa é como no trabalho:** você até pode demonstrar que se importa, mas o seu filho capta essa mensagem?
> No ambiente de trabalho é a mesma coisa: se os liderados não captarem a mensagem, o líder não está demonstrando que se importa.
> Todos nós nos esforçamos mais quando admiramos o líder e percebemos que ele se importa conosco.

Dois fatores costumam impactar o aprendizado na escola. O primeiro é a **proporção aluno-professor** (o número de alunos para cada um professor), e o segundo é a **percepção do aluno** se o professor gosta dele.

▸ Se o seu filho chega atrasado na escola porque não acorda no horário, talvez você tenha que ser um pouco mais estratégico e dedicar uma semana inteira ao treinamento, criando rotinas, focando soluções e encorajando. Avise no seu trabalho que chegará um pouco mais tarde, e avise também a professora dele, explicando: "Meu filho está aprendendo a gerenciar o próprio tempo de manhã e estamos celebrando a independência dele. Você pode sentar com ele e explicar as consequências que sofrerá na escola e como vocês darão suporte a ele nessa transição?". Você até pode dizer isso para o professor na frente do seu filho para que ele receba atenção positiva por assumir a responsabilidade de acordar no horário.

- **Se o problema de chegar atrasado acontece porque o adolescente não gosta do professor**, sugira a esse professor que promova algumas conversas reservadas com ele para se conhecerem melhor, quem sabe descobrir se têm algum interesse em comum; ele também pode dar alguma tarefa para o seu filho ajudar na classe e encorajá-lo pelo menos uma vez todos os dias.

- **Se o seu filho chega atrasado na escola porque não gosta da matéria**, sugira para ele: "Eu entendo que você não gosta dessa matéria, mas faltar nas aulas só vai forçar você a fazê-la de novo no ano que vem. Você está disposto a repetir essa matéria?". Ajude o adolescente a ter uma perspectiva futura das escolhas que ele faz hoje. No caso desses atrasos, o adolescente está punindo a si mesmo, e não à escola.

Resumão para o mundo real

- Puxar a casca do ovo enfraquece o músculo da resiliência.
- Mimar transmite a mensagem: "Claro que você não consegue ser bom o suficiente, então, por pena, eu faço por você".
- Os adolescentes escutam os pais mas não fazem do jeito deles, porque querem viver as suas próprias experiências.
- Pergunte sem interrogar.
- Ajude o seu adolescente a refletir sobre as emoções.
- Tolere a frustração do seu filho enquanto ele mesmo quebra a casca do ovo.
- Prepare-o para os obstáculos que podem surgir no caminho.
- Encoraje-o a assumir riscos com uma meta definida.
- A consequência natural é um ótimo professor, desde que não envolva risco à saúde, à segurança ou risco de morte.
- A percepção do adolescente é a realidade, quer isso seja real ou não para você.

ESTRATÉGIA 8

O pote da responsabilidade

Até agora conversamos sobre as mudanças no adolescente, identificamos o seu estilo de educar, definimos como é a dinâmica entre vocês e como se estabelece a estrutura de poder na sua relação com o seu filho. Também reconhecemos a necessidade de controle de pais e filhos, aprendemos a priorizar os problemas e a usar as consequências para educar. Neste capítulo, vamos descobrir como fazer os adolescentes serem mais responsáveis.

Já vimos que, quando somos muito eficientes e fazemos muito pelos nossos filhos, eles param de fazer por si mesmos. Para evitar esse problema, o **pote da responsabilidade** vai ajudar você a separar o seu papel e o papel do adolescente.

Funciona assim: **imagine um pote de vidro transparente com muitas bolinhas dentro dele.** Esse é o pote número 1, que representa o adulto.

As bolinhas são as habilidades e competências que o adulto acumulou ao longo da vida: escovar os dentes, gerenciar o próprio tempo, trabalhar, limpar a casa, entre tantas outras.

Agora imagine outro pote, o número 2, que representa o seu filho. O pote dele está vazio porque quando ele nasceu não tinha habilidade nenhuma; tinha apenas reflexos para garantir sua sobrevivência.

Ao longo do tempo vamos ensinando habilidades para os nossos filhos desenvolverem autonomia, independência e responsabilidade, como vestir as meias, comer usando talheres, tomar banho e se enxugar.

Você ensina a limpar o banheiro, por exemplo: "É assim que você passa o pano", "Esse produto é para a pia, no chão a gente usa outro". Você passa bastante tempo treinando cada habilidade, praticando com ele, encorajando-o e fazendo correções em qualquer coisa que ele tenha aprendido até agora. (Pausa para refletir sobre a quantidade de habilidades que você já ensinou na vida desse ser!)

Cada habilidade ensinada pelos pais e aprendida pelos filhos é uma bolinha que passa do pote da responsabilidade dos pais para o pote da responsabilidade dos filhos.

O problema é que, no processo de aprendizagem, alguns pais enfiam a mão no pote dos filhos e tiram uma bolinha para colocar novamente no pote do adulto. O que estou dizendo é que alguns pais corrigem mais do que ensinam:

"É isso que você chama de limpar o banheiro?"
"Você nem limpou os espelhos."
"Está fazendo com má vontade."

E então os pais limpam o banheiro novamente porque não ficou perfeito ou do jeito deles. Se durante o período de treinamento grande parte da sua atenção e energia está em procurar pelos erros para corrigi-los, o adolescente vai se sentir inadequado e o pote dele vai ficando vazio. O que fazemos quando estamos nos sentindo mal? **Compensamos!** (como descrito na Estratégia 5, a da marionete). E então o jovem não quer mais ajudar em casa.

O mais encorajador para os adolescentes é:

- Celebrar os acertos ("Você está indo muito bem em organizar as coisas no seu banheiro, e quero te ajudar a melhorar apontando alguns lugares que precisam de retoques").
- Demonstrar o que é esperado ("É assim que a gente limpa o banheiro").
- Modelar a habilidade ("Vamos limpar juntos essa parte").

Diferentes habilidades levam tempos diferentes para serem aprendidas. E, se você dedicar tempo e paciência para dar o treinamento, em algum momento uma tarefa que você costumava fazer **por ele** (o banho, preparar o lanche, vestir a roupa, acordar de manhã, monitorar o tempo para chegar no horário) passa a ser da responsabilidade **dele**.

Por outro lado, quando o jovem aprendeu a habilidade, mas escolheu não fazer, reagimos a isso com um sermão para lembrar, agradar ou forçar até que ele cumpra a obrigação. Isso ainda mantém a bolinha da responsabilidade no seu pote, porque **agora é você o responsável por fazer o jovem cumprir os deveres dele.**

Adolescentes que são forçados, ameaçados ou recompensados por ajudar em casa só vão cumprir as responsabilidades para evitar um sermão ou para receber a recompensa.

Por que os pais fazem isso? Por medo de os jovens cometerem erros, falharem ou não fazerem direito. No momento em que tiramos a responsabilidade do adolescente, transmitimos a seguinte mensagem: "A partir de **agora monitorar você é minha principal responsabilidade**". Isso os leva a pensar:

"Não preciso limpar o banheiro porque, depois que eu ouvir o sermão, meu pai vai lá e limpa sozinho."

"Não preciso limpar o banheiro porque meus pais limpam melhor do que eu, e acabam fazendo por mim."

Por que é tão difícil ver nossos filhos falharem?

Os adolescentes têm que falhar, passar pelo desapontamento ao perceber que não são bons em algo e se esforçar para aprender e amadurecer. Isso é difícil para os pais aceitarem, então eles incluem na missão da parentalidade superproteger os filhos de todos os desafios e dificuldades. O processo de amadurecimento leva tempo, e, quando os pais arcam com as responsabilidades dos filhos, eles enfraquecem e adiam o amadurecimento.

Os adolescentes crescem com o desconforto, pois estão aprendendo sobre a vida e não serão bons nas primeiras tentativas. Eles vão errar, falhar, fazer as coisas malfeitas antes de dominá-las. **No entanto, tolerar a imperfeição deles não faz parte do plano dos pais sobre como criar os filhos.**

Se você pergunta para o seu filho "A lição está feita? Está tudo em ordem na escola?", e ele responde que sim, mas quando chega na escola percebe que não fez o relatório de química (ou fez, mas esqueceu em cima da mesa do quarto), esse problema agora é entre o jovem e a escola. É fundamental confiar que os professores vão cuidar disso.

Crescer é tarefa do adolescente. Dar apoio é tarefa dos pais.

Na nossa geração, era comum ficar entediado. O tédio impulsionava a criatividade, e, como resultado, inventávamos brincadeiras para passar o tempo. A maioria de nós teve a chance de aprender muito mais com as consequências da vida e da escola, sem sermos mimados pelos nossos pais. As adversidades que passamos nos ajudaram a desenvolver garra e resiliência.

Na adolescência de antigamente, crianças e jovens trabalhavam ajudando a família e contribuindo de forma produtiva, e os pais não assumiam a responsabilidade de preencher todos os espaços na vida dos filhos, não ficavam preocupados com o fato de os filhos se frustrarem e não tinham pena por eles estarem entediados. Hoje, com o foco no sucesso acadêmico e com a falta de oportunidade de ajudar em casa e na escola, a "única obrigação" dos jovens é a lição de casa.

Quando os pais reagem de maneira desproporcional ao tamanho dos erros dos filhos ("Quantas vezes eu preciso falar para preparar a mochila na noite anterior?" / "Já falei para você mandar o *e-mail* para sua professora para resolver esse assunto"), os adolescentes se desconectam deles mesmos e do aprendizado que poderiam internalizar, e concluem: "Meus pais estão surtando!".

> Reação intensa dos pais ao problema dos filhos ⟶ os filhos se sintonizam mais com o sentimento dos pais do que com o que eles mesmos estão sentindo.

Em nome do amor, muitos pais fazem loucuras. Se trocássemos os nossos filhos com os filhos de outras pessoas por um tempo, será que seríamos pais mais conscientes e menos reativos?

Se o filho de alguém esquecesse a lição, será que a sua resposta emocional seria tão intensa? Se o adolescente que mora na casa ao lado esquecesse a mochila de esportes em casa, você voltaria para buscá-la?

Nesse caso a nossa resposta seria muito mais objetiva e menos subjetiva, mais racional e menos emocional, porque a atitude dos outros jovens não reflete na nossa competência. Claramente não é sua culpa quando o garoto da casa ao lado erra ou comete alguns deslizes, afinal ele é filho de outra pessoa.

Por que você reage com tanta intensidade emocional?
Pode ser porque:
- Seu filho se parece com você.
- Seu filho é o seu oposto.
- Os pontos fracos do seu filho lembram os pontos fracos do seu parceiro, dos seus pais ou os seus próprios.

Seja qual for o motivo, a reação vem do medo e não do amor. Amor não tem nada a ver com isso, porque ele é incondicional. Quando reage pelo medo, você perde a oportunidade de passar uma bolinha do seu pote para o pote da responsabilidade do jovem.

Eu quero que o meu filho seja feliz

Será mesmo?

Encontrar a felicidade é um processo contínuo e um trabalho individual, portanto é o seu filho que tem que buscá-la e mantê-la. Você pode deixar o ambiente mais propício para isso acontecer, mas a "bola da felicidade" está no pote dele.

O seu trabalho é prepará-lo para o futuro para que ele possa encontrar a felicidade nos momentos prazerosos e na superação das adversidades. Lembra das metas de longo prazo que você criou na Estratégia 6, quando falamos do plano de rota do ponto A para o ponto B?

Tudo bem não estar bem

A maioria das pessoas tem um vocabulário restrito para falar de sentimentos. Quando perguntamos: "Como você está se sentindo?", as respostas normalmente são:

- Feliz.
- Cansado.
- Frustrado.

Mas um estudo do diretor do corpo docente do Greater Good Science Center, Dacher Keltner (Anwar, 2017), sugere que existem pelo menos 27 categorias de emoções distintas – e elas estão intimamente conectadas umas com as outras. O artigo diz: "Cada emoção não está isolada uma da outra. O estudo descobriu que existem gradientes suaves de emoção entre admiração e paz, horror e tristeza, e diversão e adoração".

> **Emoção** é uma resposta orgânica imediata a um estímulo exterior e pode ser observada pelos outros. **Sentimento** é um processo mental avaliativo que pode ser breve ou duradouro e que é acessível somente à própria pessoa.
> Por exemplo, quando meus filhos nasceram, eu me emocionei. Meu coração palpitava e meu corpo inteiro parecia levitar. Já o sentimento era de admiração e de profunda alegria.

O pote da responsabilidade

Todos os sentimentos são válidos, e aprendemos muito com eles quando temos apoio para nos ajudar a tirar um sentido das nossas experiências. Há um valor imensurável no fato de os pais ensinarem os filhos a tolerar os sentimentos desagradáveis da vida. Se os pais correm para socorrer os filhos quando eles sentem

- Constrangimento
- Culpa
- Vergonha
- Mágoa
- Tristeza
- Irritação
- Inveja
- Isolamento
- Apatia
- Tédio

dizendo "Tudo bem, eu compro outro para você" ou "Deixa para lá, isso passa", o jovem perde a oportunidade de aprender com as adversidades da vida e de desenvolver habilidades como

- Resiliência
- Pensamento crítico
- Resolução de problemas
- Flexibilidade
- Comunicação
- Criatividade
- E tantas outras.

É muito mais efetivo dizer:

- "Tudo bem não estar bem."
- "Como você se sente?"
- "O que você vai fazer agora que aconteceu isso?"
- "Que tipo de apoio você precisa de mim?"
- "Ajudar você a tolerar o seu desconforto é a coisa mais importante que eu tenho para fazer hoje, porque ninguém precisa sofrer sozinho."
- "Eu vou te ajudar, mas não vou fazer por você."

A partir do momento que transferimos a responsabilidade para o jovem, ele começa a desenvolver **percepções empoderadoras** que o ajudam a ter sucesso em casa, na escola e na vida:
- "Eu sou capaz."
- "Eu contribuo de maneira significativa e sou necessário de verdade."
- "Eu uso o meu poder pessoal para fazer escolhas que influenciam positivamente o que acontece comigo e com minha comunidade."[1]

Conforme os filhos se tornam mais capazes, os pais têm menos responsabilidades até que os jovens consigam fazer as coisas de forma independente.

1 Fonte: *Disciplina Positiva em sala de aula*: como desenvolver o respeito mútuo, a cooperação e a responsabilidade em sua sala de aula, de Jane Nelson (2017, p. 3).

O pote da responsabilidade

O segredo para passar as bolinhas para o pote do adolescente é ensinar em pequenos passos e praticar até que ele tenha domínio daquela habilidade. Uma vez que a bolinha foi passada para o pote dele, não a tire de lá para colocar de volta no seu pote **em nome da perfeição, da rapidez ou da conveniência**.

Ou seja, se você ensinou a dobrar as roupas e o seu filho dobrou, resista à tentação de refazer "do seu jeito" ou de assumir a tarefa na vez seguinte porque quer que seja feito "mais rápido".

Passar as bolinhas do seu pote da responsabilidade para o pote do seu filho, uma de cada vez, conforme ele vai crescendo, é sinônimo de **empoderar**.

Só não espere que ele agradeça: os adolescentes gostam do serviço cinco estrelas que recebem em casa. Mas a ideia não é abrir mão e abandonar o seu filho, e sim promover **um ritual de passagem de responsabilidade apropriada para a idade** deles com um tom que transmite a mensagem "Você é capaz".

Liberdade vem com responsabilidade

Os pais são a autoridade dentro de casa, e de maneira alguma defendo a ideia de deixar os adolescentes fazerem o que quiserem da vida. O que quero dizer é que, conforme o seu filho cresce, ele desenvolve outras competências e autonomia, e vai associando **liberdade com responsabilidade**. Os pais são melhores em ceder a liberdade do que em dar responsabilidades. É como se eles não quisessem ensinar, mas somente falar o tempo todo sobre os problemas que o adolescente está causando.

> - Os pais dão um celular para o filho, mas nem todos sentam para conversar sobre as responsabilidades que acompanham essa ferramenta poderosa.
> - Os pais dão dinheiro, mas nem todos ensinam a responsabilidade de administrar esse dinheiro criando uma conta para guardá-lo, listando metas para gastar e pensando em ações para fazer doações.
> - Os pais deixam os filhos chamarem carros de aplicativo, mas nem todos dão a eles a responsabilidade de contribuir financeiramente por isso. É muita liberdade de ir e vir sem a responsabilidade de pagar pelos trajetos ou pelo menos de pensar num limite de gastos por semana ou por mês para ter esse conforto.

Adolescente não precisa de sermão; ele precisa de educação digital

Quando o assunto são as **telas**, os pais precisam investir em educação digital.

Ensinar valores humanos como respeito ao próximo, orientar sobre *cyberbullying*, não expor a intimidade e fazer *check-in* no celular do seu filho com ele ao seu lado são lições de como os jovens aprendem pelo exemplo. Quando quiser vasculhar as mensagens no celular do seu filho, peça permissão para isso e também peça para ele se sentar ao seu lado para receber suas orientações, sem sermão.

Se os pais passam o dia todo com a cara no celular, os filhos vão fazer o mesmo, e essa é a receita para um desastre!

Os pais podem ser responsabilizados civil e criminalmente pelos atos que os filhos praticam na internet ao entregar o celular para o filho menor de idade e permitir que ele tenha acesso às redes sociais, ou liberar o acesso a um computador sem supervisão.

Supervisionar é essencial. É chato. Dá trabalho. Esse processo demanda constante orientação da sua parte. Mas os pais precisam largar o seu próprio celular, fazer uma pausa no trabalho e olhar o que o filho está fazendo na internet.

É dos pais a responsabilidade de educar para a civilidade.

Guia prático da educação digital
- Espere o máximo possível para dar um celular ao seu filho.
- Faça um contrato com ele para estabelecer um combinado sobre valores, respeito, horas necessárias de sono, esporte, brincadeiras, a importância de conversar olho no olho.
- Oriente o seu filho sobre privacidade (o que deve ser exposto ao público e o que deve ser particular).
- Supervisione o histórico de uso do aparelho e leia as mensagens junto com ele; ative a opção de solicitar autorização dos pais para baixar aplicativos (por exemplo, com a função *screentime* do iPhone, os responsáveis podem configurar

o período diário que os filhos terão permissão para utilizar seus iPhones, iPads e ativar a opção de "solicitar autorização" para baixar aplicativos).
- Tenha as senhas do celular e do computador do seu filho.
- Encontre aplicativos de monitoramento parental e instale no celular e no computador.
- Bloqueie os *chats* dos *games*.
- Passe tempo nos aplicativos que seu filho usa e aponte o que é lixo, atenção fragmentada, transtorno alimentar, depressão, pânico, tendência ao suicídio, tempo gasto com bobagem, tempo investido em conexão com amigos/familiares. Essa classificação deve ser feita junto ao adolescente, para ele ter consciência de como está usando o celular.

As regras precisam ser claras e definidas
- Na sua casa existe horário fixo para ir para a cama?
- Seu filho sabe a que horas o *wi-fi* da casa desliga?
- Seu filho tem o plano de dados desativado durante o horário da escola e à noite?

Use a tecnologia a seu favor, mas para isso não se pode dar um celular para um pré-adolescente ou adolescente sem fazer um acordo prévio sobre os limites de uso.

Quando os limites estão claros e um contrato entre vocês é assinado, fica muito mais fácil ser firme e flexível se o seu filho desafia o tempo de tela. Por exemplo, se ele diz: "Mãe, todos os meus amigos podem usar o celular até a hora que quiserem, menos eu". Coitado! Esse jovem vive à mercê das regras dos outros.

Dependendo da idade e da situação, sem sermão, você pode responder: "Eu não sou responsável pelo jeito como os outros pais criam os seus filhos; sou responsável apenas por você e pelas regras que nós criamos na nossa casa. E na nossa casa o *wi-fi* é desligado às dez da noite. Até esse horário você tem o **direito** de usar o celular, desde que seja **responsável** por deixar carregando na sala a partir das dez horas".

Esse é um ótimo momento para reforçar que a **liberdade** de usar telas vem com a **responsabilidade** de seguir o estipulado em casa.

Eu sei que dá trabalho orientar, bloquear, leva tempo supervisionar, por isso uma **Declaração de Direitos e Responsabilidades** pode te ajudar. Uma lista bem elaborada como essa tem a função de alinhar metas com o seu adolescente. Eu quero ajudar você a se equipar com boas ferramentas. Afinal, **você é a pessoa que passa mais tempo com seu filho e tem o maior poder de influência sobre ele.**

Veja agora um modelo para você começar a criar o seu próprio documento com o seu filho. Fique à vontade para usar somente o que você precisa para a sua família e, claro, para criar novos itens.

Querido filho,

O objetivo desta declaração é ter certeza de que você estará seguro e de que vai usar este celular como uma ferramenta, e não como um brinquedo. Vamos continuar mantendo nossa comunicação direta e aberta. Estamos pedindo a você que sempre use o seu celular para o bem e que procure a nossa ajuda quando estiver se sentindo em dúvida ou assustado.

Vamos ler esta declaração juntos e rubricar cada um dos itens. Lembre-se de perguntar sobre qualquer dúvida que possa surgir.

Com amor, _____

DIREITOS E RESPONSABILIDADES NO USO DO CELULAR

1. Como adolescente, tenho o **direito** de ser cuidado e entendo que as regras a seguir foram feitas para minha segurança, e que meus pais me amam. Entendo que meus pais querem me dar liberdade,

enquanto me oferecem segurança para fazer boas escolhas. [Escreva as iniciais do seu nome no fim de cada item a partir de agora; essa é a sua rubrica.]: _____

2. Eu prometo que meus pais sempre saberão a senha do meu telefone. Entendo que eles têm o **direito** de olhar o meu celular sempre que houver necessidade, mesmo sem a minha permissão. _____

3. Tenho a **responsabilidade** de deixar meu celular carregando perto da cozinha, juntamente com os outros celulares, e não no meu quarto. _____

4. NUNCA enviarei fotos minhas sem roupa ou mostrando alguma parte do meu corpo de forma provocativa. E, se eu receber fotos de outras pessoas sem roupa ou fotos inapropriadas, sei que é minha **responsabilidade** contar isso para um adulto na escola ou em casa. Não devo guardar segredo sobre esse tipo de coisa. Entendo que mensagens como essas podem trazer consequências legais para mim e para meus pais. _____

5. Tenho a **responsabilidade** de não usar o celular para coisas que eu teria vergonha de mostrar para o diretor da escola, _____ (nome do diretor). Também não vou usar palavrões ou insinuar palavras desrespeitosas. _____

6. Tenho o **direito** de usar meu celular como um instrumento de pesquisa, de ajuda para mim e para os outros, e para me divertir escutando música, tirando fotos e conversando com amigos e familiares queridos. _____

7. Eu me **responsabilizo** pelo meu comportamento com o celular, e sei que ele pode trazer sérios impactos para minha reputação/imagem e para a reputação/imagem de outras pessoas, mesmo de maneiras que não tenho como prever ou imaginar. _____

8. Eu tenho a **responsabilidade** de avisar meus pais quando perceber coisas suspeitas nas mensagens de texto ou *e-mails*, ou receber ligações de estranhos. Tenho a responsabilidade de avisar meus pais caso receba mensagens que me façam sentir envergonhado ou humilhado. E tenho o **direito** de não divulgar para estranhos informações pessoais como meu endereço, idade e nome completo.

9. Quando estiver no carro, tenho a **responsabilidade** de ajudar o motorista a se concentrar no trânsito em vez de atrapalhá-lo mostrando a tela do meu celular enquanto ele dirige. _____

10. Tenho o **direito** de aprender as regras e a conduta no mundo virtual para minha proteção, e para isso meus pais vão ter conversas frequentes comigo. Entendo que o celular é apenas a continuação da minha vida no mundo real, e não vou deixar de ser quem eu sou no mundo virtual. _____

11. Tenho a **responsabilidade** de desligar ou silenciar meu celular quando estiver no cinema e no teatro. _____

12. Tenho a **responsabilidade** de colocar o celular de lado (ou no bolso) enquanto estiver conversando com alguém ou sentado à mesa em casa ou em um restaurante. _____

13. Tenho o **direito** de não emprestar meu celular para meus colegas, mesmo que eles insistam ou me provoquem dizendo que sou fraco. Entendo que, se alguém usar meu celular com ou sem a minha permissão, ainda terei a **responsabilidade** de arcar com os erros que outros cometerem usando meu celular. _____

14. Tenho o **direito** de enviar mensagens para meus colegas, e prometo não escrever coisas que jamais falaria para alguém se estivesse cara a cara, mesmo se meus amigos acharem engraçado. Sei que minhas mensagens podem ser impressas, fotografadas e usadas como prova contra mim na escola, e que eu posso até ser expulso pela minha "fama de cinco minutos", se fizer algo indevido usando o celular. _____

15. Tenho a **responsabilidade** de dizer a verdade sobre com quem estou e onde estou quando meus pais me ligarem. _____

16. Tenho a **responsabilidade** de responder às perguntas dos meus pais de maneira clara, honesta e direta. _____

17. Tenho o **direito** de baixar vídeos e músicas, com a responsabilidade de pagar pelos meus *downloads*. _____

18. Se tiver alguma dúvida, tenho a **responsabilidade** de perguntar para meus pais. _____

19. Tenho a **responsabilidade** de saber quais são as regras sobre o uso do celular na escola e prometo segui-las. Caso eu não siga essas regras, sei que vou perder o direito de usar meu celular pelo tempo que for determinado pelos meus pais. _____

20. Entendo que meu celular tem seguro contra roubo, perda, queda e qualquer outro desastre que possa acontecer. Como acho importante ter esse seguro, vou pagar R$___ por mês como contribuição. Porém, se algo realmente acontecer com meu aparelho, entendo que é minha **responsabilidade** pagar metade da taxa de franquia do seguro, que é de R$____ . _____

21. Tenho a **responsabilidade** de entender o que acontece com meu cérebro quando uso o celular, por isso vou ler os artigos que meus pais me mostrarem. _____

22. Tenho a **responsabilidade** de usar o *wi-fi* sempre que possível para não esgotar o plano de dados de ____ GB que a minha família toda divide. _____

23. Tenho a **responsabilidade** de limitar meu tempo assistindo vídeos por no máximo ___ minutos por dia, a não ser que esteja assistindo a um filme. _____

24. Tenho o **direito** de escrever meus pensamentos e descrever minhas emoções sem usar tantos emojis para expressar o que sinto. 😊
👍 Sei que posso ser desrespeitoso se ficar enviando mensagens para familiares e amigos sem parar.

25. Entendo que este celular não é meu; eu tenho o **direito** de uso sobre ele. Este celular e a conta de celular estão sendo pagos pelos meus pais. Vou continuar a usá-lo enquanto tomar boas decisões. Meus pais têm o **direito** de retirar o celular de mim se acharem necessário ou se receberem uma ligação da escola informando sobre mau comportamento da minha parte. _____

Assinatura do cuidador _____
Assinatura do adolescente _____
Data: _____

Eu sei que essa é uma declaração longa, mas na minha experiência é melhor incluir mais itens do que menos. O uso do celular só começa depois do entendimento e da assinatura dessa declaração. Eu deixo esse documento na gaveta da sala para ter um acesso fácil sempre que tiver uma conversa difícil. Também uso esse documento como base para fazer adendos (escritos à mão, assinados e anexos ao documento original conforme novos desafios vão surgindo). Essa declaração é como se fosse um documento "vivo" que se adapta às necessidades da educação digital. Eu realmente espero que isso sirva para você passar uma bolinha do seu pote para o pote do seu filho, para que ele cresça um cidadão digital responsável, consciente e decente.

Resumão para o mundo real

- ▶ Empoderar os adolescentes é passar as bolinhas do seu pote da responsabilidade para o pote do seu filho, uma de cada vez, conforme ele vai crescendo.
- ▶ Três atitudes encorajadoras: celebrar os acertos, demonstrar o que é esperado e modelar a habilidade que você deseja ensinar.
- ▶ Crescer é tarefa do adolescente; dar apoio é tarefa dos pais.
- ▶ A felicidade é trabalho de cada um. Por isso, não deve ser meta da educação dos pais fazerem os filhos felizes.
- ▶ Quando a reação dos pais é intensa, os adolescentes se sintonizam mais com o sentimento dos pais do que com os próprios sentimentos.
- ▶ Todos os sentimentos são válidos, mas o que fazemos quando sentimos nem sempre é.

- ▶ Transferir a responsabilidade é transmitir a mensagem: "Você é capaz".
- ▶ Ter vontade de mudar é o primeiro passo.
- ▶ Liberdade vem com responsabilidade.
- ▶ O uso das telas deve vir acompanhado de uma Declaração de Direitos e Responsabilidades, de preferência criada junto com o adolescente.

ESTRATÉGIA 9

Um passeio de limusine

Até agora conversamos sobre as mudanças enfrentadas pelo adolescente, identificamos o seu estilo de educar, observamos a dinâmica entre vocês dois, a estrutura de poder que está presente nessa relação e a necessidade de controle que vocês dois têm. Também já sabemos como priorizar os problemas por categoria, usar consequências e transferir a responsabilidade para os nossos filhos. Neste capítulo, vamos aprender o que fazer quando o seu filho não escuta você e te desafia.

"*Eu não sei como agir quando não vejo nos meus filhos tentativas de mudar, de criar novos hábitos, interesse, respeito e obediência. Eles acham que nós é que devemos mudar, e que eles estão sempre certos. Converso muito, ensino falando, mas eles não me escutam.*" – depoimento de uma mãe confusa

Como dizer "sim" para o passeio de limusine

Há um fator importante em jogo quando o seu filho escuta você, e isso passa pela sua aptidão de dizer "sim" para as experiências dele. Para explicar a **habilidade de escuta**, vou usar a **analogia da limusine**.

A limusine é um carro longo, com o chassi bem comprido. No meio dela existe uma janela ou divisória que é fechada para garantir a privacidade entre motorista e passageiros. Essa divisória é grossa, escura e à prova de som. Quando ela está fechada, o motorista não consegue escutar a conversa de quem está na parte de trás do carro.

Imagine que quem está dirigindo a limusine é o seu filho. **Ele agora é o piloto, lembra?** Você está viajando no banco de trás e a divisória interna está fechada, as portas estão trancadas e os botões de controle da janela interna são acionados somente pelo motorista. O piloto tem total controle sobre o destino da viagem, mesmo que você grite e bata na janela. **É assim que muitos pais de adolescentes se sentem: reféns dentro da limusine.**

Acontece que a janela não fica o tempo todo fechada. De vez em quando ela abre, **sem aviso prévio**. Essa é a hora em que o motorista quer falar com você.

Você está preparado emocionalmente para escutar? Fisicamente disposto? Psicologicamente fortalecido? Você vai usar essa oportunidade para gritar, criticar e dar sermão ao motorista? Se fizer isso, ele rapidamente vai fechar a janela e sabe-se lá quando você terá uma nova chance de ter contato com ele.

Então, é melhor aproveitar a oportunidade, mesmo que seja breve e imprevisível.

Os adolescentes abrem a divisória somente quando eles querem falar com você, e não o contrário. Eles procuram você quando querem pedir alguma coisa: dinheiro, carona, mais tempo de tela, ajuda na lição de matemática. Mas eles também procuram você quando precisam do seu suporte. E isso pode acontecer a qualquer hora do dia ou da noite.

Na nossa família
Eu lembro quando meu filho, no oitavo ano, passou por uma fase de insistir que eu liberasse o uso do celular depois das dez da noite. Ele batia o pé dizendo que "todos os amigos" tinham acesso às telas por tempo ilimitado, menos ele.

Eu sabia que isso não era 100% verdade, porque conversava com as mães dos amigos dele, mas, como ele abria a divisória, eu não perdia a oportunidade de influenciar.

Na minha hora de dormir, ele sempre queria "conversar". Eu estava preparada emocionalmente? Não, estava exausta da mesma conversa.

Eu estava preparada fisicamente? Não, estava cansada depois de um dia inteiro de trabalho e leva-busca da escola para o treino de basquete e de fazer o jantar.

Eu estava preparada psicologicamente? Não, estava esgotada pela pressão e pelos comentários rudes e ingratos.

Mesmo assim, eu não usava essas oportunidades para dar sermão. Se fizesse isso, ele rapidamente iria fechar a janela e eu nem imagino quando teria uma nova oportunidade. Então, eu agia **como se** aquele fosse um ótimo momento para mostrar que eu estava disposta a manter a janela aberta.

Eu escutava os comentários dele e reforçava os valores da família com firmeza: "Na nossa família o *wi-fi* é desligado às dez horas".

Até tentei usar argumentos científicos: "Filho, foi comprovado cientificamente que a falta de sono pode levar à depressão e que nós precisamos desligar as telas duas horas antes de dormir para ter um sono de qualidade".

E ele respondeu: "E se esses estudos estiverem errados? E se eu não concordar com esses artigos?".

Ah! Os adolescentes... Eles se tornam os pilotos e se acham onipotentes!

Mas o tempo passou, ele cresceu e aceitou que na nossa casa a regra era assim. Todas as vezes que ele insistia, a minha resposta era sempre a mesma: "Na nossa família, o *wi-fi* é desligado às dez horas". Sem sermão, mas com consistência, eu fui ensinando que quando ele estava disposto a abrir a janelinha, ele iria encontrar uma mãe com uma resposta firme, e que mesmo com o cansaço, ela era previsível.

Da próxima vez que estiver na limusine e a janela se abrir, em vez de dar um sermão, tente:

- Dar toda a sua atenção, estar presente no momento, com o celular guardado no bolso ou bem longe das suas mãos.
- Fazer apenas duas perguntas abertas (para resistir à tentação de fazer um interrogatório), demonstrando interesse sincero, por exemplo:
  – "O que aconteceu?"
  – "Conte-me mais?"
  – "Como você se sente?"
  – "O que você vai fazer agora que aconteceu isso?"
  – "Você está bem com isso? O que você precisa de mim?"
- Manter um contato visual gentil e uma postura corporal relaxada.
- Evitar interromper.
- Evitar revirar os olhos.
- Evitar fazer comentários sínicos.
- Acrescentar sua opinião depois de pedir permissão: "Você gostaria de saber o que eu penso sobre isso?" (ele pode responder que não, e daí você fica quieto) ou "Você gostaria de saber por que estou sendo firme com essa regra?".
- Quando seu filho terminar de falar, resuma o que você entendeu sobre o que ele compartilhou, incluindo a emoção que ele estava tentando transmitir a você: "Deixa eu ver se entendi: você sente que estou tratando você como uma criança porque não dou mais tempo para ficar no celular conversando com seus amigos depois das dez da noite, e você acha que eu não entendo como é ser adolescente. É isso mesmo ou tem mais alguma coisa?".

Os sentimentos e as percepções que o seu filho tem sobre a injustiça da vida refletem a **realidade subjetiva dele**, então você deve validar a verdade dele, mesmo que ela não esteja alinhada com o bom senso, a verdade objetiva ou a sua experiência do momento.

Tudo bem ter opiniões diferentes, porque o mais importante é a maneira como você responde quando a janela dentro da limusine está aberta.

Quando você faz um esforço para compreender, isso ensina para o seu filho que não importa o que aconteça, mesmo que ele perca o controle, você está firme e flexível (como uma árvore), sentada no banco de trás e curtindo a viagem.

Com o tempo ele aprenderá que quando abrir a janela vai encontrar um adulto centrado no banco de trás pronto para orientar, e não outro adolescente descontrolado pronto para brigar.

Eles normalmente escolhem os horários mais inconvenientes para falar com os pais, e um dos momentos preferidos é quando os adultos já tomaram banho, colocaram os óculos e estão lendo na cama antes de dormir. À noite a energia dos pais também está diferente, mais calma, e talvez eles se sintam atraídos por isso.

Os pais também podem entrar no quarto para dizer boa noite, e o adolescente começa a puxar conversa: "Eu quero ser bombeiro". E a ansiedade dos pais impulsiona uma resposta: "Essa profissão não dá muito dinheiro, eles ficam longe da família e precisam entrar em prédios que estão pegando fogo. Você ficou louco?".

Por que reagimos assim?

E se pudéssemos apenas...

...escutar? ("Conte-me mais.")

... aceitar que é um desejo passageiro? (Ele pode estar falando de uma possibilidade, e de manhã ter mudado de ideia.)

... aconselhar? ("Eu tenho um amigo que é bombeiro. Quer conversar com ele?")

Amanhã a gente conversa

Se a janela da limusine abrir bem na hora em que você está indo dormir, já muito cansado, use este mantra: **"Obrigado por me contar. A gente conversa amanhã. As coisas se resolvem melhor quando estamos descansados"**.

Quando estamos cansados, normalmente reagimos de maneira irracional. O adolescente pode se abrir sobre algo injusto que aconteceu com ele na escola, ou sobre uma fofoca que os amigos espalharam sobre ele, ou sobre algo inapropriado que algum colega fez na escola. A nossa reação é abrir o WhatsApp e enviar imediatamente uma mensagem de texto para os pais do colega (ou um *e-mail* para a escola) porque não queremos vê-lo sofrer.

Outro erro é decidir sozinho a respeito do que você vai fazer com a informação que o seu filho lhe apresentou. Isso mesmo, sem pedir a permissão dele. Fazer algo pelas costas do filho é um dos piores erros, **porque corrói a confiança entre vocês.**

O relacionamento mais importante é entre você e o seu filho. Você quer que o seu filho confie em você, e você quer confiar no seu filho. Agir sem a permissão dele na tentativa de "solucionar o problema", mesmo tendo boas intenções, pode fazer a janela se fechar por um longo tempo. Ele não vai querer te contar mais nada, com medo de você reagir sem envolvê-lo.

Salvo exceções de risco de morte ou à segurança dele, você tem que avisar o seu filho quando pretender fazer algo em nome dele. Por exemplo:

Mãe: "Eu sinto que você confia em mim e me contou algo confidencial, mas, se o seu amigo está se cortando, nós dois temos a obrigação de buscar ajuda para o bem dele".

Filho: "Mas você não pode contar para ninguém, senão ele vai ficar bravo comigo".

Mãe: "É muito bom ver que você é fiel e quer proteger o seu amigo, mas esse assunto está relacionado à segurança dele. Por mais que queira ajudar, você não é o terapeuta dele, é amigo dele. E bons amigos fazem aquilo que a pessoa não consegue fazer sozinha. Por isso ele contou para você, para você poder ajudá-lo a buscar ajuda".

Filho: "Mas, mãe...".

Mãe: "Obrigada por me contar. A gente conversa amanhã. As coisas se resolvem melhor quando estamos descansados. Podemos retomar esse assunto amanhã e encontrar uma solução que garanta a ajuda de que o seu amigo precisa envolvendo outro adulto".

Na minha experiência, quando o assunto não envolve a segurança ou algum risco à vida, os adolescentes só querem desabafar com você, e não necessariamente estão pedindo a sua ajuda.

Para descobrir se o seu filho está **falando em código** "eu só queria que você soubesse, mas deixa que eu resolvo sozinho" ou "eu preciso da sua ajuda, mas não sei como pedir", pergunte:

Mãe: "Obrigada por me contar. Você quer a minha ajuda ou só queria que eu soubesse?".

Filho: "Eu só queria que você soubesse".

Mãe: "Ok. A gente conversa amanhã. Estou curiosa para saber como você está pensando em resolver isso. As coisas ficam mais claras quando estamos descansados".

Isso garante uma boa noite de sono para todos. Mas não fique surpreso se na manhã seguinte o assunto tiver perdido a importância para o seu filho. Afinal, quando estamos descansados as coisas ficam mais claras e às vezes perdem o senso de urgência que tinham na noite anterior.

Será que é o seu adolescente interior quem está dando as ordens?

A estratégia da limusine é útil para fazer os adolescentes escutarem. Essa tem sido a questão mais frequente dos pais: "Como eu faço para ele ouvir os conselhos maravilhosos que eu tenho para dar?".

Eu quero falar sobre esse tema de maneira cuidadosa e prática. Você vai ter suas perguntas respondidas e aprender novas ferramentas. Por isso, é importante que você saiba que, durante o meu mestrado em educação, eu me preparei para ir mais fundo no significado da aparência e do comportamento desdenhoso dos jovens.

Isso quer dizer que não vou colocar band-aid nos sintomas.

Com a vida corrida que temos, estamos nos condicionando a resolver os problemas de maneira rápida e fácil. Achamos anormal um problema levar mais de uma conversa para ser resolvido.

Além disso, a sociedade e os familiares esperam uma resposta imediata, o que nos força a **reagir** em curto prazo em vez de **orientar** em longo prazo. Se queremos resolver os problemas de maneira eficaz e sem criar outros problemas secundários, precisamos ter a capacidade de desacelerar para pensar numa mudança de rota.

A verdade é que os seres humanos são complexos, e temos que estar preparados para compreender os motivos e desejos dos adolescentes. Alguns pais aprendem fazendo terapia, outros têm aulas de educação parental, e outros são forçados a aprender quando o jovem começa a apresentar comportamentos assustadores ou é internado em uma clínica de tratamento.

É muito comum ouvir dos pais nos meus grupos de educação parental: **"Por que eles não ensinam essas ferramentas de relacionamento na faculdade? Eu teria evitado tantos problemas"**.

Há muitos benefícios em aprender técnicas de resolução de conflitos, de comunicação e treinar a autorregulação. E o que eu ensino nos cursos e neste livro pode ser usado para qualquer relacionamento.

Por isso é tão importante o autoconhecimento nos adultos. Quando os filhos se tornam adolescentes, eles nos fazem um convite para revisitar o nosso adolescente interior, nossas experiências do passado, nossos medos e desejos, necessidades que talvez não tenham sido atendidas. Os pais acabam por "descontar" nos filhos a frustração da própria adolescência mal resolvida.

Como eu faço para o meu filho me escutar?

Recebi esta mensagem de uma mãe no Instagram:

"Parece que a gente não consegue conversar mais. Qualquer assunto que eu inicie, ela responde breve e sai de perto, como se ficasse desconfortável em conversar comigo. Isso nunca tinha acontecido antes".

Pode ser que o relacionamento entre vocês seja marcado por atritos, e pode ser também que você esteja começando a perceber agora que o seu filho não te escuta mais. No desespero, você força a conversa ou grita um comando:

"Faça agora porque estou mandando."
"Debaixo do meu teto quem manda sou eu."
"Eu sou o pai/mãe, você deveria me respeitar."
"Quem paga as contas aqui sou eu."

Seja honesto: qual é a sua motivação para fazer o seu adolescente te escutar e te obedecer? As respostas que eu escuto dos pais são:

"Eu sempre escutei meu pai."
"Era só ele olhar que eu já entendia o recado."
"Se eu não fizesse o que ele estava mandando, apanhava, levava bronca ou sermão."
"Essa geração Nutella é tão frágil."

A narrativa justificando a nossa violência é tão extensa que perdemos a confiança no jovem adulto que está se abrindo para a vida. Você já teve a sua oportunidade de desabrochar e crescer enquanto alguém tentava controlar a sua vida, e, depois de esperar tanto pela chance de estar no controle e criar as regras, a geração atual parece não aceitar o que funcionava no passado.

Muitos pais comentam que não reconhecem mais o filho quando ele começa a entrar na adolescência, porque o jovem fica agressivo, ou porque ele se tranca no quarto quando escuta um "não".

Os pais falam "Não, você não pode ir à festa", com a intenção de deixar o filho em casa, protegido e ensinar que existem limites. Ponto-final. O problema é que, **quando a obediência é forçada, basicamente os pais têm duas ferramentas: punição e recompensa. Vamos falar sobre elas agora.**

Punição e recompensa

Punição e recompensa são motivadores externos que usamos para fazer os adolescentes se conformarem e atenderem os nossos pedidos. Os pedidos que os pais fazem para os filhos e os limites que eles impõem são bem razoáveis na maioria das vezes; o problema não está em proteger o seu filho nem nos limites definidos, mas **na maneira como isso é feito.**

Se você treina seus filhos para serem obedientes, eles ficam condicionados a evitar a dor externa imposta pela figura de autoridade ou a se comportar para ganhar a recompensa externa oferecida por essa figura em qualquer ocasião. Você é uma figura de autoridade, mas não é a única.

Esse treino de evitar a dor ou de buscar a recompensa se repete com todos os indivíduos que simbolizam o poder. Isso significa que, infelizmente, os jovens que são obedientes servem de alvo para assediadores de todo tipo.

Os assediadores costumavam ficar nas ruas, mas hoje estão na internet praticando a chamada **sextorsão**. Essa prática pode começar em qualquer *site*, aplicativo, plataforma de mensagens ou jogo onde as pessoas se encontram e se comunicam. Em alguns casos, o primeiro contato do criminoso já contém a ameaça. A pessoa pode alegar ter uma foto ou vídeo revelador desse jovem, que será compartilhado caso a vítima não envie mais fotos.[1] Conforme escrevo esse parágrafo, foi publicado a notícia na BBC News Brasil[2] de um adolescente de 17 anos vítima de sextorsão. Os golpistas se fizeram passar por uma garota da idade dele e pediram que ele mandasse fotos explícitas de si mesmo. Quando ele fez isso, os golpistas ameaçaram divulgar as fotos se o adolescente não pagasse uma quantia em dinheiro. O jovem acabou cometendo suicídio 6 horas após a gangue ter se revelado pedindo o dinheiro.

O crime de sextorsão começa quando os jovens acreditam que estão se comunicando com alguém da sua idade no que parece uma relação de amizade ou de namoro, ou então quando conversam com alguém que oferece algo de valor em troca de fotos suas. Depois que os criminosos obtêm um ou mais vídeos ou fotos, eles ameaçam publicar esse conteúdo, ou ameaçam praticar alguma violência, para fazer a vítima enviar mais imagens.

A vergonha, o medo e a confusão que os adolescentes sentem quando se envolvem nesse ciclo muitas vezes os impedem de pedir ajuda ou de denunciar o abuso.

Os assediadores procuram jovens que possam ser cativados pelo seu perfil mais "obediente".

---

1 Fonte: FBI (2024).
2 Fonte: https://www.bbc.com/portuguese/articles/c5111vzk33vo

Mesmo que você esteja pensando agora: "De jeito nenhum isso vai acontecer com meus filhos, eu os protejo na internet", os recursos dos pais são limitados em comparação à criatividade, curiosidade e audácia dos adolescentes. Em algum momento eles vão ter um namorado ou ficante capaz de forçar a barra e pedir "nudes": "Se você me ama, me manda uma nude" ou "Se você não mandar, não vamos mais nos ver".

O condicionamento de evitar a dor externa imposta pela figura de autoridade ou de se comportar para ganhar a recompensa externa oferecida por esse indivíduo força o jovem a ir contra aquela "voz interna" que diz: "Para mim isso não está certo".

O mesmo pode acontecer entre duas amigas. Uma delas pode sugerir: "Vamos roubar maquiagem naquela loja" e a outra, por querer a aprovação da amiga, contraria seus próprios valores.

A obediência tem um custo muito alto. Os pais podem até conseguir **imediatamente** que o adolescente desista de ir à festa, e podem convencer o filho a sentar para fazer a lição, mas com isso o jovem abre mão de escutar sua própria voz interna.

Para cultivar o exercício de fortalecer a voz interna dos nossos filhos, precisamos ajudá-los a verbalizar o que pensam sobre si, sobre os outros e sobre o mundo.

Muitos pais acham que adolescentes são criaturas selvagens que precisam ser domadas. **O foco deve estar em abrir mão da mentalidade "na minha época não era assim" para "agora é diferente e quero cultivar a cooperação dos jovens ao escutá-los".**

Seu filho tem direito de falar sobre o que o afeta

Se o seu adolescente se recusa a deixar o celular carregando fora do quarto à noite, ele está tentando mostrar o que é importante para ele. O lugar onde o celular fica carregando é importante para ele. Ele tem direito de falar.

Isso quer dizer que cada um dos seus filhos pode decidir onde carregar o celular e por quanto tempo usar? Não! Não é isso que estou dizendo.

O que eu quero dizer é que podemos falar para ele: "Parece que você tem opiniões e preferências sobre o lugar onde o celular carrega. Temos quatro pessoas na nossa família e cada um pode dar a sua opinião sobre onde carregar o celular, levando em consideração que a **necessidade de todos** na família precisa ser atendida (e a necessidade aqui é ter uma noite de sono restauradora e acordar no dia seguinte no horário para ir para a escola e para o trabalho)".

Nesse caso, você o escutou. Afinal, ele tem direito de expressar seus gostos e desgostos, e de contribuir para os acordos que terão a adesão de todos. Isso é respeitoso.

Mas não é porque o adolescente tem o direito de falar que sempre vai conseguir o que deseja.

Quando o adolescente se sente compreendido e escutado, isso gera uma atmosfera de respeito mútuo.

Ele se sente próximo de você, conectado, e isso o leva a se sentir aceito na família, ajudando-o a pensar menos nos interesses pessoais e mais nos interesses coletivos. É assim que mantemos a janela da limusine aberta por mais tempo.

Resumão para o mundo real

- O segredo de ser eficaz é comunicar para o adolescente que ele está sendo compreendido.
- Quando o adolescente abre a "janela da limusine" para conversar, é preciso aproveitar a oportunidade.
- Tente entender como o seu filho percebe a vida. As percepções dele são a realidade dele.
- Ter filhos é um convite para os pais revisitarem o seu próprio adolescente interior.
- A obediência tem um risco muito alto.
- Estamos educando pessoas, e não programando máquinas.
- Não é porque o adolescente tem o direito de falar que sempre vai conseguir o que deseja.

ESTRATÉGIA 10

O dominó da confiança

Até agora conversamos sobre as mudanças enfrentadas pelos adolescentes, identificamos o seu estilo de educar, fizemos uma análise da dinâmica entre vocês e observamos a estrutura de poder na sua família. Falamos também sobre o que fazer com a necessidade de controle sua e do seu filho e aprendemos a priorizar os problemas segundo a importância deles. Já sabemos como usar as consequências para educar e como transferir para o adolescente a responsabilidade que lhe cabe. Sabemos também o que fazer para o adolescente nos escutar. Neste capítulo, vamos falar sobre construir a confiança com as reuniões de família e sobre desconstruir a confiança com as mentiras.

A confiança é construída

A confiança é a base para tudo que fazemos na vida. Confiamos nas leis de trânsito quando atravessamos a rua se o farol está verde para nós porque acreditamos que os motoristas vão frear. Confiamos que a comida servida no restaurante tem boa qualidade e confiamos nos professores que educam nossos filhos.

Uma relação de confiança é construída ao longo do tempo, como a montagem de uma fileira de peças de dominó.[1] Cada interação no trânsito, no restaurante ou na escola ajuda a colocar uma peça em pé, uma em frente a outra. E uma situação de desconfiança é suficiente para derrubar a fileira toda, numa reação em cadeia. Leva tempo para construir a confiança, mas basta um instante para arruiná-la.

---

1 Durante a gravação do Episódio 16 "Conversando sobre sexo com seu adolescente" do *podcast Adolescente não precisa de sermão*, aprendi com a Dra. Marcela Noronha a analogia do dominó da confiança e transferi a ideia para a educação emocional.

Quando minha filha começou a se conscientizar que estava ficando diferente e a se sentir menos criança e mais adolescente, ela me pedia para confiar nela para ir a lugares e fazer coisas sozinha. Bem, a confiança não é algo que o jovem pede e os pais dão; ela precisa ser conquistada. Eu imagino que, quando eu dizia "não", ela não se sentia valorizada pelo fato de eu não confiar nela. E eu me sentia confusa: será que devia confiar primeiro para ela mostrar que era capaz? Esse é um assunto que desperta muitas dúvidas.

"Eu já sei disso, mãe, pare de me encher!"

No dia a dia, parece que estamos correndo na roda do *hamster* para ter a sensação de que tudo está sob controle. Adotamos o método do "quanto mais rápido, melhor", e simplesmente não temos tempo de parar para cuidar dos nossos relacionamentos.

O esquema a seguir é familiar para você?

Seu filho está crescendo, cheio de entusiasmo, e você tem esperança de que as coisas vão melhorar.

Quando ele faz 13 anos, começa a pedir mais liberdade, mas ainda não tem ideia das responsabilidades de que precisa assumir.

Ele agora se sente sobrecarregado porque não estava preparado para as novas responsabilidades. Não tem ferramentas para lidar com as novas emoções, para navegar nos conflitos e enfrentar a pressão social.

Seu filho toma consciência de que pode ter mais liberdade agora que está crescendo, mas lhe faltam habilidades de comunicação, de escuta, de empatia e de resolução efetiva de problemas.

Os pais percebem essa carência de recursos do adolescente para lidar com tantas novidades, mas também se sentem confusos e frustrados. Por causa disso, o desejo deles é controlar mais a vida do filho.

O clima fica pesado em casa, mas ninguém fala sobre isso. Surgem problemas de agressividade passiva, prazos são esquecidos e as conversas são desrespeitosas. Os pais se dão conta de que estão enfrentando problemas de relacionamento com o filho.

Mas quem tem tempo para resolver isso agora, com a vida tão corrida? O filho continua crescendo e é cada vez mais cobrado em suas responsabilidades.

Qual é a solução?

Para a maioria dos problemas de relacionamento, a solução está em desenvolver a confiança. A falta dela custa caro.

Por outro lado, você já parou para pensar que o bem-estar da família começa com **a saúde mental dos adultos**? Uma das principais queixas dos pais é a falta de tempo para lidar com o essencial diante da pressão constante para a perfeição. E, se os pais sofrem prejuízos morais e emocionais, isso com certeza vai afetar sua condição física também.

É muito comum ouvir que os pais são heróis sem direito ao descanso, porque descansar significa três coisas:
1. Preguiça.
2. Falta de produtividade.
3. Falta de ambição.

Mas é importante buscar o equilíbrio entre deveres e saúde física e mental, até porque muitos pais não têm noção do impacto que eles exercem sobre as outras pessoas da família. Por isso é importante contar com ferramentas para criar um ambiente psicologicamente saudável enquanto a família cresce e amadurece.

Se o ritmo acelerado da vida nos deixa...
... sem tempo para o lazer,
... sem tempo para o descanso,
... sem tempo para apreciar o filho fazendo o que ama,
... sem tempo para olhar para o céu e contemplar o pôr do sol por um minuto...
é possível prever o que vai acontecer: *burnout*, irritação, ansiedade e depressão. Quem olha de fora pode achar essa vida agitada muito glamourosa, mas no íntimo a gente sabe a verdade.
O que eu percebo é que muitos pais estão aprendendo a...
... escapar do *burnout* crônico,
... fazer transformações profundas em suas vidas,
... se curar,
... multiplicar seu poder criativo em menos tempo,

> para viver a alegria, a realização e a liberdade que desejam. Usar ferramentas que ajudam a melhorar o relacionamento facilita muito esse processo!

Quando existe equilíbrio em casa, as pessoas começam a perceber a si mesmas e aos outros de maneira mais conectada.

As ferramentas socioemocionais que desenvolvem competências incluem gerenciamento de tempo, comunicação, adaptabilidade, resolução de problemas, aptidão para trabalhar em equipe, criatividade, liderança, habilidades interpessoais, autocontrole, ética e atenção aos detalhes.

Então, quando tentamos orientar os adolescentes, eles respondem "eu já sei", e nós sabemos que eles não sabem; não é efetivo enfiar goela abaixo a informação que eles não estão prontos para escutar. Nessa hora, vale a pena inverter os papéis e demonstrar confiança:

1. Seja sincero: "**Eu sei que você já sabe**, mas vou dizer mesmo assim, porque é importante para mim reforçar que _____".
2. Peça para ele te falar o que você vai lembrá-lo de fazer: "**O que eu vou lembrar você de fazer quando _____?**", ou bata na porta do quarto e, em vez de perguntar "Já fez a lição?", diga: "Me diga: está na hora de fazer o quê?".
3. Crie **avisos visuais** e cole na parede ou na porta de entrada: lista de coisas essenciais para a mochila da escola, do treino de dança/futebol, lembretes sobre a consulta médica para ele incluir na agenda.
4. Peça permissão: **"Quando eu posso te lembrar de que você está distraído?"** ou "Quando eu posso te pergun-

tar se você já mandou o *e-mail* para sua professora para falar sobre ____?".
5. Envie mensagens de texto para agradecer e reconhecer o esforço do seu filho.

Cartões da preocupação

Os conflitos ajudam a construir a confiança. Ela pode ser desenvolvida até mesmo nos momentos em que o seu adolescente está preocupado com um problema ou ansioso com alguma decisão que precisa tomar.

Experimente oferecer um cartão para ele escrever a preocupação ou para ele te falar sobre os medos associados àquela preocupação. A ideia é tirar da cabeça e colocar no papel.

Um estudo (NSF, 2011) revelou que, imediatamente antes de fazer provas na escola, escrever por dez minutos sobre as preocupações relacionadas a esse momento é uma maneira eficaz de melhorar o desempenho nos testes em sala de aula. Quando registram por escrito seus pensamentos negativos, os alunos muitas vezes percebem que a situação não é tão ruim quanto eles pensavam ou se conscientizam de que estão preparados para enfrentá-la. Como resultado, eles se preocupam menos na hora da prova.

Por exemplo, digamos que o seu filho estudou tanto para a prova que ficou inseguro sobre o que aprendeu. Agora, tomado pela ansiedade, ele diz que não consegue assimilar mais nada.

Primeiro, respire. Pegue um cartão em branco e peça para ele escrever do que mais tem medo ou aquilo que o preocupa. Se ele escrever algo como "Vou me dar mal nessa prova", então acolha: "Vamos ver se isso é um medo ou um fato depois que você fizer a prova e receber sua nota".

A confiança aumenta quando:
- Os membros da família se arriscam revelando mais sobre suas vulnerabilidades.
- Convida os outros a fazerem o mesmo – afinal, todos estamos no mesmo barco.
- O jovem revela uma vulnerabilidade sua aos pais, e eles não tiram vantagem dessa preocupação num momento futuro.
- Os pais normalizam que o medo pode travar qualquer pessoa.
- As fraquezas das pessoas não são usadas para magoar.
- Mostramos que estamos comprometidos para superar a dor juntos.
- Os momentos de vulnerabilidade acabam fortalecendo a conexão.
- As preocupações de uma pessoa se mostram úteis para alinhar suas metas.

A trava de segurança da montanha-russa

Você costuma frequentar parques de diversões? Eu vou, mas não gosto muito. Sou aquela pessoa que segura as bolsas, celulares e carteiras enquanto acompanho familiares e amigos dando voltas na montanha-russa.

Em uma dessas ocasiões, enquanto meus filhos passavam horas na fila para curtir alguns segundos de descidas e curvas cheias de adrenalina a 45 metros de altura, a quase 100 quilômetros por hora, o tempo de espera me permitiu refletir sobre o tema da confiança.

É interessante como essas atrações que desafiam a morte podem ser divertidas para os jovens. Por quê? **Porque a cadeira da montanha-russa tem uma barra de segurança.** É ela que mantém o passageiro seguro. Se não existisse essa trava, duvido que alguém iria se arriscar a ficar de cabeça para baixo naquela altura.

Na vida, a trava de segurança são os limites dos pais. Os adolescentes se divertem nos *loopings* da vida, em alta velocidade, com os braços para cima, mas é a barra de segurança que garante que voltem vivos para casa. Essa trava é a confiança que existe entre vocês.

Só que, para o seu filho confiar em você, você precisa ser confiável.

As reuniões de família ajudam a construir o dominó da confiança

Quero iniciar esta seção compartilhando uma mensagem que recebi, porque para a ajuda que esta mãe está pedindo, as reuniões de família são um excelente recurso.

"Olá, Fernanda, sigo e admiro o seu trabalho/conteúdo há pouco tempo, mas tenho aprendido uma série de estratégias muito interessantes para mim e minha família. Sou mãe de 4 filhos, com 20, 13, 11 e 9 anos. Todos são diferentes e por isso faço caminhos diferentes com cada um. No momento a minha principal preocupação é que eles criem conexão uns com os outros, que se apoiem, que exprimam o seu amor entre si, pois o mais comum é usarem de competição, apontar defeito ou ciúme. Há momentos de cumplicidade enorme, mas parece que lhes custa demonstrar amizade e carinho dentro de casa. Eu e o pai somos pessoas calmas, que nos amamos e que transparecemos cumplicidade e respeito. Gostaria que me indi-

casse algum livro, conteúdo seu ou estratégia da filosofia positiva que me ajudasse a desbloquear este ponto na minha família".

Se quisermos realmente revolucionar a maneira como educamos, precisamos começar a fazer reuniões de família. Não importa se elas acontecem uma vez por semana, a cada duas semanas ou mensalmente. O importante é começar.

Convidar os seus filhos para uma reunião de família somente quando houver problemas para resolver não faz sentido; é preciso que esses encontros façam parte do ritual nas nossas casas.

Reuniões de família na era digital

Quando sentamos à mesa (sem telas) para falar sobre como as coisas estão indo com a família, oferecemos oportunidades para desenvolver a amizade, fortalecer a confiança e pensar em soluções juntos. É incrível como os jovens trazem soluções práticas quando têm a oportunidade de liderar.

Para os pais, as reuniões propiciam a chance de resolver os problemas e evitar os sermões, mas também dão condições para diminuir a competição e aumentar a cooperação, e com isso a cumplicidade entre os membros da família.

Cinco benefícios das reuniões de família (presenciais e sem telas!):

1. As chances de o adolescente cumprir o que foi combinado na reunião são maiores quando ele teve a chance de expressar suas opiniões e foi convidado a resolver o problema junto com a família, sem sermão.
2. Quando o adolescente se sente ouvido e as suas contribuições são valorizadas, ele age de maneira menos competitiva e mais cooperativa. As reuniões ensinam todos a resolver os problemas em vez de se concentrar na culpa (uma habilidade maravilhosa para a vida!).
3. Essas reuniões são um trabalho em equipe, que ajudam as famílias a criar laços e a melhorar os relacionamentos, além de se tornarem uma tradição bonita e forte.
4. As reuniões de família ensinam aos jovens habilidades de vida como resolução de problemas, escuta ativa, paciência e flexibilidade, e tudo isso contribui para o desenvolvimento de sua resiliência.
5. Sua casa funciona de maneira mais tranquila quando vocês passam a resolver os problemas juntos e a organizar os compromissos da semana **antes** de a semana começar.

Quem não gostaria desses benefícios? Então, vamos mergulhar nos passos para tornar as reuniões de família parte da rotina na sua casa.

Frequência

Minha sugestão é que vocês se encontrem uma vez por semana em um horário predeterminado que seja bom para todos (por exemplo, no domingo às duas da tarde). Marque esse horário na agenda e dê a esse compromisso a importância que ele merece.

Os adolescentes precisam de consistência e previsibilidade em suas vidas. Se souberem que a reunião vai acontecer todos os domingos à tarde, ficarão mais tolerantes ao conviver com um problema novo ou com as regras vigentes até a próxima reunião acontecer. Daí, eles terão tempo de se acalmar, expor as suas queixas sobre os motivos pelos quais não gostam de algo e oferecer sugestões.

Duração

Ninguém gosta de reuniões longas e chatas, e isso inclui os adultos. Faça um esforço para elas serem o mais curtas e divertidas possível, 20 minutos no máximo.

Idade para começar

O mais cedo possível! Eu sei que isso parece uma loucura, mas claro que os assuntos discutidos devem ser adequados à idade. Não peça a opinião do seu filho de 13 anos sobre o imposto de renda (a não ser que ele tenha uma estranha paixão por esse assunto!).

As reuniões devem incluir tópicos de interesse do seu filho, senão ele não vai querer mais participar. Exemplo: vocês podem definir o valor da mesada, um jeito de todos poderem ajudar nas tarefas da casa, o destino da próxima viagem em família e até o cardápio dos jantares da semana.

Presença

A presença é voluntária! Você não pode obrigar um jovem a comparecer ou participar. Acredite em mim: se você fizer isso, ele vai dar um jeito de estragar a reunião.

Então, avise o(s) seu(s) filho(s) de que ele não tem que comparecer, mas quaisquer acordos familiares feitos na reunião serão aplicados a todos, por isso, se quiser contribuir, ele precisa estar presente! Reforce que a participação dele é importante e que sua presença fará toda a diferença.

Funções e responsabilidades

Na minha casa, temos quatro pessoas na família, e a cada semana nos revezamos nestas funções:

- **Presidente:** essa pessoa inicia a reunião, dizendo algo como "A reunião vai começar e eu vou programar o *timer* para 20 minutos. Vamos passar o bastão da fala para reconhecer alguém da nossa família. Eu começo: irmã, quero reconhecer você por estar usando o banheiro mais rápido de manhã, assim eu não fico esperando tanto tempo. Obrigado".
- **Secretário:** essa pessoa anota num caderno a data, os nomes de quem estava presente, a lista de tópicos para serem discutidos e as soluções.
- **Líder das tarefas:** na minha casa, nós temos quatro tarefas domésticas que são rotativas em cada reunião: quem ajuda na cozinha, quem lava/seca as roupas, quem recolhe o lixo da casa e quem cuida da gatinha. Se naquela semana eu sou responsável pela lavanderia, na semana seguinte ficarei res-

ponsável pela gata, e assim por diante. Você pode pensar no que funciona na sua casa e adaptar. O líder das tarefas fala sobre o que precisa ser feito e anota o nome dos voluntários para cada tarefa.

- **Pensador:** esse é o responsável por pensar numa habilidade de vida que será destacada naquela semana. Eu sei que isso parece poético demais, mas, como comecei a fazer essas reuniões em 2013, meus filhos fazem isso desde pequenos e estão acostumados com essa função. Exemplos de habilidades de vida: resiliência, organização, autocontrole, começar um *hobby* novo, nomear as suas emoções e saber regulá-las, tolerância, flexibilidade.

Os adolescentes são líderes e estão dispostos a assumir papéis de liderança na família, então aproveite isso. Claro, você terá que ensinar essa habilidade a eles. As quatro funções que eu expliquei também são rotativas, e isso mostra o seu compromisso com os processos democráticos.

Pauta da reunião

A reunião não pode ser um pretexto para os pais darem sermões, por isso é importante seguir uma pauta.

A pauta básica para uma reunião de família deve incluir:

1. Reconhecimentos e agradecimentos

Comece todos os encontros em tom positivo. Assim como fazemos no ambiente profissional, é bom ouvir/falar sobre os pontos fortes das pessoas antes de analisarmos as áreas que precisam ser melhoradas.

A tendência dos pais é apontar o que não está funcionando e falar sobre os defeitos, mas pelo menos uma vez por semana é importante lembrar de tudo o que há de bom e do que apreciamos em nossas famílias.

Existem várias maneiras diferentes de reconhecer ou agradecer. Algumas famílias pedem a cada pessoa que fale algo que ela admira em si mesma ("Eu quero reconhecer a minha capacidade de focar o trabalho em vez de distrair-me nas redes sociais") ou o que admira no outro ("Filho, obrigada por conversar comigo no carro. Eu adoro passar tempo com você").

Algumas páginas adiante você vai encontrar a **Lista de qualidades**, em ordem alfabética, para ajudar todos a pensarem em características positivas que podem ser citadas no momento do reconhecimento.

2. Revisão de assuntos da pauta

Depois dos reconhecimentos, revisem as soluções acordadas na reunião da semana anterior perguntando se precisam reabrir o assunto para discussão ou se a solução está funcionando: "Decidimos na semana passada que ____. Isso está funcionando para vocês? Precisamos de algum ajuste?".

Se a resposta for "não", passem para o próximo item. Se precisar de algum ajuste, dediquem alguns minutos para ouvir as novas sugestões e votem para a maioria escolher, reforçando que os itens da pauta podem ser negociados. Itens que não são negociáveis, não devem entrar na pauta da reunião.

3. Discussão dos novos assuntos da pauta

Recomendo trazer não mais que dois ou três assuntos gerais para discutir a cada semana. Evite colocar na pauta itens do tipo "O quarto do João está sempre desorganizado", optando por temas como "Problemas de organização na casa". Assim, todos se envolvem na solução do problema, e o João não se torna "o problema".

Outro exemplo: evite colocar na pauta "Filhos viciados no celular". É mais convidativo: "Excesso de uso de telas. Como podemos equilibrar?", assim todos se envolvem em solucionar como encontrar um equilíbrio saudável no uso de telas, incluindo os adultos.

Os adolescentes podem incluir temas como dormir mais tarde, aumento da mesada, mais tempo de *videogame* etc.

Lembre-se: por mais que demandas como essas deixem você estressado, é importante que os seus filhos tenham espaço para falar.

Pedir mais isso ou aquilo não significa que eles vão ganhar o que querem. A lição mais importante é que ao demonstrar que você realmente entende o que os adolescentes querem, eles se sintam compreendidos.

Demonstre que você compreende as necessidades do jovem ("Você quer tempo ilimitado para usar o celular porque os seus amigos não têm esse limite") e depois compartilhe as necessidades da situação ("Eu entendo que você queira mais tempo para usar o celular, e você pode usar das sete da manhã até as dez da noite, para que tenha um sono de qualidade. Depois que fizer 18 anos, poderá decidir como dividir esse tempo" ou "Não vou ficar confortável com isso. Se você pensar em uma alternativa que leve em consideração as minhas objeções e limites, estou disposta a chegar a um acordo junto com você").

Evite relembrar brigas do passado ou apontar o dedo para atribuir a culpa. Em vez disso, indique claramente o problema e peça soluções possíveis para que as coisas corram de maneira diferente e melhor para todos no futuro.

Elaborem ideias juntos. É importante que a maioria das ideias de soluções para os problemas da lista venha primeiro dos adolescentes e depois dos pais. **O silêncio vale ouro nesse momento**. É mais provável que os adolescentes considerem e cumpram as ideias que eles mesmo trouxeram e com as quais vocês concordaram.

4. Lista de soluções

Quando um problema está na pauta (por exemplo, sair atrasado para a escola), todos têm o direito de expressar suas opiniões e sentimentos sobre isso, e juntos fazer uma lista de soluções. Todas as ideias são bem-vindas, das mais reais e sensatas (por exemplo, ativar um despertador para acordar) às mais improváveis (por exemplo, não ir à escola ou ir de pijama). Não é hora de corrigir; deixe as ideias fluírem.

Os pais têm bastante dificuldade com isso, porque geralmente não aceitam ideias que não sejam as suas próprias ou que sejam práticas. Se a ideia dos pais é a melhor mas ninguém cumpre, ela deixa de ser a "melhor ideia". A melhor ideia é aquela que é criada pelo grupo, porque gera mais senso de propriedade. Se a ideia é de todos, a probabilidade de ser cumprida (sem sermão) é muito maior.

5. Escolha da solução

Quando as soluções são listadas e a regra estipulada é votar pela maioria, você pode se colocar numa posição muito difícil. Imagine que seus três filhos queiram um cachorrinho, e na reunião a votação é de três votos "sim" e dois votos "não": você vai ganhar um animal de estimação! É o que você quer?

Então, explique que as decisões na família devem ser tomadas por consenso – algo com o qual **todos** podem concordar em conviver –, mesmo que seja por uma semana.

É mais seguro e sustentável escolher a solução por **consenso** seguindo os **3R e 1U da solução**:
- **Respeitosa** com os adultos e com os adolescentes.
- **Razoável** para a maturidade e a idade dos adolescentes.
- **Relacionada** ao problema em questão.
- **Útil** para todos da família.

O consenso também significa que os pais têm poder de veto. Se numa reunião eles não concordarem com a proposta de oito horas de uso do computador, simplesmente devem votar "não", e o consenso não é alcançado. Quando isso acontece, o assunto fica anotado para entrar na pauta da semana seguinte, quando será buscada uma solução, sem alterar a regra em vigor.

6. Divisão das tarefas da casa

Já falamos várias vezes aqui que se sentir aceito e importante faz parte das necessidades básicas de todos os seres humanos. E uma ótima maneira de cultivar o senso de importância é ajudando em casa.

Se o seu filho não está acostumado a ajudar, pode ser um pouco difícil começar esse hábito, afinal ninguém gosta de mudanças (principalmente quando saímos do estado de conforto de sermos servidos para o incômodo de trabalhar sem ganhar nada em troca!).

Comece perguntando para os seus adolescentes como eles poderiam ajudar em casa e façam uma lista de tarefas para que todos (inclusive os pais) tenham a oportunidade de, por exemplo, arrumar a mesa, passear com o cachorro, lavar e secar as roupas etc. Essas tarefas são rotativas, para que ninguém fique preso fazendo um trabalho que odeia indefinidamente.

7. Encerramento da reunião com uma atividade divertida

Quando comecei essa tradição na minha família, nunca teria imaginado que a última etapa fosse ser a mais esperada pelos meus filhos. No inverno, nós apagamos todas as luzes da casa e brincamos de esconde-esconde. Ver o meu marido com seu 1 metro e 93 de altura se escondendo atrás das cortinas era demais. Caímos na risada sempre que lembramos. No verão, preparamos um prato de queijo e frutas para saborear no quintal enquanto ainda está claro, até as oito da noite.

Seja criativo e invente suas próprias tradições.

Sai pra lá, tentação! Criando um ambiente propício

Os pais adoram a ideia da reunião de família, mas cometem alguns erros. O que evitar?

- **Não comece** pelos problemas mais tensos da sua casa. Se o seu filho perceber que sempre vai ser o alvo nas reuniões de família, isso vai ser um tiro no pé. Ele nunca mais vai querer participar de uma reunião.
- **Comece com assuntos leves e não controversos:** o cardápio para os jantares da semana, uma programação divertida para o fim de semana em família ou o planejamento das atividades da semana (horário do treino de esportes, festas de aniversário, quando e com quem comprar o presente para o aniversariante, aulas particulares etc.).
- **Traga primeiro os problemas que os adolescentes estão motivados para resolver e desejosos de contribuir.** Nos primeiros meses você estará simplesmente estabelecendo os **fundamentos básicos** sobre como as reuniões funcionam, criando uma atmosfera positiva de **escuta** e ensinando aos jovens as habilidades básicas sobre se **revezar**, **esperar** a vez de falar e chegar a um **consenso**. Depois que as reuniões estiverem indo bem e entrarem na rotina da sua casa, você poderá adicionar alguns dos outros elementos e incluir problemas mais complexos na pauta.
- **Evite dominar a reunião com as suas ideias ma-ra--vi-lho-sas para resolver os assuntos.** Lembre-se de que esses encontros curtos toda semana servem como um treino para seus filhos desenvolverem a habilidade de solucionar problemas. É um investimento de 20 minutos com rendimento garantido depois que eles saírem de casa.
- **Tente fazer uma reunião por semana, mas, se pular uma, mantenha a próxima firme e forte na agenda.** Se alguém estiver viajando, façam por videoconferência, ou simplesmente pulem aquela semana.

> **Comece pelos reconhecimentos!** Uma vez o meu filho disse que achava isso uma frescura, e eu tive a brilhante ideia de pedir que ele incluísse essa queixa na pauta da próxima reunião (em vez de dar um sermão sobre a importância de começar num tom positivo, blá-blá-blá). Essa etapa foi mantida pelo voto da maioria, já que tivemos 3 a 1, além de ser respeitosa, razoável, relacionada e útil. Então, os reconhecimentos continuaram como um passo do processo.

As reuniões de família criam uma atmosfera em que os adolescentes aprendem que têm direito de falar e que a sua voz é ouvida. E os pais aprendem a escutar e a não ter que ceder a todos os pedidos dos adolescentes explicando os limites. Reuniões de família não são um espaço somente para os adolescentes pedirem pelo que querem, mas também para terem a chance de refletir em como podem contribuir com a família.

Na nossa família
Como mencionei antes, temos feito reuniões assim desde 2013, e, apesar de termos pulado uma semana aqui e outra ali, e de algumas reuniões terem sido encerradas mais cedo por estarmos de cabeça quente, fomos consistentes ao longo do tempo.
Cada reunião requer tempo e paciência da parte de todos. Por outro lado, cada reunião representa mais uma peça na construção das fileiras de dominós da confiança.

E quando o parceiro não quer participar da reunião de família?

Isso aconteceu comigo e vou compartilhar uma história pessoal a seguir.

Na época, meus filhos tinham 2 anos e meio e 5 anos, e, sendo tão pequenos, não conseguiam ficar sentados por muito tempo sem a tentação de brincar entre eles ou de sair da cadeira.

Um dia, meu marido, sem paciência, bateu a mão na mesa e falou: "Não vou mais fazer reunião nenhuma. As crianças não param quietas".

Fiquei arrasada, mas não desisti. Toda sexta-feira às quatro da tarde, meus dois filhos e eu sentávamos no chão para uma breve reunião de família. Eu usava um bastão da fala (um tubo colorido com *glitter* com um líquido roxo dentro, que os deixava hipnotizados) para cada um ter sua vez de falar sobre seus sentimentos e pensamentos a respeito do cardápio do café da manhã no domingo (eles adoram crepe com morango e pedaços de chocolate) e da escolha do parque que visitaríamos no fim de semana.

Meu marido foi percebendo que as soluções que eram votadas na reunião eram respeitadas pelas crianças. Então, um belo dia, ele queria que as crianças arrumassem a bagunça de brinquedos no chão da sala e resolveu pedir uma reunião de família "extraordinária". Eu falei: "A reunião de família não funciona assim; ela não acontece na hora em que você quiser. Se você tem um problema, inclua na pauta e na sexta-feira às quatro da tarde nós vamos resolver". Mesmo impaciente e nervoso, ele seguiu o processo.

Fiquei espantada e ao mesmo tempo esperançosa quando ele finalmente "comprou" a ideia de participar dos encontros. A partir desse dia, ele começou a ser presença constante nas reuniões de família, porque sabia que nelas os problemas seriam discutidos sem culpar ninguém, e que as soluções escolhidas seriam cumpridas por terem contado com a contribuição de cada um.

Hoje, meus filhos são adolescentes. O Kris, com 19 anos, faz faculdade do outro lado do país, trabalha, joga basquete, tem uma vida social saudável (eu fui jogar boliche com o grupo de amigos dele!) e faz contribuições significativas na comunidade escolar dele. A Kate, com 16 anos, mora conosco, é dedicada nos estudos e nos esportes, serve como guia a visitantes na escola, tem uma vida social ativa e é uma companhia muito agradável.

As reuniões de família ainda acontecem quando todos estão em casa para alinharmos os calendários e decidirmos quem vai usar os carros (já que somos quatro motoristas para dois carros).

E as "crianças" ainda não param quietas. São encontros informais: um senta no chão para brincar com a gata, enquanto o outro se joga no sofá com as pernas para o ar. Isso não importa tanto. O que mais importa é que as reuniões são respeitosas, breves e a tradição em nossa família é mantida.

Ah, é claro que ainda brincamos de esconde-esconde no inverno para celebrar as nossas crianças internas!

Vale lembrar que as reuniões de família começam com reconhecimentos sobre os aspectos e as atitudes dos membros da família. Abaixo, você encontrará uma lista de qualidades para se inspirar e caracterizar as pessoas com as quais convive. Você pode usar essa lista para agradecer e/ou reconhecer. Por exemplo, "Eu reconheço você pela sua autodisciplina ao ler um capítulo do seu livro por dia" ou "Eu agradeço a sua calma comigo na hora do almoço".

Lista de qualidades[2] (para serem usadas na primeira parte da reunião)			
Aberto	Bem-disposto	Corajoso	Encantador
Acessível	Bem-educado	Cordial	Engenhoso
Admirável	Bem-humorado	Correto	Engraçado
Afetuoso	Bem-visto	Cortês	Entusiasmado
Agradável	Bom	Criativo	Equilibrado
Alegre	Bom caráter	Cuidadoso	Esperançoso
Alerta	Bondoso	Culto	Esperto
Altruísta	Brilhante	Curioso	Espirituoso
Amável	Calmo	De boa índole	Espontâneo
Ambicioso	Caloroso	Decente	Esportista
Amistoso	Capaz	Decisivo	Estável
Animado	Cauteloso	Despreocupado	Estruturado
Ansioso	Cheio de energia	Destemido	Estudioso
Apto	Científico	Determinado	Ético
Arrojado	Claro	Digno	Experiente
Artístico	Coerente	Digno de confiança	Expressivo
Astuto	Comedido	Diligente	Extravagante
Atencioso	Cômico	Diplomático	Extrovertido
Atento	Companheiro	Direto	Exuberante
Ativo	Competente	Disciplinado	Fala mansa
Audacioso	Compreensivo	Discreto	Falante
Autêntico	Confiante	Disposto	Feliz
Autoconfiante	Confiável	Divertido	Fértil
Autocontrolado	Confidente	Econômico	Fiel
Autocrítico	Conservador	Educado	Filosófico
Autodisciplinado	Considerativo	Eficiente	Firme
Autônomo	Convincente	Elegante	Flexível
Autossuficiente	Cooperativo	Eloquente	Franco

(continua)

---

2   Fonte: "A arte da facilitação em Disciplina Positiva: habilidades de facilitação para educadores e *trainers* em Disciplina Positiva", por Jane Nelsen e Nadine Gaudin (2021).

Lista de qualidades (para serem usadas na primeira parte da reunião) (continuação)

Aventureiro	Coração mole	Empreendedor	Generoso
Genial	Leal	Persuasivo	Saudável
Gentil	Legal	Planejado	Seguro
Genuíno	Literato	Ponderado	Sensato
Gracioso	Lógico	Pontual	Sensível
Grato	Lúcido	Positivo	Sentimental
Hábil	Maduro	Prático	Sério
Habilidoso	Maleável	Precavido	Simpático
Honesto	Matemático	Preciso	Simples
Humilde	Meditativo	Prestativo	Sincero
Idealista	Meigo	Produtivo	Sistemático
Imaginativo	Mente aberta	Proficiente	Sociável
Impulsivo	Meticuloso	Progressivo	Sofisticado
Incansável	Metódico	Prudente	Solícito
Incomum	Minucioso	Puro	Sortudo
Inconformado	Moderado	Quieto	Sossegado
Independente	Moderno	Racional	Suave
Inestimável	Modesto	Rápido	Sutil
Informal	Nobre	Razoável	Talentoso
Inocente	Obediente	Realista	Tolerante
Inofensivo	Objetivo	Receptivo	Trabalhador
Inspirador	Observador	Refinado	Tranquilo
Instigante	Organizado	Regrado	Transparente
Instrutivo	Orgulhoso	Relaxado	Vaidoso
Intelectual	Original	Religioso	Verdadeiro
Inteligente	Otimista	Requintado	Versátil
Intencional	Paciente	Reservado	Vigilante
Interessante	Perceptivo	Respeitável	Vigoroso
Inusitado	Perfeccionista	Respeitoso	Visionário
Inventivo	Perseverante	Responsável	Vivaz
Jovial	Persistente	Romântico	Zeloso
Justo	Perspicaz	Sagaz	

A mentira é devastadora para a confiança

Eu dou mentorias individuais para pais e casais. No caso que compartilho a seguir, os pais vieram me procurar por causa das mentiras que o filho costumava contar. Durante uma sessão, nós nos aprofundamos no "*iceberg* da mentira", mostrei como as atitudes dos pais estavam, sem querer, contribuindo para o filho não contar a verdade por medo da reação deles, e o que eles poderiam fazer diferente. Então, eu recebi esta mensagem da mãe:

"Olá, Fernanda, Espero que esteja tudo bem... estou passando para dizer como estão as coisas aqui em casa... Continuamos vendo progresso no Jamil... neste final de semana deixamos ele com os tios e quando retornamos, para nossa grata surpresa, ele correu para nos abraçar! Sim, fazia um tempo que ele não abraçava de forma espontânea! Ele perguntou como foi nosso final de semana e falou do dele com muita alegria... Havia algumas bagunças pela casa, e enquanto falava foi organizando sem que eu pedisse... para minha surpresa maior, ele falou: 'Não fiz o Kumon ainda, mas farei agora'. Imagina minha cara?! Fiquei admirada!!! Com vontade de chorar... Claro que tenho plena consciência de que haverá dias fáceis e dias não tão fáceis, mas percebi que a mudança na forma de que abordá-lo fez toda a diferença. ... já vi que eu me curando estarei ajudando-o! Antes de ir embora, quero agradecê-la pelos ensinamentos, oportunidade e principalmente pela acolhida tão amorosa que nos proporcionou. Abraços e até breve! D.S.".

A mentira é o empurrão que causa o efeito dominó. Ela dilacera a confiança em segundos quando é descoberta.

Mas é importante lembrar que a mentira também pode ser um mecanismo de defesa. Para uma criança de 4 anos, dizer que tem um amigo invisível, ou afirmar ter feito um desenho que na verdade foi feito pelo amigo, ou ainda inventar que apanhou na escola, é parte da fase de desenvolvimento em que ela se encontra: ela ainda vive no mundo da fantasia e da imaginação. Os pais têm que ficar tranquilos e ir ajudando a criança a distinguir o que é faz de conta e o que é verdade. Uma reação exagerada pode inibir a criança de falar a verdade.

Agora, se acelerarmos a fita e esse jovem chegar aos 14 anos sem parar de mentir, isso pode ser um mecanismo de proteção ou um péssimo hábito, e a calma dos pais enquanto escutam histórias de faz de conta ou mentiras deslavadas cria um ambiente menos favorável.

Para mostrar que mentir é errado, os pais conversam com o filho. Quando a conversa não funciona, eles partem para a ironia. Quando a ironia não surte efeito, os pais humilham para o filho passar vergonha. Quando a vergonha não surte efeito, eles batem, não porque estão com raiva, mas para que o filho se sensibilize e demonstre alguma reação.

Quando o adolescente chora depois de ter apanhado, os pais pensam: "Agora sim ele reagiu e vai fazer alguma coisa a respeito em vez de achar que está tudo bem".

Alguns adolescentes não mostram nenhum remorso quando perdem alguns privilégios, como ficar sem celular por um dia. E a reação que os pais esperam não se manifesta.

As conversas que acontecem trazem cobranças, e os adolescentes sentem isso. Se você quer estimular o seu filho a falar a verdade, o sermão, a ironia, a vergonha e a surra não serão as soluções mais efetivas. Se você quer estimular seu filho a fazer a obrigação primeiro e depois a diversão, ou se precisa desenvolver qualquer outra habilidade nele, é necessário um outro conjunto de ferramentas para alcançar o equilíbrio.

Temos que reconhecer que crescemos numa época em que brincávamos com mais liberdade, usando a imaginação e aprendendo com outros adolescentes no contato presencial. Estávamos na escola da vida sem a noção de que, pouco a pouco, íamos aprendendo as habilidades que a vida exige.

Nossos filhos nasceram em um tempo muito diferente, e é natural que uma lacuna nos separe; é difícil compreender, acessar e se conectar com a adolescência atual.

Sou mestre em educação, estudei abordagens diferentes e na minha prática uso a abordagem integrativa, então não concordo em usar a vergonha, a humilhação e as surras como motivadores na educação. Por mais que pareça funcionar na hora, em longo prazo surgem problemas mentais e emocionais que vão requerer mais tempo e recursos para serem equilibrados.

Infância é construção, e adolescência é reforma, lembra? Precisamos mudar a abordagem e a linguagem para tratar o adolescente como um jovem adulto, mesmo sabendo que ele não é adulto ainda. É exaustivo ficar na tentativa e erro: "Já tentei a vergonha e agora vou tentar bater. Se não der certo, depois eu tento outra coisa".

É necessário percorrer um caminho estruturado; durante algum tempo vai parecer que não está funcionando, mas está. Por quê? Porque, sempre que reagimos de maneira consistente, o adolescente associa a nossa voz, a nossa presença e a nossa palavra com algo que demonstra que o valorizamos pelo que ele está se tornando. E, para o seu filho chegar a essa conclusão, quem precisa mudar primeiro somos nós. Precisamos reconquistar a confiança do jovem que sente necessidade de mentir para os pais.

Não existe relacionamento duradouro sem confiança, por isso a sensação dos pais é de fracasso por não terem criado um ser humano moralmente correto. Uma mãe veio me procurar porque a filha mentiu. O acordo era que a menina precisava tirar nota acima da média para fazer uma viagem com os pais, mas ela não conseguiu e mentiu descaradamente sobre isso.

Para tratar desse assunto, vamos retomar o desenho do *iceberg*. A **ponta do** *iceberg* é o comportamento que podemos ver, medir e ouvir: é a **mentira**. Essa parte representa apenas 10% do todo. Os pais ficam muito desapontados quando o adolescente fala na cara dura que fez uma coisa e depois se descobre que não fez ("Eu não acredito que você foi capaz de mentir para mim. Me sinto enganado e traído").

O pior castigo que os pais podem dar é demonstrar seu **desapontamento**, mais até do que bater, porque o que os adolescentes menos querem é perder a admiração dos pais.

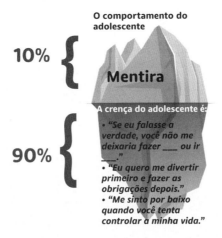

Precisamos nos preparar para o inesperado. Nossos filhos vão nos surpreender, nos decepcionar e nos fazer ter dúvidas sobre a maneira correta de agir. A pergunta que deve guiar os nossos passos nesses momentos é: **"Como eu posso mergulhar no mundo dele?"**.

Vamos fazer isso agora para entender os 90% do *iceberg* que estão submersos. Para isso, precisamos colocar a cabeça para pensar: **"O que está acontecendo com o meu filho que o motiva a mentir?".**

As obrigações da escola devem ter consequências relacionadas à escola, e não à viagem dos pais, aos esportes que a filha pratica (e curte!) e ao desejo de sair com as amigas. A única exceção é se alguma dessas atividades impedir o adolescente de recuperar a nota.

Queremos encontrar o ponto de equilíbrio para o jovem se sentir bem (para fazer o bem e se melhorar) e também experimentar doses de estresse que o motivem a se preocupar com o seu desempenho acadêmico.

Para diminuir a mentira a ponto de zerar, minha sugestão é abordar as consequências da vida de maneira diferente, sem o expor à vergonha. A vergonha faz o adolescente querer esconder ainda mais a verdade, pois o medo de não se sentir aceito estimula a parte reativa do cérebro de luta/fuga.

Quando os pais aconselham e demonstram compreender o que o adolescente está passando, o córtex frontal (a parte cognitiva) fica intacto e funcionando no seu potencial. Essa parte também abriga a memória, então a tendência a lembrar o que vocês conversaram é bem maior. Isso é fisiológico, e é um bom motivo para não querermos envergonhar os adolescentes.

Eu sei que parece confuso, mas é importante reforçar os acrônimos:

> Resolver problemas = **3R e 1 U** (respeitoso, razoável, relacionado e útil)
> Consequências = **4R** (respeitoso, razoável, relacionado e revelado com antecedência)

Mesmo que a jovem do exemplo anterior não tenha tirado a nota mínima, a viagem com os pais ainda pode acontecer. Não se trata de recompensar o mau comportamento, mas de reconstruir a confiança: "Vamos adorar ter você conosco na viagem porque confiamos que você vai se comprometer a recuperar essa nota ou estudar com um professor particular antes do próximo semestre começar". É assim que ganhamos cooperação e diminuímos o desejo do jovem de mentir.

Passei por vários contratempos com os meus filhos. Tive pesadelos e medos, inclusive de achar que eles não entrariam na faculdade e viveriam como turistas na minha casa para o resto da vida. Nesses momentos, eu procurava lembrar que minha função como copiloto é ajudar meus filhos a tirarem um sentido da experiência em vez de puni-los. O copiloto ajuda o piloto a se encontrar e a voltar para a rota planejada. O copiloto modela as habilidades de vida que deseja que o piloto reproduza. Para isso, é preciso ter planejado uma rota (o ponto B sobre o qual falamos na Estratégia 6).

E como cobrar o que foi combinado?

Eu gosto de chamar de "*check-in*" com o adolescente (porque é rápido e direto ao ponto) em vez de chamar de cobrança. E isso tem que fazer parte da conversa com o adolescente, pode ser algo como: "Escreva aqui que você vai se comprometer e explique como fará para recuperar a sua nota". Quando escrevemos no papel, nos comprometemos.

A mensagem mais profunda é: "Eu quero que você vença, não para eu ficar orgulhoso, mas para que você tenha sucesso na vida".

A motivação de ir bem na escola deve ser interna, do próprio adolescente, embora em alguns casos seja necessário um estímulo externo até que ele internalize que é capaz de vencer as próprias dificuldades.

Evite, também, fazer perguntas do tipo "pegadinha". Se você sabe que o seu filho não fez a lição, não pergunte "Já fez a lição?". É mais útil dizer coisas como "Eu gostaria que você me mostrasse que entregou esse projeto que é importante para você" ou "Eu notei que você ainda não arrumou a cama. Por favor, faça isso antes de sair, conforme combinamos. Obrigada".

Quando a mãe/pai aprende a ser um bom copiloto, a mentira diminui, porque a verdade é valorizada.

Não é o jovem que está em jogo, é o processo de aprendizado.

Nem tudo o que os seus filhos fazem refletem o seu sucesso como mãe/pai, porque os jovens vão testar, e temos que estar preparados para agir diante do inesperado.

Eu falo para os meus filhos que não penso menos deles por terem mentido; pelo contrário, eu os valorizo mais ainda por terem contado a verdade.

Carregar a mentira por um tempo é pesado para qualquer um.

Se você está passando pelo choque de ter descoberto uma mentira do seu filho, dê um passo para trás para ganhar perspectiva e pensar em como abordar a situação.

Isso vai demonstrar para o jovem que você também passa por momentos de vulnerabilidade e fica sem saber como agir (você pode dizer algo como "Não sei o que dizer. Preciso pensar sobre isso").

Você estará modelando que, quando não sabe o que fazer, não precisa ter a resposta na ponta da língua. Mostrar a nossa vulnerabilidade também gera confiança.

Para os momentos de "não sei o que fazer":

1. Faça uma pausa, respire, dê um passo para trás literalmente. Quando estamos reativos, com o coração acelerado, com as pupilas dilatadas, prontos para fugir ou lutar, a conversa não rende nenhum aprendizado. Retome a situação em outro momento.

2. Agradeça quando o adolescente criar coragem para falar a verdade: "Eu agradeço por ter tido coragem de falar a verdade, mesmo que naquele momento você tenha errado. O importante é que agora você sabe o que é correto e vai reparar esse erro ou resolver o problema. E eu admiro isso em você. Por causa da sua honestidade, coisas boas vão acontecer para você".

3. Use a analogia do dominó para educar: "A confiança é construída uma peça por vez, sempre que somos honestos uns com os outros. A verdade liberta, porque sustentar uma mentira é muito pesado. Eu quero confiar em você e quero que você confie em mim, não importa o que aconteça".

Segredo é diferente de mentira

Os jovens têm uma vida secreta que nunca vão revelar para os pais. Eu imagino que você também tenha feito coisas na sua adolescência que jamais contaria para os seus pais, nem mesmo hoje, não é verdade? Um segredo é algo que alguém conta para você (ou que você conta para alguém de confiança) de maneira confidencial.

Mas há alguns tipos de segredos que os adolescentes contam para seus pais, envolvendo eles mesmos ou outras pessoas, que se tornam cargas muito pesadas. Esses segredos envolvem:

1. Se machucar, se cortar.
2. Machucar outra pessoa.
3. Ideação suicida.

Nesse caso, se eu pergunto "Como está a sua amiga?", mas ela revelou algum dos segredos acima para o seu filho, e o seu filho responde "Ela está ótima", isso é mentira.

Guardar um segredo é ser confiável a ponto de não falar sobre uma coisa que é importante para a sua amiga, mas mentir é outra coisa. A confiança brota daí, de ajudar os adolescentes a discernir o que é normal e esperado do que é perigoso e precisa de ajuda.

No fundo de toda mentira há uma verdade, talvez um desejo de ver as coisas do jeito que idealizamos. Por isso, buscar o motivo pelo qual os nossos filhos estão mentindo é um processo de autoconhecimento. Talvez você não tenha tido esse exemplo na sua criação, então aceite o convite para mostrar a sua vulnerabilidade e construir a confiança juntos.

Tem uma frase de Jane Nelsen que adoro: "Quando demonstramos confiança em nossos filhos, eles desenvolvem coragem e confiança em si próprios".

Muitos pais não têm ideia da influência que exercem sobre os seus filhos. Quando confiamos nos adolescentes, eles se tornam dignos da nossa confiança.

Resumão para o mundo real

- ▶ Os conflitos emergem de problemas mal resolvidos.
- ▶ Os conflitos existem até mesmo em relacionamentos saudáveis.
- ▶ Ter uma vida corrida não é desculpa para não dedicar tempo à busca por melhorias.
- ▶ Em momentos de ansiedade, use os cartões da preocupação.
- ▶ A montanha-russa só é divertida por causa da trava de segurança.
- ▶ As reuniões de família ajudam a construir o dominó da confiança.
- ▶ As soluções precisam ser 3R e 1U: respeitosas, razoáveis, relacionadas e úteis.
- ▶ A mentira tem um propósito, mas a honestidade precisa ser valorizada.
- ▶ Segredo e mentira são coisas diferentes.

ESTRATÉGIA 11

Coragem para voar do ninho

Até agora conversamos sobre as mudanças que o adolescente vivencia, identificamos o seu estilo de educar, estabelecemos a dinâmica entre você e o seu filho, a estrutura de poder na família, falamos sobre a necessidade de controle de ambos, sobre como priorizar os problemas e usar as consequências para educar. Discutimos também maneiras de transferir responsabilidades para o seu filho e o que fazer para ele te escutar. Por último, entendemos a importância das reuniões de família e abordamos o difícil tema da mentira. Depois de tanta preparação, agora é hora de falar sobre o momento de ele decolar e voar do ninho.

O ninho como um lugar seguro

A adolescência é um período evolucionário em que é permitido assumir riscos e buscar novidades fora do âmbito familiar. É o que chamamos de **individuação**, processo no qual descobrimos quem somos (e, de preferência, quando manifestamos o desejo de sermos diferentes dos nossos pais).

E como é que o adolescente pode buscar quem é permanecendo no ninho ou trancado no quarto com portas fechadas?

É estranho pensar que, em meio a tantas facilidades proporcionadas pela tecnologia, os jovens perderam a vontade de saltar do ninho. Cleópatra governou o Egito quando tinha 18 anos, mas nossos filhos não sabem marcar uma consulta no dentista com 21.

Vou usar a analogia da mãe-pássaro para explicar essa estratégia. Qual é o passarinho que, em sã consciência, vai querer se atirar do ninho a 10 metros de altura quando sempre foi protegido de todos os males e nunca precisou tomar as próprias decisões? Nenhum!

Nessa etapa tão necessária para garantir a espécie, o cérebro é estimulado por um desejo forte de buscar novidades, uma ânsia por correr riscos e vivenciar aventuras. Já conversamos na Estratégia 1 sobre as quatro qualidades que compõem a essência do desenvolvimento humano nessa fase:

1. Aumento da intensidade emocional.
2. Engajamento social.
3. Busca por novidades.
4. Exploração criativa.

A **exploração criativa** e a **busca por novidades** fazem, no momento certo, o filhote ter vontade de abrir as asas e voar, preparado para o salto ou não.

No entanto, quando um jovem não encontra caminhos saudáveis para exercitar esse impulso, vai buscar isso em lugares mais obscuros, com respostas rápidas e quimicamente comprometedoras: nas drogas, em pequenos furtos ou se expondo nas redes sociais com fotos provocativas.

Precisamos deixar claro que existe espaço para a exploração criativa e a busca de novidades de maneira favorável. Por exemplo:
- Fazer um teste para a peça de teatro da escola.
- Participar de uma comédia *stand up*, com o microfone aberto.
- Aprender a andar de *skate*.
- Fazer trilhas na natureza.
- Pular de pedra em pedra perto de uma cachoeira.

> - Praticar esportes radicais como *bungee jumping* ou escalada.
> - Matricular-se na aula de equitação.
> - Fazer parte de um grupo de dança.
> - Participar de um grupo de escoteiros.
> - Aprender um idioma.
> - Viajar sozinho para visitar os avós ou os tios.

Existem muitas maneiras positivas de explorar a criatividade e assumir riscos. **O que queremos evitar é que o desejo de buscar novidades seja direcionado para o risco sem benefício.**

É um mito pensar que os adolescentes não medem os riscos. Eles medem, porém o seu foco está muito mais no benefício. E isso pode representar um perigo. O jovem calcula a relação risco-benefício assim: "Se beber com meus amigos eu vou me divertir e não vou precisar lidar com a rejeição deles. Depois eu resolvo as coisas com os meus pais". O foco na **recompensa** e na **aprovação dos amigos** ofusca o risco de embriaguez.

É preciso mais do que preparação para saltar do ninho; é preciso coragem

Muitos pais me perguntam: "Se faz parte do desenvolvimento dos adolescentes assumir riscos e explorar a criatividade, por que...

... o meu fica trancado no quarto?"

... minha filha não estuda?"

... ele não faz a lição?"

... ela não ajuda em casa?"

... meu filho fica o tempo inteiro no *videogame*?"

... ele se tranca no quarto?"

... ela não quer tentar nada?"

A resposta é: porque todos nós passamos por crises de saúde mental. A palavra **doença** vem do latim *dolentia*, dor, enfermo. **Enfermo**, por sua vez, significa não estar mais firme, ou seja, estar fraco. Uma pessoa doente não tem a firmeza necessária para tratar de todos os aspectos da sua vida. No âmbito físico, de um lado temos a doença e no outro extremo a determinação de um atleta. No âmbito mental, de um lado temos a doença e no outro extremo a resiliência.

Os problemas de saúde mental nos adultos tiveram as sementes plantadas na adolescência: ideação suicida, autoflagelo, ansiedade, depressão e atitudes agressivas. E, se algo que eu falei até agora está fazendo você se questionar, saiba que a minha intenção não é que você se sinta um fracasso como mãe/pai. Saiba que a doença mental pode acontecer em qualquer família, com qualquer um. O que você pode fazer agora é aprender sobre:

- Autorregulação.
- Como responder em vez de reagir.

> Os adolescentes enfrentam um vazio no conjunto de habilidades necessárias para gerenciar o estresse porque estão experimentando o mundo adulto, no qual **tristeza e solidão têm um peso muito maior do que na infância.**

> Já vimos que todo ser humano tem três necessidades básicas: se sentir aceito, se sentir importante e se sentir seguro. Quando o adolescente não se sente conectado com a sua família ou a escola, quando não percebe que suas contribuições têm valor, a doença pode emergir.

Uma mãe me escreveu:

"Recentemente, mudei para a Alemanha, e tem sido muito desafiador porque todos estamos passando por dificuldades individuais e juntos, tudo ao mesmo tempo. Muitas vezes sinto-me RENDIDA. Como falar com ele, porque se eu pressionar ele pode ter um surto, se eu não falar sinto que estou deixando de lado. Enfim, um conflito gigantesco. Agora estou esperançosa porque acredito que conseguirei encontrar um caminho que possa ajudá-lo a lidar com tudo isso e se fortalecer. Obrigada pela sua ajuda e por compartilhar esse conhecimento com mães que, como eu, já não sabiam mais o que fazer."

Seja um influenciador de boa saúde

Vimos na Estratégia 1 que o cérebro do adolescente é estimulado para buscar novidades, risco e aventura. Agora vamos falar sobre o poder da sua influência nessa busca.

Em meio a tantos influenciadores, o mais importante é você (pode ser difícil acreditar nisso quando parecemos mais um fantasma na presença deles). Por isso, transformar o **seu "ninho" numa zona segura** oferece as condições para o jovem-pássaro voar quando estiver pronto. Queremos evitar que o passarinho deixe o ninho antes da hora (por desespero e por não aguentar mais os pais) quando as asas e a coragem ainda não estão fortalecidas.

Entenda que o adolescente joga *videogame*, toma banhos longos ou ouve música porque isso ajuda a aliviar a pressão da escola e da vida. A casa pode se tornar um lugar seguro para ele escapar de tantas pressões; em casa ele pode ser ele mesmo. E, se os pais ficam achando que o filho se comporta melhor na rua, podem estar **comprando briga com itens de todos os copos ao mesmo tempo** (reveja a Estratégia 6, sobre os problemas em três copos).

O estresse produzido dentro de casa é maior do que o vivenciado fora dela.

Se os pais criam problemas por tudo e por qualquer coisa, **a casa se torna o lugar onde o estresse é criado.**
Só existe equilíbrio em casa quando existe equilíbrio emocional dentro de nós. É por isso que o autocuidado é tão importante.

> Um lar seguro só existe com pessoas seguras. Muitos pais almejam a perfeição em vez da melhora, e se sentem frustrados quando não a alcançam. O escritor James Clear[1] tem um conceito fenomenal de melhora:

---

1 Fonte: James Clear, *Hábitos atômicos*: um método fácil e comprovado de criar bons hábitos e se livrar dos maus (2019).

> Se você quer se melhorar e está comprometido...
>
>
>
> ... foque em melhorar 1% a cada dia com o conhecimento adquirido.
>
>
>
> Cada vez que aprende algo novo, você passa a entender o mundo de um jeito diferente, porque tem mais experiência.
>
>
>
> Isso resulta numa melhora 27 vezes maior no final do ano. (É bom contar com assistência/apoio, mas você tem que fazer a sua parte.)

Se estamos cientes de que estamos produzindo estresse em vez de proteger nosso filho do estresse, qual é o nosso papel como pais e mães?

É preciso preparar os filhos para contribuir para a sociedade de maneira significativa. Lembre-se de que um dia eles vão voar do ninho e tenho certeza de que você quer que eles voem pelos motivos certos.

O estresse produzido fora de casa fica fora de casa. Aqui dentro a sensação é de segurança e aceitação.

Nenhum adolescente quer ser o problema da família

Desde o nascimento, vivemos rodeados de pessoas. Temos uma família e vivemos em comunidade, por isso é inato o desejo de pertencer a um grupo:

- Queremos pertencer à família.
- Queremos pertencer a um time de futebol.
- Queremos pertencer à turma na escola.
- Queremos pertencer ao grupo de trabalho.

É por isso que o senso de ser um "problema" na família magoa profundamente o adolescente. Um pai que eu atendi comentou: *"O único trabalho que meu filho tem é ir bem na escola, e nem isso ele faz direito".*

Esse adolescente se sente um peso na família. O senso de aceitação começa a declinar: "Não sou aceito aqui". Com isso, o senso de contribuição começa a baixar: "A minha única obrigação é a escola, e nem isso eu faço bem".

Preste atenção no que você fala quando seu adolescente entra na sala: você o recebe como recebe o seu *pet* querido **ou** escaneia o que ele está vestindo, o humor dele no dia e aproveita para criticar o cabelo (ou a roupa)? Se for a segunda alternativa, ele está longe de desenvolver o senso de "Eu pertenço a este lugar".

Se você está na luta tentando descobrir uma maneira respeitosa de motivar o adolescente a saltar do ninho, **descubra o que é importante para esse jovem**. E como fazer isso?

1. Pergunte-se: Com o que o seu adolescente se preocupa? Sobre o que ele gosta de falar? Gatos, maquiagem, carros, moda? Foque os assuntos que esse jovem se interessa, com sinceridade. Se o interesse dele for por *videogame*, passe um tempo limitado jogando com ele e querendo aprender.

2. Ajude seu filho a encontrar um *hobby*. Já vimos que a adolescência é uma época de poda, e você pode ficar chocado ao descobrir quanta coisa ele amava antes e não ama mais. A jovem que fazia *ballet* não quer mais ir às aulas de dança. O adolescente que era faixa preta no judô desistiu de praticar. Mesmo assim, não desista e continue sendo uma boa influência. Ofereça alternativas para testar outro esporte, arte, atividade, idioma, *hobby* etc.

3. Convide os amigos dele para virem à sua casa. Seja o primeiro a se oferecer para levar a turma para lá e para cá, e aja como "um papel de parede" (morda a língua e apenas escute). Observe a interação entre o grupo, mas não interfira. Você ganhará novas perspectivas do que o seu filho e os amigos dele valorizam e que tipo de pressão eles vivenciam.

4. Agende com um especialista um teste vocacional ou ofereça um teste de aptidão *online*. Para os meus filhos eu escolhi dois testes:

▸ **Teste VIA:**[2] essa autoavaliação cientificamente desenvolvida identifica as principais forças de caráter de uma pessoa. Forças de caráter são qualidades que resistiram à passagem do tempo e que admiramos em nós mesmos e nos outros. Elas são rotas que ajudam a alcançar as virtudes universais.

---

2   Você pode acessar a versão gratuita e em inglês do teste VIA pelo *link* Personality Test, Personality Assessment: VIA Survey | VIA Institute (viacharacter.org). Existem opções em português também – utilize a busca do seu navegador de internet.

> **Strengths Finder Youth:**[3] cada adolescente tem dotes extraordinários. Esse teste (somente disponível em inglês) ajuda a encontrar, nomear e desenvolver os talentos naturais deles. Desenvolvido para jovens dos 10 aos 14 anos, esta avaliação *online* dá ao adolescente a oportunidade de descobrir os seus próprios talentos desde cedo.

Quando os meus filhos fizeram os testes, descobri qualidades muito interessantes que pude relacionar com as lembranças que eu tenho de cada um deles na infância. **Isso me ajudou a oferecer atividades mais compatíveis com a personalidade de cada um.** Uma mãe que eu conheci ajudou a filha a descobrir o senso de organização; essa mãe foi além do óbvio e perguntou para a jovem se por acaso havia algum cargo no Conselho Estudantil que ela poderia ocupar. E a garota acabou se tornando secretária do Conselho Estudantil da escola durante os três anos do ensino médio.

Uma mãe que eu atendi descobriu que o filho gostava de analisar dados. Ele começou a ir melhor na escola depois que passou a fazer o que realmente gostava: investir na bolsa de valores. A primeira coisa que vem à mente de alguém analítico é que gosta de números. Mas o que ele gostava mesmo era de tomar decisões baseadas em fatos e dados numéricos.

Esses são dois casos de sucesso, e o seu caso pode ser bem-sucedido também.

---

3   Este é um teste pago e pode ser acessado pelo *link* Clifton StrengthsExplorer | pt-br – Gallup. Busque pela versão *youth*, que é para jovens de 10 a 14 anos.

Uma vez uma mãe comentou que, quando era adolescente e fez o teste vocacional, não havia concordado com o resultado e seguiu para a direção oposta. **Hoje, aos 38 anos, ela sabe que o teste tinha revelado a verdade dela na época.** Esse é o papel do influenciador: ir além do óbvio e gerar questionamentos a ponto de o jovem ficar curioso para testar por si mesmo.

Há um sentimento global de que os adolescentes na pós-pandemia parecem ter perdido o interesse de saltar do ninho. Parece que eles só confiam em mensagens de texto e na segurança do quarto.

Há também uma espécie de amnésia geral, pois temos mais dificuldade para fixar nossa atenção nos assuntos. Então, precisamos ativar a exploração criativa começando com pequenos passos.

Comece por um teste de aptidão, explore um *hobby* novo e amplie os interesses naturais do seu filho. Se você passar tempo conversando, escutando e explorando aquilo em que o jovem naturalmente tem interesse e gosta de fazer (a ponto de não ver o tempo passar), a sua influência terá servido para aliviar o estresse em casa e encorajar o salto do ninho no momento certo.

O influenciador abre espaço para o outro criar coragem, de dentro para fora, começando pela essência do coração de cada pessoa (*cor* = coração, em latim, agir com o coração).

> **Para que ser um influenciador?**
> Para que, no processo de preparação do voo, o adolescente esteja munido com três autopercepções:
> - "Eu sou capaz" – e isso dá sentido à vida e senso de autonomia.
> - "Eu faço a diferença" – ele entende que, quando melhora, contribui para a melhora das outras pessoas também.

> • "Eu pertenço a este lugar" – ele acha bom estar aqui, porque sente que é aceito do jeito que é, neste momento.
> Essas três autopercepções representam saúde. A falta delas representa a doença.

Condições para a cooperação crescer

Quero aproveitar para parabenizar você por ter chegado até esta parte do livro, pois isso mostra o quanto você está comprometido em cultivar um relacionamento saudável com o seu adolescente e em ajudar esse jovem a desenvolver a capacidade de lidar com o estresse e de ser resiliente. O estresse sempre vai existir, mas que lição maravilhosa aprender a lidar com essa verdade enquanto o jovem ainda mora com você!

Preste atenção no seu adolescente. Se os amigos pedem uma roupa emprestada, ele empresta. Se um professor pede para ele sentar, ele senta. Se o treinador de futebol pede para ele recolher as bolas, ele recolhe. Daí, quando ele chega em casa, você pede para recolher a meia do chão e ele diz "Não".

O que está acontecendo? Por que em certas situações ele coopera e em casa é o contrário?

Precisamos criar condições dentro de casa para que o adolescente não se sinta submisso nem superior, e para que exista um senso de que estamos ligados e conectados.

> A cooperação só existe com estas duas condições:
> 1. **Respeito mútuo:** sem se sentir inferior, sem se sentir superior.
> 2. **Conexão:** sentindo-se parte do grupo.

O poder de ensinar a rotina

Muitas famílias curtem as férias com seus adolescentes, mas logo depois de voltar para casa relatam que estão infelizes. Por qual motivo? Porque agora todos começam a prestar mais atenção ao tempo.

Quando chega a hora de ir para a escola, voltar da escola, fazer aula particular, esportes e atividades sociais, o tempo se torna um inimigo da paz.

Quando meus filhos se tornaram pré-adolescentes, deixei bem claro que não iria administrar a agenda de compromissos sociais e de esportes deles. Eu tinha meu trabalho para me preocupar e estava concentrada somente no meu pote de bolinhas, sem tempo para olhar o pote deles.

Eu oferecia: "Me avise quando estiver pronta para te levar para a festa" ou "Me chame quando estiver pronto para o seu treino de basquete". É claro que o tempo passa rápido, e às vezes o meu filho perguntava: "Mãe, que horas é a festa?". E eu respondia: "A festa acabou há duas horas". E então: "Nãoooooo!".

Pois é, erros acontecem. Então, eu pergunto: quantas vezes são necessárias para esse erro acontecer de novo? Uma ou duas, no máximo.

Quando treinamos nossos adolescentes para administrar sua agenda social e de esportes, passamos a responsabilidade de controlar o tempo integralmente para eles. Se quiser testar isso, basta começar com coisas que não têm um efeito muito grande na família, mas que são importantes para eles.

Temos que desenvolver nos nossos filhos a confiança de que, se é importante para eles, eles vão fazer o esforço necessário para cumprir. Você pode auxiliar pensando em ideias para ajudá-los, como o despertador do celular ou um *post-it* na porta. A solução não pode ser confiar na sua memória, porque, quando eles crescerem (e voarem do ninho), você não vai para a faculdade com eles.

Então, a bolinha da gestão do tempo deve estar dentro do pote **deles**. E a sua casa é um lugar seguro para praticar isso.

Os adolescentes têm capacidade de lidar com suas próprias vidas se permitirmos que eles sejam líderes (e se permitirmos que errem e aprendam com seus erros, com a nossa ajuda!).

As rotinas ajudam os adolescentes a funcionarem socialmente. Se eles sabem que a rotina da casa é tirar o prato da mesa depois de terminar a refeição, é provável que façam isso fora de casa também.

Na nossa família
Houve uma época em que o meu filho acordava mais cedo para pegar o celular na cozinha (liberávamos o plano de dados e o *wi-fi* às sete da manhã) para ficar navegando nas redes sociais e conversando com os amigos.
E, mesmo que ele acordasse cedo, sempre saíamos atrasados de casa, porque ele ficava no celular até o último minuto, até estarmos na porta para sair, e nesse momento resolvia tomar café da manhã, escovar os dentes e vestir o uniforme.
Caos total!

A rotina é um ótimo treino para os adolescentes. Pense no labirinto para um rato de laboratório: mudar o labirinto não facilita as coisas para o seu filho. Se um dia você faz uma coisa e no outro dia não faz, eles nunca vão aprender o padrão. E a rotina exige um padrão, uma sequência de eventos que acontece numa parte do dia, ou no dia todo.

Embora muitas vezes seja entediante, a rotina é essencial para ajudar a desenvolver a confiança, a segurança, a previsibilidade e o automatismo.

Boas rotinas viram bons hábitos. Escovar os dentes depois da refeição. Retirar os pratos da mesa depois de comer. Organizar o quarto uma vez por semana. Ajudar nas tarefas de casa no domingo. Quem não gostaria de ter jovens adultos ajudando em casa?

Dependendo da idade, a rotina precisa ser repensada. Então, num final de semana eu perguntei ao meu filho quando ele estaria disponível para conversar sobre a rotina da manhã. Ele disse que poderia às duas da tarde no sábado, e quando chegou o horário eu comecei a conversa:

Eu: "Filho, obrigada por sentar comigo para conversar sobre a rotina. A conversa vai ser curta e eu preciso da sua atenção total".

Kris: "Tá bom, mãe".

Eu: "Eu notei que, apesar de ser o primeiro a acordar, você é o último a estar pronto para sair para a escola. A sua irmã chega atrasada na aula, e eu chego atrasada no meu trabalho. Eu trouxe um papel e uma caneta para gente pensar juntos numa lista de coisas que você precisa fazer **antes** de pegar o celular de manhã".

Kris: "Eu arrumo a cama [Quase cai para trás quando ouvi isso!], depois eu escovo os dentes e coloco o uniforme. Depois eu tomo o café da manhã".

Eu: "E quando você arruma a mochila?".

Kris: "Ah, é mesmo. Eu posso arrumar antes".

Eu: "Ótimo. Então eu vou pedir para você anotar aqui neste quadrinho e deixar pendurado. [Ter a rotina por escrito demonstra comprometimento, planejamento e deixa claro que você está falando sério sobre isso.] E a que horas você tem que parar de usar o celular para poder escovar os dentes e calçar os sapatos?".
Kris: "Eu preciso de cinco minutos".
Eu: "Está bem. Vamos tentar por uma semana e ver se precisamos fazer algum ajuste. Obrigada pelo seu tempo".

Controle a sua expectativa: talvez ele precise de alguns dias até que se consolidem os passos da rotina que ele mesmo criou.
Abra mão de achar que você fala uma vez e o adolescente vai saber como fazer. Ele aprende com a repetição da experiência e não com o sermão.

Outro erro que os pais cometem é impor um quadro de rotinas pronto (que os próprios pais fizeram) em vez de criar um junto com o filho. É tão mais valioso fazer o adolescente participar do processo: "De quanto tempo você precisa para arrumar a cama? Se vestir? Escovar os dentes?".

O processo de desenvolver esse pensamento crítico é tão importante quanto o resultado da lista de tarefas da rotina dele. Um processo tão eficaz e tão útil para vida!

Lembre-se de que é a vez do seu adolescente de pilotar a vida dele. E um bom copiloto aborda problemas para resolver de forma conjunta.

Mas saiba que fazer esse acordo é só metade do trabalho. Parece que a conversa flui, mas o dia seguinte chega e ele não cumpre o que foi escrito no quadro. Tinha dito que iria arrumar a cama, e não arrumou. Ficou combinado que prepararia o próprio café da manhã, e não preparou. Falar é fácil.

Depois que já dedicaram tempo ao treinamento, passaram para o pote da responsabilidade do filho acordar de manhã por esforço próprio e fazer todas as coisas da lista, a coisa mais difícil para os pais é resistir a não fazer por ele. Resistir a bater na porta do quarto e acordar o adolescente. Resistir a lembrá-lo de pegar o uniforme de futebol. Resistir a lembrá-lo de fazer a lição.

Se você quer que o seu adolescente aja como um adulto, pare de tratá-lo como uma criança.

Você deve ser claro no processo de rotinas para não ficar se questionando: "Será que ele é responsável o suficiente? Maduro o suficiente? Eu dei orientação o suficiente?".

Se a dúvida tomar conta do seu coração, reflita sobre estas três perguntas:

1. Eu dediquei tempo para o treinamento até que ele se mostrasse competente para fazer?
2. De quem é a responsabilidade de _____ (acordar, fazer a lição, arrumar o quarto)?
3. A minha reação vem do amor ou do medo?

Isso cria uma atmosfera de aprendizado e segurança para reforçar a rotina criada caso o adolescente esqueça ou desafie o processo que vocês elaboraram juntos: "**Primeiro** você faz as cinco coisas da sua rotina, **depois** você usa o celular".

Se o adolescente insistir em usar o celular antes das tarefas, você ainda estará dedicando tempo para o treinamento se reforçar: "Primeiro as cinco tarefas, depois o celular". Isso é ser um bom copiloto.

Se ele continuar insistindo, você pode dizer: "Parece que eu preciso mudar o horário do *wi-fi* para as oito da manhã para você se concentrar nas suas obrigações primeiro. Isso te ajudaria?". É claro que não é isso que ele quer. Mas, se você puder dedicar tempo para treinamento e mostrar que está comprometida com o que ele escreveu no quadro de rotinas, não terá que passar novamente pelo estresse de manhã. Você promete somente o que vai fazer, e faz somente o que prometeu. Não é necessário dar sermão.

Fazer as coisas da lista não é a sua obrigação. É muito desencorajador falar para os adolescentes o que eles devem fazer porque ainda não fizeram.

Se você gosta da ideia de implementar rotinas e quer começar esse processo agora que seus filhos são mais velhos, assuma que não consegue forçá-los a mudar:

"Filho, estou percebendo que tenho sido desrespeitoso com você. [Tenho certeza que agora você captou a atenção do seu adolescente!] Eu percebi que fico no seu pé como se você não conseguisse administrar a sua vida. Na verdade eu acredito que você consegue planejar uma rotina que funcione para você. Então, vamos repensar as suas manhãs, porque eu sei que você consegue assumir a responsabilidade de acordar sozinho para estar pronto para a escola às 7h30. Talvez leve alguns dias para você aprender o que funciona para você, mas a partir de hoje eu não vou te acordar mais".

Os adolescentes querem ir para escola (quando não querem, isso pode ser um sinal de que eles têm dificuldades sociais). E, se eles têm amigos, a tensão começa a crescer, porque, quando não estão na escola, eles perdem as interações sociais, tão importantes para manter a amizade.

Isso funciona e você se anima para tentar essa prática em casa e melhorar sua vida da noite para o dia, mas não tente mudar tudo de uma só vez, porque não vai dar certo. Por quê? **Não conseguimos ser consistentes o tempo todo com todos os desafios que temos com os filhos.**

A minha sugestão é que você escolha uma parte do dia para criar uma lista de rotinas com o adolescente, seja o horário da lição, a hora de sair de casa para a escola, a hora de sair para outras atividades, a hora de ir para a cama.

Escolha apenas um horário e dedique toda a sua energia para criar o quadro e ser consistente em acompanhá-lo enquanto o seu filho aprende.

Uma rotina por vez, sem sermão.

Substitua o julgamento pela honestidade emocional

Perceba quantas vezes usamos "você" na comunicação:

"Você deixou o quarto bagunçado."
"Você é um preguiçoso."
"Você sempre se atrasa."
"Você não ajuda em nada."
"Você é um perfeccionista."

Se você tem um jovem que "não escuta", é porque ele deve ter cansado de ouvir mil vezes a mesma coisa. Quando nos sentimos exaustos, é tão fácil culpar o outro. Então, em vez de culpar o seu filho, tente usar a comunicação que começa com "Eu me sinto".

Eu me sinto _____
quando _____ ,
porque _____ ,
então eu prefiro _____ .

Por exemplo:

Eu me sinto irritada
quando o seu quarto está bagunçado,
porque o quarto está infestado de formigas,
então eu prefiro pensar com você numa solução para acabar com o problema das formigas.

Outro exemplo seria:

Eu me sinto desrespeitada
quando você deixa os pratos na pia depois da escola,
porque eu me esforço para lavar o que eu sujo,
então eu prefiro que você se responsabilize pelo que suja e limpe antes de sair da cozinha.

Mais um exemplo:

Eu me sinto desvalorizada
quando você bagunça a pilha de roupa limpa para pegar a camiseta que está embaixo,
porque eu passo pelo menos 20 minutos dobrando tudo com cuidado,

> **então eu prefiro** que você tire as peças de cima com cuidado, pegue a camiseta que você quer, e depois coloque as roupas dobradas de volta com cuidado.

O próximo exemplo pode ser usado quando o adolescente sofre com o perfeccionismo. Em algumas situações o adolescente pode ser perfeccionista e não ter o controle regulatório para distinguir quando o bom é bom o suficiente. O perfeccionista lida com a crença enraizada de que o amor deve ser merecido em troca de algo, de que o simples fato de existir não é o suficiente para merecer amor.

> **Eu me sinto** preocupada
> **quando** vejo você sofrendo porque não tirou a nota máxima,
> **porque** você fez o seu melhor e tirou 9,
> **então eu prefiro** que você desapegue do pensamento de que só será amada e reconhecida se tirar 10. Você não precisa se preocupar sozinha. Estou aqui para dividir isso com você.
> A ideia é fazer o melhor, não para **ser melhor** do que os outros, mas para **oferecer o seu melhor** para o mundo.

O próximo exemplo aborda a inveja. Quando temos a percepção de que outros pais estão educando melhor do que nós, é natural que sintamos inveja, e não há motivo para ter vergonha de vivenciar esse sentimento universal. Não precisamos nos julgar por sentir inveja, mas temos que nos responsabilizar pela maneira como agimos por causa da inveja. Podemos seguir pelo caminho malicioso e minar o alvo da nossa inveja, só para nos sentirmos melhor em comparação. Isso arruína relacionamentos. Ou podemos optar pelo caminho mais produtivo.

> **Eu sinto** inveja
> **quando** vejo outros pais agindo de maneira mais eficaz com seus filhos,
> **porque** eu não sei agir diferente,
> **então eu prefiro** admirar quem eu invejo, perguntar como essa pessoa chegou lá e aprender esses passos para ser bem-sucedido também.

Apesar de simples, essas mensagens são muito poderosas porque substituem o julgamento pela honestidade emocional. Quando comunicamos a maneira como nos sentimos, informamos aos adolescentes o nosso ponto de vista. Isso também ensina a ter um repertório emocional.

Esse tipo de frase ainda tem um componente educacional quando falamos "porque" e "eu prefiro". É mais fácil falar **o que não fazer** do que **o que pode ser feito**. Se você começar a usar essa ferramenta no dia a dia, aos poucos vai perceber o seu filho usando a mesma frase com você. Isso resulta em você se sentir menos julgado e mais conectado com o seu adolescente.

Criança precisa de colo; adolescente precisa de apoio

Existem dois relatórios de política nacional nos Estados Unidos, um da Robert Wood Johnson Foundation e o outro das National Academies of Sciences. Esses relatórios são a base que o governo usa para elaborar suas políticas educacionais, e com base neles foi criada uma nova categoria de alunos de alto risco que frequentam escolas públicas e particulares de alto desempenho que os preparam para ingressar na universidade. Muito bem equipadas, essas escolas oferecem aos alunos do ensino médio programas extracurriculares e matérias avançadas com nível universitário.

Os alunos desses programas, de acordo com os pesquisadores, têm duas a seis vezes mais propensão a sofrer níveis clínicos de ansiedade e depressão, e duas a três vezes mais propensão a sofrer transtornos por uso de substâncias do que a média dos adolescentes norte-americanos.

No Brasil, as expectativas futuras e a ansiedade com o Enem são preditoras que elevam o nível de estresse entre os adolescentes, o que pode potencializar os riscos de agravos. Por exemplo, 53% dos adolescentes brasileiros apresentam sintomatologia psicológica de estresse, ansiedade com o Enem e expectativas futuras em "ser saudável a maior parte do tempo".[4]

É claro que os pais querem o melhor para os filhos, na esperança que, por sua vez, eles façam o seu melhor. Mas será que o melhor é uma competição de quem produz mais? Em busca da alta produção, os jantares em família estão em extinção.

As famílias estão perdendo a oportunidade de criar memórias e tradições da hora do jantar porque estão ocupadas com as telas, com a lição de casa, com *e-mails* do trabalho ou a prática de esportes. O que está por trás dessa pressão que os pais exercem para os filhos serem os melhores? O que podemos fazer em nossa própria casa para aliviar essa pressão?

Em uma pesquisa conduzida com milhares de pais, foram feitas algumas perguntas interessantes. Leia as afirmações a seguir e responda se concorda ou discorda, total ou parcialmente:[5]

1. **"Eu me sinto responsável pelas conquistas e pelo sucesso do meu filho":** 75% dos pais responderam que con-

---

[4] Fonte: https://ojs.unialfa.com.br/index.php/psicologiaemenfase/article/view/215
[5] Fonte: Jennifer Wallace, *Never enough*: when achievement culture becomes toxic – and what we can do about it (2023).

cordam parcialmente ou totalmente. Quando eu era adolescente, meus pais me apoiavam e tinham orgulho de mim, mas não se sentiam responsáveis por me fazer alcançar sucesso como os pais sentem hoje. Tive colo na infância e recebi apoio na adolescência, mas meus pais não sofriam quando eu não estudava para uma prova. Se eu tirasse zero, quem sofria as consequências era eu. Isso me fazia pensar no que eu queria como meta pessoal e planejar o esforço necessário para chegar lá. Eu queria agradar a mim mesma, e não aos meus pais.

2. **"Outras pessoas acreditam que o sucesso do meu filho nos estudos é um reflexo do meu estilo de educar":** 83% dos pais responderam que concordam parcialmente ou totalmente. Eu não acredito que meus pais captavam sinais de que os outros pais estavam julgando as ações deles. Eles estavam tão preocupados com a própria vida que me deram espaço para explorar e crescer sem pressão, mas com apoio.

3. **"Eu gostaria que a juventude de hoje passasse menos estresse para os meus filhos":** 87% dos pais responderam que concordam parcialmente ou totalmente.

Queremos que cada geração melhore as condições humanas para a próxima. Não queremos replicar a nossa infância, mas sim aperfeiçoar o que nos foi dado.

Então, de onde vem essa pressão que os pais sentem para ter o melhor desempenho e se responsabilizar pelo sucesso dos filhos?

A resposta está na infância dos pais de hoje. Muitos deles são da geração X, nascidos entre 1965 e 1980, influenciados pela busca da estabilidade financeira. Aqueles adolescentes viam seus pais saírem de casa para trabalhar e tinham mais responsabilidades dentro de casa. A geração X foi predominantemente autoritária, com pais que ditavam as regras em casa e professores que ditavam as regras na escola. Com uma hierarquia bem definida e a gratificação adiada, as crianças não tinham voz. A lei era "Eu mando e você obedece".

Mas temos visto ao longo deste livro que a educação autoritária é muito firme e pouco gentil. Apesar de a firmeza criar um ambiente produtivo e obediente, na época da nossa adolescência os adultos eram menos afetuosos e davam menos espaço para a escuta. Os resultados em longo prazo da educação autoritária são que essas crianças, que agora são adultos (e muitos deles já são pais e mães), tiveram que lidar com as dores e traumas dos relacionamentos com pouca conexão.

O desejo de qualquer mãe/pai é dar o melhor para o filho, e muitas vezes isso se manifesta como superproteção. Então, os pais de hoje acabam sendo gentis demais e pouco firmes para que o filho não passe pelas mesmas dores e ressentimentos que eles enfrentaram. Como consequência, os pais acusam a escola de fazerem o filho sofrer e de não permitir que ele alcance o sucesso que "merece". Esse tipo de educação é permissivo, e é exatamente isso que está prejudicando os jovens hoje. Felizmente, existe um caminho melhor.

Quando o autovalor está associado ao desempenho

Muitos jovens só se sentem reconhecidos ou amados pelos pais quando estão produzindo resultados: tirar boas notas, fazer gols no futebol, receber medalhas, entrar na faculdade "certa". Se o valor que o jovem atribui a si mesmo está associado ao desempenho, ele sofre quando não atinge o patamar esperado ou quando não é "o melhor".

Em uma pesquisa conduzida com centenas de adolescentes,[6] foram feitas algumas perguntas interessantes aos adolescentes. Tente adivinhar o que o seu filho responderia:

1. **"Meus pais me dão mais valor e me apreciam mais quando sou bem-sucedido na escola e no trabalho":** 70% dos jovens responderam que concordam parcialmente ou totalmente.
2. **"Meus pais me amam mais quando sou bem-sucedido":** mais de 50% dos jovens responderam que concordam totalmente, no mais alto grau da escala.

Quando o amor está associado ao resultado, o jovem perde o senso de dignidade.

A dignidade, um direito que todos nós temos só pelo fato de existirmos, resume-se à **percepção de que somos importantes na essência, independentemente do sucesso de nossas realizações**.

Quando o adolescente tem a forte percepção de que pode contribuir com seus pensamentos e atitudes para sua família, para a escola e para a sociedade, **esse senso de contribuição age como um fator protetivo perante as falhas e os contratempos da vida, quando esse jovem está ansioso, triste e depressivo**. Isso serve como oxigênio quando a vida passa por turbulências.

Entre os jovens que estão tendo mais sucesso e usufruindo de saúde mental, o senso de importância e de autovalor não está asso-

---

6 Fonte: Seminário "We Care Webinar – Never Enough: When Achievement Pressure Becomes Toxic", de Jennifer Wallace.

ciado diretamente ao seu desempenho, mas sim à experiência em um lar seguro, com pais que cultivam o autocuidado e estão conscientes das diferenças entre as gerações da sua própria criação e a atual.

Então, quando os adolescentes estiverem prontos para voar do ninho, eles levarão essa confiança de que encontrarão muitos caminhos para explorar, muitas pessoas para conhecer e muitas ideias para contribuir. Já você ficará sentindo que o ninho está vazio, enquanto desfruta do privilégio de acompanhar o belo voo do seu filho pela vida, e com a certeza de que ele voltará para contar sobre suas aventuras.

Resumão para o mundo real

- ▶ O ninho é um lugar seguro, mas não é um refúgio para evitar as responsabilidades da vida.
- ▶ Um corpo sem firmeza é doente; uma mente sem resiliência é fraca.
- ▶ O bom influenciador ensina o outro a desenvolver a coragem.
- ▶ O autocuidado é um componente importante dos lares seguros.
- ▶ Melhorar 1% a cada dia resulta numa melhora 27 vezes maior no ano.
- ▶ É preciso ajudar o adolescente a descobrir o que é importante para ele.
- ▶ Acredite no poder das rotinas.
- ▶ Se você quer que o seu adolescente aja como um adulto, pare de tratá-lo como uma criança.
- ▶ Substitua o julgamento pela honestidade emocional.
- ▶ O senso de pertencimento e importância age como um fator protetor das falhas e dos contratempos da vida quando o adolescente está ansioso e triste.

ESTRATÉGIA 12

A mochila do adolescente

Construímos muita coisa boa e sólida até agora. Você aprendeu sobre as mudanças que o seu filho enfrenta na fase da adolescência. Identificou o seu estilo de educar e aprendeu a reconhecer a dinâmica entre vocês. Tem uma noção melhor da estrutura de poder no relacionamento com o seu filho e compreende a necessidade de controle de vocês dois. Já sabe priorizar os problemas mais importantes e usar as consequências para educar. Praticou a transferência da responsabilidade para o seu adolescente e sabe o que fazer para ele te escutar. Entendeu a importância das reuniões de família, encontrou recursos para enfrentar o problema da mentira e está se preparando para a hora certa de o seu filho voar do ninho.

Agora, é preciso lembrar da mochila que carrega o legado da sua família, os valores, os aprendizados e a maneira única de o seu filho interpretar e viver a vida.

Imagine como seu filho/a responderia à pergunta a seguir: **"O que você gostaria que os adultos da sua vida soubessem sobre a pressão que você sente na escola?"**.

Veja algumas respostas que já ouvi dos jovens:
- "Eu gostaria que eles entendessem que as minhas notas não representam o todo."
- "A pressão deles sobre o meu desempenho em tudo foi o gatilho para a minha depressão e ansiedade."
- "Eu sinto que o meu valor está conectado com as minhas notas."
- "Eu gostaria que os meus pais soubessem que está tudo bem não ter a nota máxima de vez em quando. Tudo bem não ser excepcional em tudo na vida."

> Esses jovens relatam crenças poderosas que transmitem a ideia de quem eles deveriam ser para agradar os pais. Eles abrem mão de si mesmos.

Uma lição sobre o autovalor

O jovem chegou em casa se sentindo péssimo: ele não tinha conseguido entrar no time da escola. A mãe o abraçou e tirou da carteira uma nota de 50 reais.

Mãe: "Você quer essa nota?".

Filho: [Enxugando as lágrimas.] "Quero".

Mãe: "Eu vou dar para você, mas antes eu vou amassar e pisar nela. Você ainda quer essa nota?".

Filho: "Sim".

Mãe: "Antes de entregar para você, vou mergulhar esta nota na água. Você ainda quer essa nota?".

Filho: "Claro!".

Mãe: "Eu sei que você quer essa nota porque, não importa o que eu faça com ela, você sabe que ela não vai perder o valor. Existem momentos na vida em que nos sentimos amassados e pisoteados. Talvez tenhamos tomado decisões ruins, ou pode ser que tenhamos lidado com circunstâncias difíceis que nos fizeram sentir sem valor. Independentemente do que aconteceu ou do que vai acontecer, você nunca vai perder o seu valor. Eu te amo, não importa o que aconteça".

O que eu posso fazer hoje?

As duas melhores coisas que você pode dar para o seu adolescente carregar na mochila são: **eliminar as críticas e priorizar o relacionamento**.

Elimine as críticas

Eliminar as críticas não significa que você não pode ter expectativas, desejos e sonhos para o seu filho. Não significa deixá-lo fazer o que quiser, se comportar de maneira irresponsável. No entanto, quando ele não está atuando na plenitude do seu potencial ou se comportando adequadamente, você vai separar a atitude da pessoa.

- **Em vez de dizer:** "Você tirou nota 1 em matemática. Você é um preguiçoso porque não estudou como eu te falei."
- **Encoraje:** "Imagino que você esteja chateado. Vamos tentar descobrir por que você não foi bem na prova. O que você já fez antes que te ajudou? O que você poderia se comprometer a fazer diferente da próxima vez?".

Não é você contra o adolescente. É você e o adolescente juntos contra o problema. A mochila fica mais leve quando ele recebe apoio para encontrar uma solução.

Priorize o relacionamento

Preste atenção na maneira como você cumprimenta o seu filho quando o vê pela primeira vez no dia. Faça esse exercício diariamente.

Quando compreende a importância das saudações como um indicador do nível de alegria em um relacionamento, você tem a oportunidade de aliviar a mochila do seu adolescente e de comunicar que ele é aceito.

Você pode se inspirar no jeito como o seu cãozinho fica quando te vê, com alegria e sem interrogatório.

Muito do nosso dia é regrado por uma lista interminável de tarefas. Tudo isso drena a energia dos pais, a ponto de os filhos não terem contato com a alegria que sentimos por sermos seus pais.

- **Em vez de dizer:** "Já fez a _____?" / "Lembrou de fazer_____?" / "Que horas é o treino?" / "Quando eu tenho que te pegar?".
- **Encoraje:** "Que bom te ver" / "Espero que tenha dormido bem" / "Você ilumina a casa quando entra na sala".

É claro que ainda temos que fazer perguntas sobre a logística da escola e dos treinos, mas, primeiramente, lembremos de saudar o lindo adolescente desabrochando bem na sua frente. A leveza, a alegria e o amor são fatores construtivos para começar um dia cheio de desafios e de pressão.

A ansiedade está atrapalhando? Faça uma pausa

Estudos sobre resiliência apontam que é essencial para qualquer adolescente (ou criança) que esteja sofrendo com a ansiedade ter um cuidador principal (normalmente mães e pais) equipado com um **forte sistema de apoio**. Isso porque, quando estamos bem, o adolescente fica bem.

A resiliência do jovem se apoia principalmente na resiliência dos adultos mais próximos a ele. E a resiliência dos adultos se apoia principalmente na qualidade dos seus relacionamentos.

Acender uma vela, fazer yoga, comprar isso ou aquilo não criam a transformação necessária para desenvolvermos a resiliência. Ela nasce e prospera nos relacionamentos bem conectados. Para isso, precisamos ter uma ou duas pessoas na nossa vida, fora de casa, com quem possamos nos abrir, alguém com quem possamos ser vulneráveis.

É muito mais do que só colocar a máscara de oxigênio primeiro. Precisamos nos sentir vistos, valorizados pelo que somos na essência.

Essas pessoas nos conhecem intimamente, reconhecem quando estamos tendo dificuldades e sabem quando precisam **colocar a máscara em nós**. Esse tipo de relacionamento é muito profundo e cada vez mais difícil de desenvolver por causa do nosso estilo de vida acelerado.

Comprovando a correlação estreita entre a saúde mental dos pais e a dos adolescentes, um estudo (Ross, 2023) revelou que as taxas de ansiedade e depressão dos pais são semelhantes às vividas pelos adolescentes: 18% dos pais relataram ansiedade e 13% depressão, enquanto 18% dos adolescentes apresentaram ansiedade e 15% sofriam de depressão. De acordo com o mesmo estudo, "os adolescentes deprimidos têm cerca de cinco vezes mais probabilidade do que os adolescentes não deprimidos de ter um pai ou mãe em estado de depressão, e os adolescentes ansiosos têm cerca de três vezes mais probabilidade de ter um pai ou mãe na mesma condição do que os adolescentes que não sofrem desse transtorno".

Outros dados que o artigo menciona:
- As taxas de depressão e ansiedade foram maiores para mães e meninas adolescentes do que para pais e meninos adolescentes.
- Mais de um terço dos adolescentes entrevistados tinha pelo menos um dos pais sofrendo de ansiedade ou

> depressão, e perto de 40% dos adolescentes disseram que estavam pelo menos "um pouco preocupados" com a saúde mental dos seus pais.

Se há uma coisa que os pais podem fazer para minimizar ou até mesmo reverter esse quadro, é construir esse sistema de apoio fora de casa, o que vai beneficiar as pessoas que moram na sua casa.

Mas não significa que os adultos devem sair todos os dias. Uma hora por semana de dedicação intencional para desabafar, se sentir validado e escutado já é o suficiente. Assim você pode voltar para casa e ajudar a construir a resiliência e servir como apoio para os desafios de criar o seu adolescente e para os obstáculos que ele vivencia.

Isso nos ajuda a mudar de estratégia, a não deixar o adolescente desamparado (porque abandono e negligência também aumentam o estresse dos jovens), mas se colocar à disposição: "Estou vendo que você tirou notas baixas nessa matéria. Gostaria de sentar junto com você e pensar num plano para entender melhor o conteúdo ou sobre como estudar diferente?", "O que eu faço/falo que te atrapalha? Ou o que faço/falo que te ajuda?".

Agora que você é o copiloto, tenha em mente que seu papel está mudando pouco a pouco.

Educar os filhos passa por três estágios:

1. Pais como educadores: da infância até a pré-adolescência, eles ensinam como é a vida na perspectiva deles, mostrando o que está certo e errado:
- "É assim que você amarra o sapato."
- "É assim que você toma banho."
- "Bater não está certo, faça carinho."

2. Pais como copilotos: durante toda a adolescência, eles observam o que o adolescente faz e redirecionam quando necessário:
- "Quando você age dessa maneira, eu tenho a impressão de que está irritado comigo."
- "Olha só você encontrando o próprio jeito de organizar suas obrigações da escola. Muito bom!"

3. Pais como sábios conselheiros: a partir da fase adulta, os pais participam da vida do filho com mais distanciamento e se aproximam para reconhecer ou aconselhar. Os filhos procuram o adulto porque respeitam a opinião dele e gostam da sua presença:
- "Vai ser um prazer participar da organização do seu casamento. Como posso ajudar?"
- "Se você quiser companhia para ir ao banco e avaliar as melhores opções de financiamento para o apartamento, me avise."

A ansiedade não é a vilã

A ansiedade é um sentimento que traz um alerta de insegurança sobre um perigo que está por perto. É algo natural. Se você tiver mais de um filho, é bem provável que um deles te proporcione mais ansiedade do que o outro. Para um você diz "Vamos comigo ao supermercado"; para o outro "De jeito nenhum eu vou te levar ao supermercado". Para um você diz "Vamos sentar juntos no avião"; para outro "Senta junto com o seu pai".

Parte da equação é reconhecer que um dos seus filhos aperta mais os seus botões emocionais do que outros. Os adolescentes têm muitos traços de personalidade que se manifestam e desaparecem desde o nascimento até os 18 anos. Eles passam por muitas fases, e gostamos de pensar que controlamos cada uma delas.

É bem provável que eles entrem na sua vida como bêbes que chegam em casa, estragam as nossas coisas, nos trazem alegrias num momento e desespero no outro, e um dia vão embora como jovens adultos. Aos poucos aprendemos que a ansiedade não é a vilã; é um sentimento cujo objetivo é chamar a atenção e estimular as pessoas a fazer as mudanças necessárias para proteger aquilo que é importante para elas.

Quando os pais resolvem seus traumas e marcas

Conscientemente ou não, nós temos um propósito, e explorar nosso próprio comportamento pode nos dar clareza sobre nosso propósito mais profundo como mãe/pai e, potencialmente, nos ajudar a desenvolver estratégias mais saudáveis de superação.

As informações mais otimistas que já encontrei para conscientizar os pais estavam em estudos publicados sobre a **segurança conquistada**.

A falta de colo e as experiências que os pais vivenciaram na sua própria infância, que deixaram marcas, traumas, medos e dores, mas foram resolvidas e ressignificadas, ativam o senso de propósito nos pais. Assim, eles podem oferecer para os filhos vínculos seguros, mesmo que eles mesmos não tenham recebido esse modelo de educação.

Não use a desculpa do "Eu já tentei de tudo". Os fatos do seu passado não podem mudar, mas as interpretações do que aconteceu sempre podem ser ressignificadas.

O vínculo com o adolescente não prospera na culpa dos pais, mas na habilidade de responder de maneira diferente às marcas e dores que eles sofreram na infância: **O que será que você ainda não tentou?**

Quanto mais cedo, mais potente

Um dia o seu adolescente vai sair de casa; ele vai morar sozinho, entrar na faculdade, fugir de casa ou decidir trabalhar. Seja qual for o motivo, um dia ele vai voar do ninho. Quanto mais cedo pudermos ensinar hábitos saudáveis e cultivar o senso de aceitação e importância, mais intensamente esses hábitos vão acompanhá-los para onde forem. A mentalidade e os comportamentos dos jovens podem mudar, assim como os seus.

> Nunca é tarde para conversar com a sua família sobre os seus valores e o que eles significam para vocês.

Os adolescentes estão aprendendo valores com os colegas, nas redes sociais e na escola. É por isso que precisamos ter conversas sobre o **valor da família** com tanta frequência quanto falamos de sexo, de drogas e de bebidas. Afinal, aquilo que valorizamos afeta o nosso bem-estar, e a carência por esse bem-estar pode levar à busca por substâncias.

Estudos descobriram que temos valores extrínsecos e intrínsecos. Os **valores extrínsecos** estão relacionados ao modelo mais recente do celular, ao número de seguidores nas redes sociais, à busca de um emprego por causa do *status* ou do dinheiro, ao ingresso em uma determinada universidade por causa da reputação e à obsessão pela aparência e pelo jeito de se vestir.

Já os **valores intrínsecos** estão relacionados à autonomia, à liberdade de escolha, a querer ser um bom cidadão, um vizinho amigável, a investir no crescimento pessoal e a valorizar os relacionamentos.

> As pessoas que priorizam os **valores extrínsecos** têm mais probabilidade de sofrer de **doenças mentais e transtornos de abuso de substâncias**. E as que valorizam os **valores intrínsecos** vivenciam o **bem-estar** e tudo aquilo que desejamos para os nossos filhos.

Vivemos em uma sociedade que enfatiza constantemente os valores extrínsecos. É uma gangorra: quanto mais ela pende para os valores extrínsecos, menos importância damos aos intrínsecos.

Por isso é importante conversar com os filhos sobre os valores da vida, como honestidade, família, trabalho duro, persistência etc., conforme a vida acontece. O seu filho está aprendendo a pilotar a própria vida; e o meu desejo do fundo do coração é que ele acredite que pode contribuir na família, na escola e na sociedade.

Vamos comentar sobre um último estudo interessante (Ray; Marken, 2014). Esse estudo acompanhou alguns jovens desde que ingressaram na universidade até a vida adulta. O objetivo dos pesquisadores era descobrir o que, na vida desses jovens, contribuiu para seu sucesso e felicidade. E eles descobriram seis fatores específicos que contribuíram para isso:

1. Tive pelo menos um professor na faculdade que me deixou animado para aprender.
2. Trabalhei em um projeto que levou um semestre ou mais para ser concluído.
3. Eu tive um estágio ou trabalho que deu a chance de colocar em prática o que estava aprendendo na sala de aula.
4. Meu professor se importou comigo como pessoa.
5. Tive um mentor que me encorajou a perseguir minhas metas e sonhos.
6. Participei de atividades extracurriculares ou organizações.

Em outras palavras, o estudo concluiu que, se os jovens sentiram que eram importantes na comunidade da escola, se eles se sentiram valorizados e comprometidos a agregar esse valor de volta, então o senso de importância foi o que levou ao bom desempenho na faculdade. O mais importante não é em **qual faculdade** o seu filho vai entrar, **qual tipo de trabalho** ele vai escolher, mas **como** ele vai **contribuir**.

Portanto, não é tarde demais. Você é a fonte de valores mais importante e a maior proteção contra a pressão excessiva que o seu filho recebe. Nosso lar precisa ser um lugar seguro e protegido do estresse, um lugar onde o adolescente possa se recolher e se recarregar. Um lugar onde o senso de autovalor desse jovem nunca seja questionado. Isso é extremamente importante na adolescência, quando a pressão para ser alguém especial é tão grande.

Você não ganha um troféu por ser a/o melhor mãe/pai do mundo. O que você ganha é o senso de valor de educar filhos seguros e preparados para os altos e baixos da vida, e que se sintam capazes e valorizados na jornada. Você passa a vida aprendendo, e retribui ensinando o seu filho.

Não guarde as suas preocupações só para você; busque apoio fora de casa e transmita para o seu filho a mensagem de que ele faz a diferença como criança, como adolescente e como adulto. Isso é o que relacionamentos fortes e duradouros fazem. **Essa é a chave para a resiliência na vida.**

Espero que você encontre maneiras de aplicar essas lições à sua existência, e que tenha prazer em colocá-las em prática.

Crescer é uma decisão

Crescer é um trabalho árduo, tanto para o adolescente como para você. Espero que ao terminar esta leitura, a **sua mochila** tenha novas habilidades sociais e de vida, e que você tenha adquirido novas perspectivas para colocar na **mochila do seu filho**, ou melhor, tudo de bom que você já vivenciou e as lições que aprendeu com aquilo que não foi tão bom.

Às vezes, alguns pais precisam de um pouco mais de ajuda, e tudo bem. Quando os pais investem tempo e energia para resolver seus medos, dores e traumas por meio de autoconhecimento (ao ler este livro, por exemplo) e algumas sessões de psicoterapia, eles desenvolvem a habilidade de interromper o ciclo transgeracional desses medos, dores e traumas.[1] Essa informação é muito importante, e toda a humanidade deveria saber disso, que mudanças são possíveis a partir do autoconhecimento e da vontade em crescer, não importa a idade.

E quando os pais mudam, crescem e amadurecem, eles contribuem com saúde e conexão na mochila do adolescente, para ele mudar, crescer e amadurecer.

---

[1] Fonte: Luciana Lorens Braga e outros, "Transgenerational transmission of trauma and resilience: a qualitative study with Brasilian offspring of Holocaust survivors" (2012).

Transmitir para o seu filho que ele é importante, capaz e aceito é o presente mais precioso e útil que ele pode receber de você, mas você só pode dar isso, se estiver presente em você.

Lembre-se de que ao longo do processo de cuidar dos outros, você também tem que **se cuidar**. E se o processo foi bem feito, um dia você terá que desembarcar do avião e deixá-los **pilotar** a vida deles sozinhos.

Daí, nos resta esperar que eles voltem ao **ninho** para nos visitar e compartilhar histórias das aventuras deles!

Resumão para o mundo real

- ▶ Todos os dias, preste atenção no que você está colocando na mochila do seu adolescente.
- ▶ Elimine as críticas e priorize o relacionamento.
- ▶ As pessoas que priorizam os valores extrínsecos têm mais probabilidade de sofrer de doenças mentais e de transtornos de abuso de substância. E as que priorizam os valores intrínsecos vivenciam o bem-estar e tudo aquilo que desejamos para os nossos filhos.
- ▶ Transmita para o seu filho a mensagem de que ele faz a diferença como criança, como adolescente e como adulto.
- ▶ Os pais passam por **três** estágios da educação: educador, copiloto e sábio conselheiro.
- ▶ O foco não está **no que** aconteceu no passado, mas em **como** os pais deram um novo significado para a experiência do passado.

Referências bibliográficas

Adler A. What life should mean to you. London: Oneworld Publications; 1931.

American Psychology Association (APA). Teaching tip sheet: self-efficacy. 2009. Disponível em: https://www.apa.org/pi/aids/resources/education/self-efficacy. Acesso em: 19 jun. 2024.

Anwar Y. Emoji fans take heart: scientists pinpoint 27 states of emotion. Berkeley News. 2017 Sep 6. Disponível em: https://news.berkeley.edu/2017/09/06/27-emotions/. Acesso em: 19 jun. 2024.

Braga LL, Mello MF, Fiks JP. Transgenerational transmission of trauma and resilience: a qualitative study with Brazilian offspring of Holocaust survivors. BMC Psychiatry. 2012;12. Disponível em: https://www.ncbi.nlm.nih.gov/pmc/articles/PMC3500267/. Acesso em: 19 jun. 2024.

Bredikyte M, Brandisauskiene A. Pretend play as the space for development of self-regulation: cultural-historical perspective. Front Psychol. 2023 Dec 19;14:1186512. Disponível em: 10.3389/fpsyg.2023.1186512. PMID: 38179498; PMCID: PMC10766374. Acesso em: 19 jun. 2024.

Broderick PC, Blewitt P. The life span: human development for helping professionals. 5.ed. Pearson; 2020.

Caron C. Its's not just adults who are stressed: kids too. The New York Times. 2020 Nov. Disponível em: https://www.nytimes.com/2020/11/03/parenting/kids-anxiety-stress-coping-pandemic.html. Acesso em: 19 jun. 2024.

Chapman G, Thomas J. As 5 linguagens do perdão. Souza O, Justino E, trads. 2.ed. São Paulo: Mundo Cristão; 2019.

Clear J. Hábitos atômicos: um método fácil e comprovado de criar bons hábitos e se livrar dos maus. Campos W, trad. Rio de Janeiro: Alta Books; 2019.

Dreikurs R. Children: the challenge. The classic work on improving parent-child relations – intelligent, humane, and eminently practical. Plume Books; 1991.

Gander K. Why parenting tweenage children is more stressful than the terrible twos. Independent. 2017 Jan 17. Disponível em: https://www.independent.co.uk/life-style/health-and-families/parenting-most-stressful-tweenage-children-terrible-twos-teenage-tweens-child-rearing-family-difficult-a7530926.html. Acesso em: 19 jun. 2024.

Ginsburg KR. American Academy of Pediatrics (AAP). Committee on Communications, & American Academy of Pediatrics. Committee on Psychosocial Aspects of Child and Family Health. The importance of play in promoting healthy child development and maintaining strong parent-child bonds. Clinical report. Pediatrics. 2007. 119(1),182-191. Disponível em: https://doi.org/10.1542/peds.2006-2697. Acesso em: 19 jun. 2024.

Lott L, Kentz MM, West D. Conhecer-se é amar a si próprio: exercícios para desenvolver a autoconsciência e para realizar mudanças positivas e encorajadoras. Lee F, Rezende LL, trads. Barueri: Manole; 2019.

McCarthy C. 5 skills teens need in life: and how to encourage them. Harvard Health Publishing. 2022 Jan 25. Disponível em: https://www.health.harvard.edu/blog/5--skills-teens-need-in-life-and-how-to-encourage-them-202201252674. Acesso em: 19 jun. 2024.

Nelsen J. Disciplina Positiva: o guia clássico para pais e professores que desejam ajudar as crianças a desenvolver autodisciplina, responsabilidade, cooperação e habilidades para resolver problemas. 3.ed. Barueri: Manole; 2015.

Nelsen J, Erwin C, Duffy RA. Disciplina Positiva para crianças de 3 a 6 anos: como criar filhos independentes e felizes. 4.ed. Barueri: Manole; 2021.

Nelsen J, Garsia A. Disciplina Positiva para educar os filhos: 52 estratégias para melhorar as habilidades de mães e pais. Barueri: Manole; 2018.

Nelsen J, Gaudin N. A arte da facilitação em Disciplina Positiva: habilidades de facilitação para educadores e *trainers* em Disciplina Positiva. Positive Discipline Association; 2021.

Nelsen J, Lott L, Glenn HS. Disciplina Positiva em sala de aula: como desenvolver o respeito mútuo, a cooperação e a responsabilidade em sala de aula. 4.ed. Barueri: Manole; 2017.

Nelsen J, Lott L. Manual do educador: ensinando habilidades para criar os filhos no modelo da Disciplina Positiva. 7.ed. Ed. Filosofia Positiva; 2017.

Pickhardt CE. Thankless parenting: managing authority with your adolescent. Psychology Today. 2023 Jan 16. Disponível em: https://www.psychologytoday.com/us/blog/surviving-your-childs-adolescence/202301/thankless-parenting-managing--authority-with-your. Acesso em: 19 jun. 2024.

Ray J, Marken S. Life in college matters for life after college: new Gallup-Purdue study looks at links among college, work, and well-being. Gallup. 2014 May 6. Disponível em: https://news.gallup.com/poll/168848/life-college-matters-life-college.aspx. Acesso em: 19 jun. 2024.

Registros de ansiedade entre crianças e jovens superam os de adultos pela 1ª vez no Brasil. Folha de S.Paulo. 2024 May 31. Disponível em: https://www1.folha.uol.com.br/folhateen/2024/05/registros-de-ansiedade-entre-criancas-e-jovens--superam-os-de-adultos-pela-1a-vez.shtml. Acesso em: 19 jun. 2024.

Ross E. The critical line between parent and teen mental health. Harvard Graduate School of Education. 2023 Aug 2. Disponível em: https://www.gse.harvard.edu/ideas/usable-knowledge/23/08/understanding-relationship-between-parent-and--teen-mental-health. Acesso em: 19 jun. 2024.

Scientific American. Let teenagers sleep. 2023 Feb 1. Disponível em: https://www.scientificamerican.com/article/let-teenagers-sleep/. Acesso em: 12 jun. 2024.

Referências bibliográficas

Siegel DJ. Cérebro adolescente: o grande potencial, a coragem e a criatividade na mente dos 12 aos 24 anos. Hamati AC, trad. São Paulo: nVersos Editora; 2016.

Smith B. The case against spanking: physical discipline is slowly declining as some studies reveal lasting harms for children. 2012. Disponível em: https://www.apa.org/monitor/2012/04/spanking. Acesso em: 2 jul. 2024.

U.S. Department of Health and Human Services. National Institutes of Health (NIH). Circadian rhythms. Content reviewed September 2023. Disponível em: https://www.nigms.nih.gov/education/fact-sheets/Pages/circadian-rhythms.aspx. Acesso em: 12 jun. 2024.

U.S. FBI. Sextortion. Disponível em: https://www.fbi.gov/how-we-can-help-you/safety-resources/scams-and-safety/common-scams-and-crimes/sextortion. Acesso em: 19 jun. 2024.

U.S. National Science Foundation (NSF). Writing about anxiety helps students ace exams. 2011 Jan 13. Disponível em: https://www.nsf.gov/news/news_summ.jsp?cntn_id=118396. Acesso em: 19 jun. 2024.

Wallace JB. Never enough: when achievement culture becomes toxic – and what we can do about it. Portofolio; 2023.

Wyver SR, Spence SH. Play and divergent problem solving: evidence supporting a reciprocal relationship. Early Education and Development. 1999. 10(4),419-444.

World Health Organization (WHO). Corporal punishment and health. 2021 Nov 23. Disponível em: https://www.who.int/news-room/fact-sheets/detail/corporal-punishment-and-health#:~:text=Children%20who%20have%20been%20physically,in%20brain%20structure%20and%20function. Acesso em: 19 jun. 2024.